생명시학 터닦기

남송우 지음

PUKYONG NATIONAL UNIVERSITY PRESS
부경대학교 출판부

생명시학 터닦기

2010년 2월 10일 인쇄
2010년 2월 19일 발행

저 자 | 남 송 우
발행인 | 박 맹 언
발행처 | 부경대학교 출판부
주 소 | 부산광역시 남구 대연3동 599-1
전 화 | (051) 629-6913
F A X | (051) 629-6917
E-Mail | upress@pknu.ac.kr

값 18,000원

ISBN 978-89-91131-44-6 93810

책머리에

나의 생명에 대한 관심이 구체적인 탐구의 대상으로 나아가게 된 것은 내 자신의 몸 때문이었다. 나는 허우대는 멀쩡해 보이지만, 체질적으로는 병약해서, 나의 몸에 깃든 병마들과 긴 시간을 공생해 왔다. 평생을 살면서 누군들 병과 씨름하지 않으랴. 그러나 나는 별나게 다른 사람들보다는 많은 병력을 가졌다. 젊은 시절 교통사고로 인한 척추손상, 이후 시작된 만성간염, 자신도 모르게 침입했던 결핵균과의 끈질긴 싸움, 그리고 산고의 고통에 비견되는 통풍의 고통은 계속되고 있으며, 체질적으로 생겨난 고혈압, 여러 요인으로 비롯된 당뇨, 나이 들면 찾아드는 전립선 비대증 역시 이제는 몸 속에서 친구처럼 함께 살아가고 있다.

내 몸이 겪었던 그리고 아직 겪고 있는 병들과의 공생은 산다는 것이 무엇인지, 생명이 무엇인지를 실질적으로 질문하게 했다. 이러한 질문이 나의 문학적 관심사와 본격적으로 결합되기 시작한 것은 1990년대에 들어서이다. 우리의 삶의 환경이 생태를 파괴하는 현실적 문제와 맞물리면서, 우리 문학 속에서 환경문학, 생태문학 등의 논의가 시작되었기 때문이다. 생태계 파괴라는 전지구적 현실로부터 비롯된 이 문제는 단순히 개인적인 차원의 문제가 아니라, 인류 전체가 함께 풀어가야 할 과제라는 것을 일찌감치 인식하게 되었다. 그리고 이 문제는 단순히 일시적 유행으로 끝날 문학적 대응 논리가 아니라, 끈질기게 파고들어야 할 숙제로 여겨졌다. 나의 몸 안팎에서 생명의 문제는 피할 수 없는 현실이 되었다.

그래서 나는 1995년에 환경생태 문제와 관련된 문학적 대응 논리를 <생명시학을 위하여>라는 단평으로 발표했다. 이것은 일종의 단상이며 생태문학이 궁극적으로 지향해야 할 방향성이라 생각했다. 이후 나는 개인적으로 이 방향성을 놓치지 않고, 가슴에 품고 내 몸 속에 깃던 병들과 더불어 함께 고민하며 살아왔다. 생명을 소멸시키는 병에 관심하면서, 삶과 죽음이란 문제를 함께 생각할 수밖에 없었다. 이런 사유의 문학적 대응이 이 책의 기초가 되었다.

제1부 생명시학 터닦기를 위한 생명론과 죽음론은 생명시학을 제대로 체계화시키기 위한 고민의 흔적이다. 생명 자체의 본질이 무엇인지에 대한 이해를 토대로 하지 않고, 생명시학을 논한다는 것은 모래 위에 집을 짓는 형국이기 때문이다. 그런데 생명론을 정리하면서, 생명론 자체만으로는 생명의 본질을 온전히 드러낼 수 없다는 사실을 자연스럽게 체득하게 되었다. 생명의 존재성은 죽음이란 또 다른 세계가 존재하기에 그 의미부여가 가능하기 때문이다. 그래서 생명론과 함께 죽음론을 생명시학의 터를 닦기 위한 토대로 삼았다. 그러나 생명시학의 체계를 세우는 데 필요한 모든 요소들이 이 논의를 통해 완결된 것은 아니다. 생명시학의 체계를 제대로 세우기 위해서는 계속 깁고 더 닦아가야 할 숙제로 여전히 남아 있다.

제2부는 생명시학이란 포괄적인 관점에서, 구체적인 작품들을 통해 그 방향성을 잡아본 실제비평의 모음이다. <김지하 시인의 생명사상과 생명시론>을 2부의 앞자리에 놓은 것은 그의 생명운동이 우리 사회의 생명의식의 확산에 미친 영향을 무시할 수 없기 때문이다. 그리고 <1990년대 생태시 담론의 전개양상>을 정리한 것은 그 동안의 생태문학담론의 전개 상황과 생명시학은 그 뿌리를 같이 한다고 판단했기 때문이다. 또한 <한국서정시에 나타난 생명의식의 한 양상>을 검토해본 이유도 같은 선상에 놓인다. 많은 시인들의 의식 속에 생명의 문제는 다양한 양상으로 스며들어 있음을 확인한다는 것은 생명시학 논의의 필요성을 제기할 수 있는 하나의 요인이 되었기 때문이다.

제3부는 생명시학의 관점에서 개별 시인들의 작품을 해명해본 결과이다. 여기에 논의된 시인들의 시작품들만 생명시학의 범주에서 논의될 것들은 아니다. 논의에 값할 많은 시인들이 있지만, 그 동안 필자의 관심의 대상이 되었던 시인들이 우선 논의의 대상이 되었다. 생명시학의 관점에서 정리하고 체계화 해가야 할 많은 시인들에 대한 논의는 후속 작업으로 이어져 갈 것이다.

지구 온난화로 세계가 심한 몸살을 경험하고 있다. 21C 인류가 직면한 극복해 가야 할 최대의 현안이다. 모두가 겉으로는 그 심각성을 내뱉고 있지만, 대안을 위한, 현안 극복을 위한 실천적 몸짓은 기대에 미치지 못하고 있다. 현실 속에 난무하는 많은 생태담론들이 정치적 수사와 제스처에 불과한 경우들이 부지기수다. 특히 많은 녹색정책들이 현실 자본논리와 결합되어 생명의 본질을 더욱 왜곡함으로써 생명을 살림이 아니라 죽임으로 몰아가는 경우를 많이 본다.

하나뿐인 지구를 살리고, 하나뿐인 생명의 의미를 다시 생각한다면, 수사나 구호의 차원을 넘어선 생명 자체에 대한 근본적 질문을 끊임없이 해가야 할 때이다. 이러한 현실 대응의 문학적 논리 중의 하나가 이 어설픈 『생명시학 터닦기』이다. 터닦기란 점에서 아직 집을 세우기에는 역부족이다. 터닦기가 어지간히 마쳐지면 제대로 된 <생명의 집>을 한 채 지어볼 생각이다. 죽임의 문화에 시달린 자들이 이곳에 와서 휴식을 취하면, 새로운 생명의 원기를 회복할 수 있는 그런 <생명의 집>을 상상해 본다. 그것이 내 평생에 가능할지도 의문이지만…

아직은 생명의 봄 소식이 멀다. 예년 같지 않은 폭설과 한파소식만 지구 이곳저곳에서 들려온다. 그러나 <겨울이 지나고 나의 별에도 봄이 오면/무덤 위에 파란 잔디가 피어나듯이/ 내 이름자 묻힌 언덕 위에도 자랑처럼 풀이 무성할 것>이란 시인의 음성을 엿듣고 있다.

2010. 1

바다에 접해 있으나 바다를 볼 수 없는 연구실에서

남송우

목 차

제1부 / 9

제2부 / 63

제3부 / 243

제1부

생명시학 터닦기를 위한 생명론
생명시학 터닦기를 위한 죽음론

생명시학 터닦기를 위한 생명론

1.

1990년대 이후부터 한국시문학 연구 분야에서는 생태시와 함께 생명시학 논의들이 심심찮게 선을 보였다. 이러한 논의들이 제기되면서 우리 사회에서도 환경과 생태에 대한 관심이 새롭게 부상하기 시작하였다. 구체적인 매체를 통해 그 모습의 실체를 드러낸 것은 『녹색평론』(1991년 창간)과 『환경과 생명』(1994년 창간)이지만, 학회 차원에서 공동의 논의의 장을 펼치기 시작한 것은 『문학과 환경』(2002년 창간)이란 이름을 내건 <문학과 환경학회>의 발족으로 볼 수도 있다. 그런데 이러한 매체들을 통해 그 동안 모색해온 논의들은 종합적이고 체계적인 생명시학의 토대를 마련하지 못하고 있다. 생명시학이 시론의 형식이든 시의 내용을 분석하고 평가하는 실천적 비평에서든 제대로 된 의미를 획득하고, 한국시사에서 온당한 자리를 차지하려면, 생명에 대한 논의를 근원적으로 필요로 한다.

즉 생명이란 것이 무엇인가 라는 질문과 함께 이 문제를 풀어나가야 한다. 생태시든 생명시든 그 논의의 출발은 죽음의 문화 즉 반생명적인 환경의 출현으로부터 비롯되었기 때문이다. 그러므로 생명이란 현상이 제대로 밝혀져야 생명시학의 토대가 어느 정도 마련될 수 있다. 사실 생명 현상만 다 밝혀진다고 생명시학이 자동적으로 정립되는 것은 아니다. 생명이란 현상을 시가 어떻게 형상화하고 드러내느냐 하는 문학 영역에서의 담론과 생명현상을 다루는 영역에서의 생명담론이 서로 온당한 차원에서 융합되어야 하는 단계를 거쳐야 하기 때문이다. 이러한 과정이 전제되어야 하지만, 생명시학의 방향성을 모색하기 위해서는 무엇보다 먼저 생명이란 것이 무엇인지에 대한 해명이 필요하다. 그런데 이 명제를 풀기란 그렇게 손쉬운 일이 아니다. 생명의 본질이 간단히 설명될 수 있는 현상이 아니기 때문이다. 그렇다고 이 본질적인 해명을 뒤로 하고, 생명시학을 논의한다는 것은 토대없는 모래성을 쌓는 듯한 형국과 비슷하다. 그래서 이 글에서는 우선 그 동안 논의되어온 생명론들을 종합 정리해봄으로써, 생명시학의 정초 마련을 위한 기초로 삼고자 한다.

2.

생명이란 무엇인가 라는 생명 자체에 대한 논의를 본격적으로 시작한 것은 그렇게 오래되지는 않았다. 20세기말부터 생명이 우리 시대의 중요한 과제로 등장하면서 여러 학문 영역에서 생명현상을 탐구하기 시작했다. 그래서 다양한 학문 영역에서 생명의 기원, 조건, 요소, 본질 등을 규명하는 작업에 열을 올리기 시작했다. 그러나 모든 분야의 사람들이 모두 공감할 수 있는 생명의 정의를 제시한다는 것은 불가능한 상태이다. 생명현상을 밝혀보려는 연구자들마다 자신의 전공 영역에서 바라보는 관점에 따라 생명을 각각 다르게 규정하고 있기 때문이다. 오늘날 논의되고 있는 생명을 이해하는 유형은 크게 다섯 가지로 나누어 볼 수 있다. ①에르빈 슈뢰딩거가 『생명이란 무엇인가』를 출판한 이후에 나타난 생명 현상을 물리학적 관점에서 논의하는 내용 ②F. 카프라가 물리학에 동양의 직관과 철학을 도입하려는 흐름인 신과학 운동에서 나타나는 생명이해 ③한스 요나스 등의 생태윤리적 생명철학 ④노자나 장자 등의 동양철학에서 말하는 영성적인 생명이해 ⑤신학적 · 종교적 차원에서의 생명논의 등[1])이다.

그런데 이러한 다양한 생명논의에도 불구하고 오늘날 생명 논의의 핵심적 문제는 생명에 대한 자연과학적 이해와 종교 · 영성적 접근의 이원화 현상이다. 생명현상은 생물학적인 차원에서의 해명으로 다 해결될 수 있는 문제는 아니다. 생명체가 지닌, 개체 생물이 지닌 특성만으로 생명 현상을 다 설명할 수 없기 때문이다. 그렇다고 생명의 문제를 철학적인 성찰로 다 해결할 수 있는가? 이것도 불완전한 결과로 나타난다. 생명의 문제는 철학적인 성찰로만 해결될 성질이 아니

1) 신승환, 「마르틴 하이데거의 생명 이해와 한스 요나스 생명철학의 존재론적 함의」, 『하이데거 연구』 제6집, 2001, p.358.

기 때문이다. 자연과학적, 실증적 접근은 그 본래적 의미를 드러내지 못하고, 인간과의 관계에서 주어지는 어떠한 존재론적 의미도 제시하지 못한다. 자연과학의 맹목성에 대해 생명의 정당한 의미를 밝혀내는 데에는 철학적 사유와 종교적 사유, 영성적이며 형이상학적 사유가 총체적으로 어우러져야 한다는 것이다.

그래서 전통적으로 생명을 바라보는 두 견해는 전 우주는 살아있다고 보는 범생명관적 견해와 생명을 물리화학적인 기계로 보는 입장으로 나뉘어져 있었다. 이 두 극단 사이에 다양한 생명론들이 놓여있다. 그러나 생명의 기계화와 물질의 생명화, 이 둘 다 생명의 본질을 온전하게 설명해 주지는 못한다. 그래서 이러한 한계를 극복하기 위한 생명론의 논의들이 제기되었다. 여기서는 그 중 한스 요나스의 <생명철학>과 장회익의 <온생명론>을 중심으로 생명의 본질에 대한 해명을 시도해보려 한다. 이들의 생명론은 자연과학적 생명 이해를 넘어 생명의 의미에 대해 존재론적으로 성찰함으로써 생명의 원리와 근거를 제시하여, 생명에 대한 초월적인 의미와 전체 생명권의 터전에 대한 해석과 의미를 부여할 수 있으리라고 기대하기 때문이다. 또한 이들의 논의가 기존의 이원론적 생명론을 넘어서고자 하는 의도에서 출발한 것이며, 생물학과 철학적 관점에서만 바라보았을 때, 해결할 수 없는 난제들을 어느 정도 해명해주는 방향성을 제시하고 있어, 생명시학의 정초에 도움이 되기 때문이다.

3.

1) 한스 요나스의 생명철학

한스 요나스의 철학적 생명 이해의 특징은 자연과학적 자료들을 충분히 수용하면서도 여기에 철학의 지평을 이끌고 들어온다는 점이다. 즉 철학의 방법론으로 자연과학적 방법론과 지평의 한계를 보완하고 있다. 그는 전통적으로 생명 이해에서 이원화되어 있는 물질과 생명을 심리물리적 통합체(psycho-physische Einheit)로 명명하고, 생명체는 그 일부분이 물질로 이루어져 있는데도 불구하고, 언제나 내면성의 차원을 가지고 있다고[2] 보았다. 생명체를 이루고 있는 물질과 정신은 한 쪽이 없이는 다른 한 쪽도 존재할 수 없을 정도로 상호의존적이고, 서로를 자기 쪽으로 통합시키면서 긴밀하게 연결되어 있다는 것이다. 요나스는 물질을 애초부터 잠자는 정신(schlafender Geist)로 보았다. 이는 그가 물질을 단순한 물질로만 본 것이 아니라, 물질을 생명에로 진화할 수 있는 원동력으로 보고, 생명이 활성화될 수 있는 속성을 잠재적으로 지니고 있는 것으로 본 것이다. 이는 물질과 생명을 연속선상에서 보고 있으며, 적어도 물질과 생명을 본질적으로 분명히 다르다고 할 수 없는 측면 역시 인정하고 있는 것이다.

그런데 이러한 심리물리적 통합체는 자신의 생명을 보존하려는 자기목적(Selbstzweck)을 가지고 있다[3]고 보았다. 생명체의 살려고 하

2) 한정선, 『생명에서 종교로』, 철학과 현실사, 2003, p.155.

는 자기목적에서 우리는 모든 생명체가 무의식적 수준이든, 의식적 수준이든, 동식물의 수준이든, 인간의 수준이든, 자신의 존재를 최대한 긍정하는 모습을 본다. 생명체가 살려고 하는 자기목적은 선택의 문제가 아니다. 그것은 모든 생명체에게 이미 언제나 내재하는 경향성이다. 그런데 이 내면적 경향성은 어떤 형태로든 살려고 애쓰는 것은 물론 쾌감, 고통, 관심, 욕망과 관련된 감각, 인식, 의지 능력, 추상적인 가치를 창조해내는 도덕적 능력에 이르기까지 다양하게 나타난다는 것이다.

그런데 요나스는 이런 생명이 지닌 내면적 경향성을 좀더 자세히 살펴보면, 생명의 특성이 드러나는데, 그는 이를 두 가지로 나누어 설명하고 있다. 그 하나가 '변증법적 자유'이며 또 다른 하나는 '자기조직화하는 개방체계'이다.

요나스가 언급하는 '자유'는 우리가 일상적으로 사용하는 의미보다 폭넓게 사용된다. 자유는 정신과 의지의 영역에 국한되는 것이 아니라, 가장 원시적이고 낮은 수준의 아메바 종류에서부터 시작하여 모든 생명체에게서 나타나고 있다고 본다. 그래서 자유는 물질과는 달리 생명체만이 가지고 있는 존재양태이자 생명의 원리[4]라는 것이다. 가장 원시적인 생명체에게서도, 비록 아주 몽롱하고 어둠침침하고 희미한 전자각적(前自覺的)인 수준이기는 하지만, 환경이 가하는 자극에 대한 반응(자극적 반응) 현상이 일어나고 있으며, 이것은 그

---

3) 한정선, 같은 책, p.155.
4) 한정선, 같은 책, p.160.

생명체가 자기의 가능성의 영역을 확장하기 위하여 기존의 한계를 박차고 나오는 것이기에, 이미 가장 기초적인 형태의 자유라고 볼 수 있다는 것이다.

또한 모든 생명체의 가장 기본층에서 일어나고 있는 물질대사도, 우리가 이것을 단순한 화학반응의 차원에서만 볼 것이 아니라, 생명체가 자신의 가능성의 영역을 확장하기 위해서 기존의 한계를 박차고 나오는 것으로 본다면, 이것 역시 가장 기초적인 자유의 형태라는 것이다. 이러한 물질 대사 이외도 장소의 이동, 감각의 수준 등등 다양한 형태의 자유가 나타나며 그 자유의 수준도 가장 높은 수준인 인간이 실현하는 의지적이고 자각적인 자유에 이르기까지 폭넓고 다양한 자유의 스펙트럼을 형성하고 있다고 본다.

그런데 요나스는 인간이 가지고 있는 자유의 수준은 여타 동물의 수준을 넘어서는, 인간의 정신에서 비롯되는 초월적인 자유의 수준으로 보고 있다. 그리고 이 초월적인 자유를 활동하는 영역에 따라 세 가지로 구분한다. 그것은 인간 정신이 자신이 원하는 주제를 선택하여 사유해보는 사유의 자유(Freiheit des Denkens), 감각내용을 상상력의 힘으로 마음대로 처리하는 상상의 자유(imaginative Freiheit), 인간이 자신에게 주어질 수 있는 모든 것의 차원을 넘어서서 활동하는 초월하는 자유(transzendierende Freiheit) 등이다. 이 자유 가운데서 초월하는 자유 때문에 인간이라는 생명체는 자신이 구체적으로 살아가는 실존의 차원에서 본질의 지평을, 감각적인 것에서 초감각적인 것의 지평을, 유한한 시간에서 영원의 지평을, 조건적인 것에서 무조건적인 지평을 열 수 있다[5])는 것이다.

그런데 생명이 가진 이러한 자유는 항상 역설적인 상황에 처해 있기 때문에 변증법적이라고 본다. 예를 들면, 생명체는 물질적인 세계로부터 자신을 구별하면서도, 자신의 존재를 유지하기 위해서는 어쩔 수 없이(필연적으로) 물질적인 세계에 의존하면서 물질대사를 해야 하는 것이다. 즉 자유하면서도 다른 것에 의존하는, 다른 것과 관계를 맺고 있으면서도 이 관계에 의해서 언제든지 파멸될 수 있는 상황에 처해 있는 것이 생명이 지닌 변증법적인 자유의 모습이란 것이다. 생명이 처한 상황은 부단한 죽음과 파멸을 물리치면서 순간순간 새로운 삶을 모험하고 실험해야 하는 역동적이고 긴박한 상황이란 것이다.

생명이 지닌 '자유'의 특성과 함께 요나스는 '자기조직화하는 개방체계'를 또 다른 하나의 특성으로 내세운다. 요나스는 물질이 생명을 향해서 '자기조직화함'(sich selbst organisieren)으로써, 물질에서 생명에로의 이행이 일어났다는 가설을 가장 설득력 있는 것으로 받아들이고 있다. 물질로부터 생명이 이행하였다는 가설을 부정할 수 없다는 것이다. 이는 요나스가 말한 물질에 내재하고 있는 '의식이 없는 경향성'(bewuβtlose Tendenz)이 동기가 되어 무생명에서 생명에로의 이행이 이루어졌다는 것이다. 그리고 이렇게 이루어진 생명은 물질보다는 훨씬 신비스럽고 복잡한 자기조절 능력을 가진 체계라는 것이다. 그런데 이 체계는 불변하는 존재라기보다는 생성되어

5) 한정선, 같은 책, p.161.

가는 존재이며, 폐쇄보다는 평형과 조절을, 안정성보다는 유동성을 지향하는 특성을 보인다[6]는 것이다.

생명개체는 그 개체를 이루는 다양한 부분들이 모여 하나의 통합된 전체를 이루는 체계를 가지는데, 통합된 전체는 단순한 부분의 총합 이상이며, 각각의 부분들은 그냥 곁에서 공존하는 것이 아니라, 다른 부분들을 서로 결정지을 수밖에 없는 상호작용을 하는 가운데 하나의 통합된 전체로서의 체계를 형성하고 있다[7]는 것이다. 그리고 개별적 생명체계는 자신보다 범위가 더 큰 환경체계에 통합되어 있고, 두 체계는 역시 서로를 결정한다고 본다. 이러한 생명체계의 특징은 생명이 폐쇄되어 있는 것이 아니라, 개방된 체계임을 말한다.

생명체는 한편으로는 생존에 필요한 물질을 얻기 위해서 환경세계라는 외부 조건에 어쩔 수 없이 의존하면서도, 다른 한편으로는 환경세계로부터 자신을 구별시키는 독자적인 정체성을 보존하고 있다. 다시 말해 환경세계를 향해서 자신을 개방함으로써 자신의 정체성을 획득하고, 환경세계라는 보다 더 큰 체계에 통합된다. 낱낱의 생명체계들이 자기가 속하고 있는 생명공동체에서 시작하여 점점 범위가 넓어지는 더 큰 체계들을 거쳐서 결국은 지구라는 생명체계 속에서 복잡한 생명의 그물망을 역동적으로 형성하고 있는 것이다[8]. 그래서 개방되어 있는 생명체계는 역동적인 체계이기도 한 것이다. 생명은

6) 한정선, 같은 책, p.165.
7) 한정선, 같은 책, p.166.
8) 한정선, 같은 책, p.167.

끊임없이 자신을 넘어 초월해가는 존재임을 밝혀주고 있다.

그러나 요나스의 생명철학은 생명일반과 인간생명에 대한 철학적 반성과 그에 대한 책임의 윤리문제에 치중하고 있다는 점이 한계로 지적된다. 생명에 대한 책임의 원리만이 아닌 존재론적 원리의 정초가 더욱 필요하다는 것이다. 생명을 자유와 개방체계라는 관점에서 바라볼 뿐만 아니라, 생명체는 생명체 사이의 관계성을 지니며, 전체 종이면서 개체로서의 역사성과 목적성을 지닌다는 형이상학적인 측면에 대한 고구가 결여되어 있다[9]는 비판을 받기도 한다. 이러한 한계에도 불구하고 요나스의 생명에 대한 논의는 생명시학을 논의하는데 몇 가지 가능성을 보여준다. 그가 논의한 '자유' 개념은 생명의 본질이면서 시인들이 추구해나가는 시적 정신의 한 특징이기도 하기 때문이다. 시의 본질이 상상력의 무한한 전개라고 했을 때, 이 상상력은 인간이 지닌 자유정신과 긴밀히 연관되어 있다는 점에서도 그러하다. 또한 생명이 지닌 '개방체계'의 개념은 시인들이 시에서 추구하는 시의 역동성과 관련해서 생명시의 한 특징을 설명해갈 수 있는 단초를 제공하고 있다고 본다. 이러한 논의가 생명의 본질과 시의 본질이 서로 만날 수 있는 영역에서 가능한 생명시 담론이라면, 시 작품 자체가 보여주는 '자유'와 '개방체계'의 이미지를 중심으로 생명시의 모습을 해명해 볼 수도 있을 것이다.

9) 신승환, 같은 글, p.378.

2) 장회익의 온생명론

장회익의 생명론에 대한 논의의 출발은 생명 자체의 규명에 있지는 않다. 그는 생명을 어떻게 볼 것인가에 대한 근본적인 질문에 원론적인 수준에서 명쾌한 대답을 찾고는 이것이 인간과 어떤 관계가 있는지를 밝힌 뒤, 이를 토대로 현대사회와 올바른 관계를 설정하고자 한다. 즉 새로운 생명 가치관의 모색을 통해 환경윤리가 어디에 바탕을 둘 것인가를 모색하고 있다. 그래서 장회익의 생명론의 논의는 전통적 과학철학에서 논의되던 과학방법과는 달리 철학적 사유를 보인다. 그 동안 생명은 여러 학문 영역에서 오랫동안 다양한 측면에서 연구되어온 주제이자 대상이지만, 그 주제 대상인 생명에 대해 모든 이가 동의하고 있는 정의는 없다는 것이다. 그 원인을 부분으로서의 과학적 이해는 충분한 정도에 도달했음에도 불구하고, 이를 결합하여 생명의 전체적인 모습을 파악하고, 의미있는 개념구조로 전환시킬 전반적인 개념 정리 작업이 이루어지지 못한 데에 있다고 보고, 현대과학을 통해 파악된 생명의 참모습은 단순한 개체적 생명체들의 집합체로 이루어지는 것이라기보다는 하나의 총체적 단일체로 이해되어야 할 성격을 더 강하게 지닌다고 주장한다. 그래서 이제 기존의 생명 개념을 대체하거나 명료하게 하거나 확장할 새로운 생명개념이 필요하며, 이것을 온생명 개념으로 설명하고 있다. 그는 온생명을 다음과 같이 정의하고 있다.

> 우주 내에 형성되는 지속적 자유에너지의 흐름을 바탕으로, 기존 질서의 일부 국소질서가 이와 흡사한 새로운 국소질서 형성의 계기를 이루어, 그 복제 생성률이 1을 넘어서면서 일련의 연계적 국소질서가 형성 지속되어 나가게 되는 하나의 유기적 체계[10)]

장회익은 일단 생명의 개념을 이와 같이 정의하고는, 이 지구상에는 태양과 지구 사이에 형성되는 지속적 자유에너지 흐름을 바탕으로 대략 35억년 전에 하나의 생명이 형성되었으며, 이것이 지속적인 성장 과정을 거쳐 오늘에 이르게 되었다고 말한다. 결국 온생명은 태양과 지구 사이의 자유에너지 흐름을 바탕으로 아마도 35억 년쯤 전에 지구 위에서 생겨나서 이제까지 오랜 세월에 걸쳐 진화해온 생명체들 전체를 가리키는 개념으로 볼 수 있다. 우주 내에는 이것 말고도 이러한 의미의 생명이 또 다른 곳에서도 형성될 수 있으며, 바로 이 순간에도 그 어떤 곳에 이러한 생명이 현실적으로 존재할 수도 있다. 그러나 태양-지구 사이에 나타난 이 생명은 우주 내에 가능한 여타 생명과는 무관하게 그 자체로서 하나의 독립된 실체를 이루고 있으며, 이것이 우리가 보는 지구상의 생명이라는 것이다.

이 생명 개념을 장회익은 온생명global life이라고 부른다. 이렇게 정의된 온생명이 기존의 생명 개념과 구분되는 가장 중요한 차이는 지구상에 나타난 전체 생명현상을 하나하나의 개별적 생명체로 구분하지 않고, 그 자체를 하나의 전일적 실체로 인정한다는 사실이다. 물론 생명의 이러한 정의 속에는 개별적 생명체에 해당하는 국소질

---

10) 장회익, 『삶과 온생명: 새과학 문화의 모색』, 솔, 1998, p.178.

서의 개념이 함께 도입되고 있다. 그렇다고 하여 온 생명의 정의 속에 등장하는 국소질서의 중요성을 가볍게 보고 있는 것은 아니다. 생명이 갖고 있는 모든 특성은 이러한 성격의 국소질서 형성을 계기로 해서만 가능한 것이기 때문이다. 뿐만 아니라 이러한 국소질서들은 온생명 안에서 상당한 정도의 독자성을 지니고 있으므로 많은 경우 이들을 독립된 실체로 인정하는 것이 유용하다고 생각하여 장회익은 이러한 국소질서에 대해 온생명과는 구분되는 독자적인 명칭을 부여하고 있는데, 이를 개체생명 individual life 이라 부른다.

이렇게 온생명과 개체생명 개념을 설정한 장회익은 보생명co-life 개념을 다시 제시한다. 한 개체 생명을 기준으로 했을 때, 온생명에서 이 개체생명을 제외한 그 나머지 부분을 이 개체생명의 보생명이라 부른다. 한 개체생명의 입장에서 보면, 이 개체생명의 생존은 필연적으로 온생명의 생존과 함께 이루어지는 것이며, 자신의 생존이 자신을 제외한 온생명의 나머지 부분에 결정적으로 의존하는 것이 된다. 그러므로 하나의 개체생명 입장에서 볼 때, 자신의 생존에 결정적인 영향을 미치는 온생명의 이 나머지 부분이라는 것이 특별한 의미를 지니기 때문에 이 부분을 개념화하여 적절한 명칭을 부여할 필요가 있다고 본 것이다.

이렇게 생명을 온생명, 개체생명, 보생명으로 설정함으로써 모든 개체생명들은 자신들의 보생명과 더불어 온생명으로서의 생존을 유지함과 동시에 상대적인 독립성을 지닌 개체로서의 자신의 생존도 유지해가는 존재로 본다. 개체생명들은 주어진 여건 아래서 스스로의 생존에 대한 책임을 지게 되는 존재이며, 이를 위해 이들은 이른바 본능의 형태로 개체생명 자체를 보존하려는 일종의 생존의지를 지닌다고 본다.

그러나 생존을 위한 모든 활동은 독립적으로 이루어지는 것이 아니라, 보생명과의 관계를 통해서만 이루어지는 것이므로, 이를 위해 각각의 개체는 개체로서의 생존을 유지해 나감과 동시에 보생명과의 원만한 공존상태를 지속시켜나가려 한다. 즉 개체생명은 그 보생명과의 관계에서 개체 생존에 유리한 그 무엇을 얻어내려 함과 동시에 이와의 공존 유지를 위한 생태적 배려도 함께하는 이중적인 성격을 지닌다는 것이다. 다시 말하면 개체생명은 생존경쟁만 할 뿐 아니라, 생존 협동을 함께 하는 존재라는 것이다. 그러면 이러한 온생명 속에서 인간이란 한 개체 생명의 존재는 어떠한 위상을 갖게 되는가?

인간은 온생명 내의 한 개체로서 단순히 온생명에 의존하여 그 생존이나 유지해가는 존재가 아니다. 의식과 지능을 가진 존재로서 인간은 최초로 자신에 대한 반성적 사고를 할 수 있을 뿐만 아니라, 그가 지니게 된 집합적 지식을 활용하여 자신이 속한 생명의 전모를, 즉 온생명을 파악해내는 존재가 된 것이다. 인간은 곧 온생명의 의식주체로서 온생명 안에서 마치 신체내에서 중추 신경계가 지니는 것과 같은 위상을 지니게 되었으며, 이는 생명의 역사 전체를 통해 볼 때, 생명의 출현만큼이나 중요한 의의를 지니는 사건이라 아니할 수 없다고 본다.

그러나 인간은 아직도 온생명 안에서 자신이 지닌 위상에 걸맞는 역할을 해내지 못하고 있다고 본다. 중추 신경계가 지닌 중요한 기능의 하나가 자신이 관장하는 신체의 전역을 자신의 몸이라고 보고 여기에 자기 정체성을 부여하는 일이라고 할 때, 인간은 아직 온생명 자체를 자신의 몸이라고 느끼는 단계에까지 이르지 못하고 있다는 것이다. 이와 더불어 중추신경계는 자신의 신체에 어떠한 위해가 가해질 때, 이를 재빨리 인지하고 이에 대처할 방안을 마련하여 자신의 신체를 적극적으로 보호해 나가는 기능을 지닌다. 그러므로 인간이 만일 온생명 안에서 이러한 중추신경계적 기능을 지녀야 한다면, 인간 또한 온생명의 안위에 관심을 지니고서 이에 어떤 위험이 부딪힐 때, 이를 감지하고 보호해 나가야 할 것이다. 지금까지 이에 이르지 못하고 있을 뿐만 아니라, 오히려 이를 무분별하게 파손함으로써 온생명의 건강에 심대한 위해를 가하는 주체가 되고 있다는 것이 장회익의 판단이다.

그리고 그는 로위G.W Rowe의 생명에 대한 기준을 차용해서 생명현상이 지녀야 할 필수조건을 다음과 같이 설명하고 있다. ①주변으로부터 에너지를 흡수해서 이를 자체 유지를 위해 사용하게 되고, ②개인의 유한성을 극복하기 위해 자기자신의 복제능력을 가지게 되며, ③변화하는 환경에 맞서서 세대를 거쳐가며 변이와 선택을 통한 적응을 해나간다는 것이다. 이는 달리 말하면, 대사, 생식, 진화이다. 즉 첫째 체제 유지 기능, 둘째 자체 복제 기능, 셋째 변이계열의 형성을 말한다. 여기에 장회익은 ④협동체제의 형성을 부가하고 있다. 개개의 개체들은 여타 개체에 독립하며 단독으로 존재할 때보다 서로

간에 협동을 도모함으로써 그 생존율을 월등히 신장시킬 수 있다는 것이다. 개체들 사이의 매우 긴밀한 협동체계는 그것 자체가 하나의 상위개체로 간주될 수 있으며, 이러한 방식으로 각 층위의 개체들 사이에 하나의 위계적 구조가 형성될 수 있다는 사실이다. 세포들이 모여 상위개체인 하나의 유기체를 형성한다거나 유기체들이 다시 모여 하나의 사회를 형성하는 것이 그 대표적인 예이다. 개체들 사이의 협동 없이는 생존이 불가능하며, 이러한 경우 여타 개체들이 한 개체의 생존을 위한 보작용자의 역할을 수행하는 것이 된다.

그런데 장회익 자신이 제시해놓은 생명현상이 지녀야 할 필수 조건에 의할 때, 그가 제안하고 있는 온생명론이 여기에 적합한가 하는 점에서 논란이 제기되기도 한다[11]. 즉 온생명론에서 어떤 현상이 생명인가 아닌가를 판정할 기준으로 체계유지 기능, 자체복제 기능, 변이 계열의 형성, 협동체계의 형성 등의 네 가지 기준을 제시하고 있는데, 이 네 가지 기준에 비추어 볼 때, 지구 위에서 발견되는 생명체들은 명백하게 생명이라고 할 수 있다. 그러나 이 기준들은 온생명 자체에는 적용되지 않기 때문이다. 앞서 제시한 기준을 실현하고 있는 것들은 개체생명들이지 온생명이 아니라는 것이다. 기존의 생명개념으로는 온생명을 다 설명할 수 없는 요소가 발견된다. 장회익은 온생명은 생명도 물질도 아닌 어떤 새로운 존재론적 실체로 보고 있지만, 온생명과 기존의 생명개념과 물질 사이의 범주적 관계가 더 명

11) 김재영, 「온생명론과 한스 요나스의 생명철학」, 『온생명에 대하여』, 통나무, 2003, p.228.

확해져야 온생명 개념이 더 분명해질 수 있을 것이다.

그러나 장회익 교수의 생물-물리적 생명관은 개별적인 생명체로부터 보편적인 생명현상을 귀납하는 것이 아니라, 생명과 비생명의 본질적인 내용을 구분하고, 생명의 보편적인 존재양상을 연역함으로써, 전일적이고 총체적인 생명개념에 도달한다. 이것이 온생명이다. 장 교수의 온생명 이론은 이런 측면에서 기존의 기계론적이고, 결정론적인 생물학적 생명 개념을 거부하고, 생명을 우주적 차원으로 확장하고 있다[12].

그래서 장회익의 온생명론을 제임스 러브록의 지구 가이아가설이나 고대 동양사상에 의지하여 문명전환을 주장하는 이른바 홀리즘(holism)에 기초한 생명사상가들과 같은 부류로 분류하기도 한다[13]

그러나 온생명 개념이 흥미로운 제안이면서도 많은 지적 동조자를 갖지 못한 것은 가이아 가설과 흡사한 점이 많으며, 해결해야 할 과제 역시 많기 때문이다. 러브록은 이 지구상의 모든 생물을 위하여 스스로 적당한 물리적 화학적 환경을 조성할 수 있도록 피드백 장치나 사이버네틱 시스템을 구성한 총합체를 가이아로 명명하고[14], 지구를 하나의 생명체로 인식하였다. 이러한 생명의 인식은 장회익의 온생명 개념과 닮아 있다. 그런데 가이아 가설은 지구대기의 특성에 대한 세밀한 경험적 연구로부터 출발하여 무기물과 유기물의 상호의

---

12) 구승회, 「온생명론의 생명철학적 의미」, 『온생명에 대하여』, 통나무, 2003, p.115.
13) 구승회, 같은 글, p.126.
14) J.E. 러브록, 홍욱희 옮김,『가이아 - 생명체로서의 지구』, 범양사출판부, 1990, p.34.

존성, 그리고 지구가 그 자체 하나의 생명처럼 자기조절 능력을 드러낸다는 가설은 충분히 과학적이나, 온생명 개념은 과학적 개념이라기보다는 자연철학의 개념으로 받아들이기도[15] 한다.

생명론의 관점에서 온생명이 가이아에 비해 설득력이 떨어지는 점은 온생명에서 낱생명의 역할이 수동적인데 대해서 가이아에서는 능동적이라는 점이다. 다시 말해서 개체생명들 없이도 태양은 존재할 수 있지만 가이아는 존재불가능하다. 가이아는 개체생명들의 장구한 기간 동안의 활동의 산물이다. 러브록은 대기의 조성에서 시작해서 지구의 온도조절에 이르기까지 이것들이 지구상의 생명들의 활동의 결과로서 나타나는 것임을 정치하게 밝히고 있다. 개체생명들이 가이아를 만들고 이 가이아가 또 역으로 개체생명들을 만들어가는 순환구조 속에 있다. 이런 면에서 낱생명과 가이아의 관계는 다와 일의 형이상학적 원리에 잘 부합하고 있다. 그런데 온생명 개념에서는 온생명이 낱생명과 다르다면, 그리고 가이아와도 다르다면, 그 온생명을 온생명으로 만드는 독립적인 속성이 무엇인지와 우리가 그것을 어떻게 확인할 수 있는지를 분명히 밝혀야 하는 과제를[16] 안고 있다.

그러나 지구 자체를 하나의 생명체로 인식한 장회익의 온생명 개념은 시가 지닌 모든 대상을 살아있는 생명체로 의인화 할 수 있는 시의 특성으로 볼 때, 생명시학의 근거를 마련하는 데 필요한 근원적

15) 이봉재, 「장회익 선생과 온생명」, 『온생명에 대하여』, 통나무, 2005, p.99.
16) 조용현, 「온생명과 가이아: 비교와 비판」, 『온생명에 대하여』, 통나무, 2005, pp.146 -147.

바탕을 마련해주고 있는 셈이다.

3) 요나스의 생명철학과 장회익의 온생명론의 교섭

지금까지 논의한 요나스의 생명철학과 장회익의 온생명론은 어떤 지점에서 서로 만나며, 또한 서로 교섭하고 있는가? 이들의 생명론을 통해 생명시학의 방향성을 간취하기 위해서는 두 생명론이 공유하는 지점과 포괄하는 영역을 파악해 볼 필요가 있다.

우선 이들의 논의는 공통적으로 과학적 논의를 출발점으로 하면서도 과학적 논의만으로 생명을 다 해명할 수 없다는 점을 분명히 하고 있다. 요나스의 생명철학은 버탈란피의 체계이론이나 인공지능학 등의 소기의 성과를 열린 마음으로 흡수하려하고 있으며, 생명의 기원과 관련하여 물질로부터 최초의 생명체가 만들어지는 과정에 관한 자연과학적 연구에 대해서도 요나스는 잘 이해하고 있으며, 이를 소화하고 있다. 그러나 철학과 신학에 바탕을 둔 요나스는 이러한 자연과학적 지식이나 태도만으로 의미있는 생명철학을 구성하는 데는 심각한 한계가 있다[17]고 보았다.

장회익의 온생명론에서도 이 개념자체가 생명에 대한 여러 접근 중 열역학적인 고찰에 바탕을 두고 있으며, 버탈란피의 체계이론에 대해서도 그다지 비판적인 입장을 보이지 않고 있다는 점에서, 그의 생명론에서 자연과학적 지식은 상당한 비중을 차지하고 있다. 그러

---

17) 김재영, 같은 글, p.246

나 막상 온생명 안에서 인간의 위치와 역할을 논하는 데는 "중추신경계"라는 유비만이 제시되고 있으며, 왜 인간의 선택과 활동이 온생명에게 심각한 영향을 주게 되는지에 대해서는 상세한 고찰이 빠져 있다고 봄으로써[18] 자연과학적 논의를 넘어서 있다고 본다.

이런 두 논의에서 생명론 논의의 온당한 방향성을 생각할 수 있다. 즉 생명론에서 과학적 지식이나 과학적 태도에 대해 어떤 입장을 갖는 것이 좋을지 융화된 견해를 얻을 수 있다는 것이다. 요나스의 생명철학이나 장회익의 온생명론은 또 하나의 과학이론이 아니며, 기존의 생명과 관련된 여러 학문들을 뛰어넘는 메타적인 담론이다. 이 담론들은 과학적 지식의 틀 안에 갇히지 않되 과학적 지식들과 충돌하지 않는 담론들로 구성되어야 한다. 담론 구성과정에 있어서는 과학적 태도를 견지하면서도 메타담론을 과학적 지식들로 환원시키지 않도록 유의해야 한다[19]는 것이다.

그리고 두 생명론의 교섭을 통해 얻을 수 있는 또 다른 하나의 사항은 요나스의 생명철학이 통합적 일원론으로 극복하려고 한 생명과 물질 사이의 이원론적 대립 개념을 온 생명론이 해소해 줄 수 있는 가능성을 열고 있다는 점이다. 요나스는 생명이란 개념을 개체생명에 국한시키고 있기에 생명과 물질 사이의 이원론적 대립을 개념적으로 완전히 해소하지 못하고 있다. 그런데 온생명론에서는 생명이란 개념이 개체생명에 국한되지 않음을 명확하게 보이고, 개체생명

18) 김재영, 같은 글, p.247.
19) 김재영, 같은 글, p.248.

의 상위 범주인 온생명에는 보생명으로서 물질이 포함된다고 보고 있다. 이런 맥락에서 온생명이란 개념을 도입하는 것은 단순히 그렇게 해볼 수 있다는 차원이 아니라 생명이라는 현상을 이해하기 위해서 꼭 필요한 것으로 인식하고 있다. 이와같이 온생명론은 생명과 물질의 이분법적 사고를 극복할 수 있는 좋은 대안이 된다. 온생명은 생명만도, 물질만도 아니지만, 동시에 생명이기도 하고, 물질이기도 한 것이다. 그래서 온생명론이 생태・환경문제에서 중요한 역할을 할 수 있는 것도 바로 이렇게 살아 있는 것과 죽어 있는 것 사이의 이분법을 극복하고 있기[20] 때문으로 본다.

그러면 지금까지 논의한 요나스의 생명철학과 장회익의 온생명론을 통해 정초할 수 있는 생명시학의 방향은 무엇인가? 요나스가 말하는 생명의 특징은 자유와 개방체계이며, 장회익은 온생명 개념으로 생명의 본질을 해명하고 있는데, 전자에서 우선 시가 지닌 본질적인 특성과 만나게 된다. 시란 시적 대상을 통한 상상력의 산물이란 점에서 생명이 지닌 자유와 개방체계는 상당히 닮아 있다고 본다. 생명이 지닌 자유개념에서 실현되는 부단한 초월성은 시적 상상력을 통해서도 구체화된다는 것이다. 그러므로 시인이 다루는 세계내 모든 시적 대상들은 다 생명을 지닌 존재로 형상화될 수 있는 바탕을 가질 수 있게 된다. 그래서 세계내 존재하는 모든 대상들이 내장하고 있는 자유로움과 개방성의 발견에 시적 관심을 두게 될 때, 생명시학의 한 양상을 구체화 하는 작업은 가능하다고 본다.

---

20) 김재영, 같은 글, p.253.

4. 종교적 차원의 생명관

한스 요나스나 장회익의 생명관은 생명이 지닌 물질성과 정신성을 일원론적 차원에서 해명해보려는 노력의 일환이다. 이는 생물학적 혹은 물리화학학적 차원에서만 생명의 본질을 해명해보려는 시도에 비하면 상당한 진전임에 틀림없다. 그러나 생명의 논의가 생명 자체의 논의로 끝나지 않고 생명시학을 정초하기 위한 접점을 찾기 위해서는 생명철학적 논의 즉 생명의 형이상학적인 측면에 대한 논의를 필요로 한다. 물질과 정신을 가로지르는 생명개념의 특성에 주목한 헤겔은 이를 단순히 물리・화학적 현상을 넘어서는, 즉 단순한 자연철학의 맥락을 넘어서는 형이상학적 범주로 간주한다[21]. 생명시학에서 담론화해야 할 내용은 시에 생명의식이 어떻게 드러나고 있는지, 또한 생명시가 지향해야 할 생명의 세계가 무엇인지를 다루어야 하는데, 그 내용들은 전반적으로 형이하학보다는 형이상학적 세계를 지향하기 때문이다. 이런 점에서 생명의 형이상학적 측면 이해를 위해 종교적 차원에서의 생명 이해가 필요하다. 종교는 생명 자체를 수단이 아닌 목적으로 삼으며, 생명의 본질을 가장 철저하게 추구해 왔기 때문이다. 인간의 생명에 대한 객관적, 과학적 정보는 생물학, 의학, 심리학 등의 영역에서 그 본질을 해명해야 할 것이지만, 인간의 생명이 지향해야 할 참 생명의 윤리적, 도덕적 방향을 제시하는 것은

21) 임홍빈, 「생명의 형이상학은 가능한가?」, 계간 『과학사상』, 2001봄호, 2001, p.162

종교의 과제이다. 특히 하나의 방법론으로는 해명하기 힘든 다원적이고 복합적인 생명세계의 해명에 새로운 길트기가 가능하다는 점에서 종교적 차원의 논의의 당위성이 제기된다. 그래서 여기서는 우선 기독교, 불교, 동양의 노장 사상 등에 나타난 생명사상을 살펴보고자 한다.

1) 기독교에서의 생명사상

기독교 생명사상의 가장 큰 특징은 모든 생명의 탄생은 하나님으로부터 비롯된다는 점이다. 인간의 생명은 물론 땅 위에 존재하는 모든 생명체는 하나님의 창조물이란 것이다. 그러므로 하나님은 모든 생명의 근원이며, 원천이 된다. 이는 신중심적 생명관이다. 이러한 생명관은 오늘날 생태위기와 관련하여 문제가 되고 있는 인간 중심적 생명이해나 그 대안으로 논의되는 자연중심적 생명이해와도 뚜렷이 구분된다. 이러한 신중심의 생명관은 인간에 의해서나 아니면 그 스스로에 의해서 존재의 의미와 가치를 지니는 것이 아니라, 오직 창조주와의 관계 속에서만 존재의 의미와 가치를 지닌다[22]. 즉 인간은 물론 생명 있는 모든 것들이 하나님과의 관계성 속에 있을 때, 그 생명체가 생명력을 가진다는 것이다.

그런데 이 관계는 기독교 특유의 영적인 관계라는 점에서 새로운

22) 조용훈, 「기독교 생명신학의 이론적 기초에 대한 연구」, 『신학사상』119집, 2002, pp.213-214

생명관이 제기된다. 첫 인간인 아담의 타락으로 인해 창조주와의 관계가 허물어졌으며, 이 허물어진 창조주와 인간관계의 회복에 기독교 생명관의 핵심이 있다는 것이다. 이 관계의 허물어짐은 바로 영적인 죽음을 의미하기에 창조주와의 새로운 관계회복이 필요한데, 이것이 예수그리스도를 통한 거듭남이다. 인간의 죄를 대속한 구속자인 예수 그리스도를 통해 거듭남의 경험을 해야만이 새로운 생명을 간직할 수 있다는 것이다. 그래서 기독교의 생명사상은 새로운 생명의 탄생을 위한 죽음이란 원리가 언제나 작용한다. 옛 자아가 죽고 새로운 자아가 탄생해야 한다는 것이다. 이러한 죽음을 통한 새로운 생명의 탄생은 기독교 생명사상의 중심이다. 즉 죽음은 죽음으로 끝나지 않고, 부활로 이어지는 것이 기독교 생명사상의 핵심 중의 하나이다.

이렇게 한 개체로서의 생명의식도 중요하지만, 기독교의 생명의식은 거듭나는 한 개체로서의 생명의식과 함께 나 밖의 다른 개체들과의 관계성에서 빚어지는 생명의식도 매우 중요하다. 여기서 다른 개체란 나 밖의 다른 개체일수도 있지만, 자연과 같은 창조주가 창조한 피조세계의 모든 생명체들을 지칭한다. 즉 한 주체가 제대로 생명의식을 가지고 있다면, 이웃하고 있는 모든 피조물들과의 관계가 조화롭게 이루어져야 함을 말한다. 주체와 타자와의 관계가 상호작용 속에 놓여있을 때, 생명체의 활성화를 기대할 수 있다는 것이다.

그런데 기독교에서는 생명체들의 상호작용에 미치는 가장 근원적인 힘을 사랑으로 여긴다. 즉 생명체의 생명의식의 활성화를 추동하는 가장 중요한 요인으로 사랑을 들고 있다. 인간의 생명을 참으로 풍요롭게 하는 것은 자기의 생명을 유지코자 하는 생물학적인 생명에의 의지나 힘에의 의지가 아니라, 사랑이라는 것이다[23]. 사랑이 생명의 본성이요 생명을 태어나게 하고 또 그것을 유지하는 생명의 힘이란 것이다.

2) 불교에서의 생명사상

불교에서는 생명이란 말을 직접 사용하기보다는 생(生)과 명(命)을 따로 사용하거나 수명(壽命)이라는 식으로 표현했다. 그리고 생명체는 유정(有情)이나 중생(衆生)이라는 말로 표현했다. 이는 인간은 물론 크고 작은 동물과 아울러 식물까지 포함한 모든 생명체를 포괄하는 말이다. 그러나 우리가 현재 탐구하고 있는 생명현상이나 생명체에 해당하는 불교용어로는 중생(衆生)이 가장 적합한 용어라고 할 수 있다. 그런데 이 중생이라는 말은 원래 존재자를 의미하기 때문에 몇 가지 영역으로 분류된다[24]고 본다. 즉 범부(凡夫), 유정(有情), 중연화합생(衆緣和合生)으로 그 의미가 삼분된다. 범부는 인간에 해당하는 것이라면, 유정은 생물에, 그리고 중연화합생은 생태계를 비롯한 존재자 일반에 해당한다. 그러므로 이들에 대한 특성을 이해하면 불교적 생명관의 한 특징을 이해할 수 있게 된다. 그런데 인간인 범

23) 김균진, 『생명의 신학』, 연세대학교 출판부, 2007, p.155.
24) 김종욱, 「불교의 생명 이해」, 『불교학 연구』 제12호, 2005, p.10.

부에 대한 생명의식은 유정과 중연화합생을 통해 어느 정도 드러나기에 이 두 개념을 중심으로 살펴보고자 한다.

먼저 중연화합생에 대해 알아본다. 불교에서는 세상의 이치를 연기, 즉 무수한 조건들이 화합하여 일어남(衆生和合生起)에 두고 있기에, 상호의존성을 본성으로 하는 생명세계는 연기성을 반영하는 중연화합을 일러 중생이라 한다. 그런데 상호의존성은 불교적으로 표현하면 연기성(緣起性)이다. 연기성이란, 모든 것은 직·간접의 무수한 조건들(衆緣)이 서로 조화를 이루어 형성되는 것이라는 상호의존적 발생의 이치를 말한다. 헤아릴 수 없이 많은 조건들이 끝없이 개입하여 서로 영향을 주고받으면서 계속 변화해 가는 것으로 본다. 그래서 영원불변한 것은 인정할 수 없고(無常), 언제나 동일하게 남아있는 자아와 같은 것이 따로 존재한다고 여길 수 없으며(無我), 독자적으로 떨어져 영속적으로 존재하는 실체 같은 것도 용인할 수 없는 것(無自性, 空)이다. 불교적 생명관의 중심이라 할 수 있는 연기론적 생명관은 독자적인 실체를 인정하지 않는다. 다른 것과 완전히 따로 떨어져 존재하는 독립적인 실체로서 나는 없다. 나는 나와 연결되어 있는 수많은 타자를 통해서만 규정될 수 있다. 나라는 존재, 타자, 세계, 그리고 나의 인식과 행위, 관계맺음과 세계형성 등 모든 것이 다 이러한 연기라는 관계의 그물 속에서 생겨났다 없어질 뿐[25]이라는 것이다.

---

25) 이기상, 「생명, 그 의미의 갈래와 얼개」, 『우리말 철학 사전』, 지식산업사, 2002, p.123

이렇게 무상과 무아와 무자성의 공성으로 표현되는 연기성은 조건들의 무한한 연쇄성과 조건들의 철저한 비실체성을 함축한다. 여기서 조건들의 연쇄성이 '순환성'을 가리킨다면, 조건들의 비실체성은 평형적 '항상성'을 상징한다고 볼 수 있다. 연기법에 따라 모든 것이 헤아릴 수 없이 많은 조건들에 의해 끊임없이 영향을 주고받으면서 생멸을 언제까지나 반복하는 것이라면, 조건들의 이런 연쇄는 끝없는 순환을 낳을 것이다. 연기는 연관의 연쇄를 가져오고, 이것은 한없는 순환으로 이어진다. 불교에서 이런 순환이 물질적 차원에서 표출된 것을 인연(因緣)이라 한다면, 정신적 차원에서 전개되는 것은 윤회(輪廻)라고 할 수 있다.

한편 연기성에 담긴 조건들의 비실체성은 항상성을 함축한다. 생명체가 지니는 항상성은 변화를 부정하는 항상성이 아니라, 변화를 인정하는 항상성이다. 불교에서는 연기하여 변화하는 현상에 개입된 그 어떤 주관적 요소나 객관적 요소도 실체적인 것으로 여겨서는 안 되고, 주변의 모든 것들에 대하여 어떠한 치우침이 있어서도 안 된다고 가르친다. 이렇게 연기적 변화 속에서 비실체의 중도적 평형을 이루는 것이 곧 변화를 용인하는 생명 세계의 항상성이라고 볼 수 있다. 중생을 중연화합생의 차원에서 볼 때, 불교의 생명관은 연기성으로 그 특징을 설명할 수 있으며, 그 연기성은 순환성과 항상성을 지니고 있다고 본다.

다음 중생에 담긴 유정(有情)의 차원에서의 생명의 특징을 살펴본다. 유정이란 감각적 수용능력을 지니고 맹목적 삶의 의지에 따라 행위하는 것, 즉 감수성(情)과 의지성(行)과 행위성(業)을 특징으로 하는 존재자를 의미한다. 이런 존재자는 불교적인 의미에서는 생물이다. 이는 개체생명이기도 한 유기체를 말한다. 그런데 불교에서는 유정의 의미에는 정이 없는 돌, 기와, 흙, 산천 등 무감각적인 것들도 불성이 있다고 주장함으로써 유정(일체중생)의 범위를 어디까지 잡아야 하는가 하는 점은 논란이 제기되기도 한다[26]. 화엄경에서는 생명현상이 없는 무정물들까지도 부처의 성품인 불성이 있어 성불한다고 하였다. 이것은 연기설과 업설에 따른 존재의 끝없는 변화 가능성에 대한 설명이라고 볼 수 있으며, 생명에 대한 적극적인 해석이라고 할 수 있다[27]. 어떻든 이런 생명체의 생명현상을 불교적으로 표현하면, 불일불이(不一不二), 불상부단(不常不斷)으로 설명할 수 있다. 생명체는 신진대사를 계속하기 때문에 바뀌어가지만, 그렇다고 다른 것이 아니며, 죽는다고 사라져 없어지는 것이 아니라는 것이다. 모든 생명체는 이런 역사적 전승과 연속 과정 중의 한 계기에 불과하기 때문에, 죽어도 완전히 사라지는 것이 아니고(不滅), 태어나도 전혀 새롭게 생겨나는 것은 아니다(不生). 그러므로 영원히 변치 않고 남아있는 것은 없고(不常), 살아남기 위해서는 환경에 적응하면서 끊임없이 자신을 변화시키는 진화 작용을 계속해야 한다. 이렇게 본다면 대

---

26) 담연은 화엄의 理事相卽의 영향을 받아서 법성을 인정하고, 일체존재는 모두 불성의 구체적 표현이며, 불성은 영원한 정신적 실체로서 일체존재의 기반이란 주장을 통해, 이를 논의하고 있고, 담연의 이러한 無精有佛性說은 지의의 학설에 근거하고 있음을 논거로 제시하고 있다. 조수동, 「불교의 생명관」, 『철학연구』 61집, 대한철학회 논문집, 1997, pp.225 - 226

27) 이기상, 앞의 논문, p.121.

사(不一), 생식(不異), 진화(不常)를 특징으로 하는 개체적 생명현상이란, 불일불이(不一不異), 불상부단(不常不斷), 불생불멸(不生不滅)하는 현상이고, 고정불변한 것이 없는(無自性, 空) 연속적 변화과정이며, 무상(無常)과 무아(無我)의 공(空)한 현상이다. 그렇다면 불교적 의미에서의 생명체, 즉 유기체란 공성을 본질로 하여 감수성(情)과 의지성(行)과 행위성(業)을 특징으로 하는 존재자(有情)라고 할 수 있다.

그런데 이런 감수성과 의지성과 행위성을 특징으로 하는 유정(有情) 존재자는 살아남기 위해 적응해 나가는 과정에서 필연적으로 고성(苦性)을 지닐 수밖에 없다고 보는 것 역시 불교적 생명관의 독특한 점이기도 하다. 여기서 고성이란 단순한 실존적 괴로움 그 이상의 우주론적 성격을 지니고 있다. 이 성격을 엔트로피 법칙으로 설명하기도 한다[28]. 열역학 제2법칙에 따르면 생명체 주변의 모든 물질계는 엔트로피를 증가시키는 방향으로 나아가고 있는데, 생명체는 자신의 생존을 위해서는 외부로부터 계속 에너지를 끌어들여 자기내부의 안정과 질서의 유지를 도모해야한다. 즉 생명체는 열역학 제2법칙을 거슬러 올라가야만 살 수 있는 존재이다. 그래서 살기가 어려운 것이다. 이런 근원적 상충 또는 어긋남에서 오는 채울 수 없는 불만족이 곧 불교에서 말하는 고(苦)이다. 그런데 이 고 속에서 열역학 제2법칙을 거슬러 올라가면서도 살 수 있는 것은 생명체는 닫힌계가 아니라 개방적인 열린계이기 때문으로 본다. 열린계의 이런 개방성

---

28) 김종욱, 앞의 논문, p.14.

을 불교에서는 실체성의 한계를 비워내는 공성(空性)이란[29] 것이다.

이렇게 볼 때, 불교적 의미의 생명체인 유정(有情) 중생(衆生)은 감수성과 의지성과 행위성을 발휘하여 살아가면서, 창발적 상호의존성으로서의 연기성(緣起性)과 비실체적 개방성으로서의 공성(空性)과 엔트로피적 상충성으로서의 고성(苦性)을 본질로 하는 존재자라 할 수 있다. 특히 불교의 연기론적 생명관은 각 존재는 다른 존재로 별도로 존재하는 것이 아니라 다른 존재와의 결합에 의해서 비로소 존재할 수 있다는 입장이다. 이는 바로 현대과학의 복잡계 이론과 맥을 같이 한다[30]고 볼 수 있다. 복잡계 이론은 불교의 화엄사상과 마찬가지로 이 세계를 끊임없는 상호작용에 의한 의존관계로 파악하고 있으며, 생명세계 역시 그러한 작용을 통해 자신을 새롭게 창출해 나가는 과정으로 보고 있기 때문이다.

3) 노장 사상에서의 생명

노장의 생명 사유는 어디에 근거를 두고 있는가? 노장의 생명사유는 道에 그 바탕을 두고 있다. 노장에서 말하는 도를 제대로 이해하기 위해서는 하이데거가 존재와 존재자 사이의 차이를 구별하는 것처럼, 노장에서 道와 物은 그 차원이 다르다는 점을 우선 논의해야 한다. 노장에서 물은 그 외연이 너무 넓어 한마디로 규정하기는 매우

29) 김종욱, 위의 논문, 같은 면.
30) 윤종갑, 「불교의 연기론적 생명관」, 한국정신과학회 제28회 학술발표대회 논문집, 2008, p.96.

어렵다. 그것은 물이 자연현상과 심리현상과 사회현상 등을 모두 포괄하는 것으로 모든 사물현상을 뜻하는 것이기 때문이다. 구체적인 모양이나 빛깔을 지닌 물은 인간의 감각기관에 의해 파악될 수 있다. 그렇다고 모든 물이 인간의 감각기관에 의해 파악될 수 있는 것은 아니다. 인간의 심리현상이나 사회현상과 같은 물은 언어와 사유의 대상일 수는 있지만 가시적 존재는 아니다. 하지만 물은 어떤 형태로든 존재하는 것이기 때문에 주체가 객체를 이분화하는 대상적 사유방식에 의해 표상화될 수 있다는 점이다. 그러나 노장에서의 道는 物처럼 표상화하거나 대상화해서 사유할 수 없다. 왜냐하면 도는 고정불변하는 실체로 따로 존재하지 않기 때문이다[31]. 노장은 물을 물이게끔 하는 것은 물이 아니고, 형을 형이게끔 하는 것은 형이 아니라고, 주장하여, 도의 비사물성과 비실체성을 강조한다. 그렇다면 도란 무엇이며, 어떻게 존재하는가?

도는 모든 생명을 생명이게끔 하는 참 생명이다. 왜냐하면 도는 이 세계에 존재하는 모든 개별생명이 그 무엇에도 의존하지 않은 채 독자적으로 생겨나고 변화할 수 있게 하는 우주생명의 궁극적 존재근원이기 때문이다. 따라서 모든 생명은 우주 생명의 본질을 이루는 도를 떠나서 따로 존재할 수 없다. 만약 모든 생명이 도를 상실하게 된다면, 스스로 자신의 존재기반을 허무는 결과를 초래하게 된다. 이 때문에 장자는 도를 무소부재한 것, 즉 어느 곳이든 있지 않은 곳이

31) 원정근, 「왜 노장의 생명사유인가」, 『전통사상과 생명』, 경기대학교 소성학술연구원, 국학자료원, 2003, pp.113- 114.

없다고 주장한다. 하지만 존재하는 것을 존재하게 하는 것은 그 어떤 고정적 실체로 따로 존재하는 것이 아니기에 그 어디에 따로 있는 것도 아니다. 이처럼 그 어디엔가 고정불변하는 실체로 따로 존재하지 않으면서도 그 어떤 것에도 존재하는 것이 바로 도의 존재방식이다. 다시 말해 도는 존재하면서도 존재하지 않고 존재하지 않으면서도 존재하는 역설적 존재이다[32].

그러면 이러한 노장의 생명의 본질이 작용하는 방식은 무엇인가? 노장에서는 도의 작용방식을 자연으로 본다. 자연은 그 누가 그렇게 되도록 시키지 않아도 저절로 그러하게 또는 스스로 그러하게 이루어지는 것을 형용하는 말이다. 모든 생명이 자신의 생명력의 본질을 이루는 도에 근거해 자발적으로 생겨나고 변화하는 일련의 자기조직화의 역동적 과정을 서술하는 말이 바로 자연이다. 이렇게 볼 때, 노장에서 자연은 모든 생명이 도라는 우주만물의 유기적 통일성에 의거해 그 무엇에 의존하는 것 없이 저절로 생겨나고(自生) 변화할 수 있다는(自化) 것을 강조하는 표현이다. 도가 모든 생명을 저절로 생겨나게 하고 변화시킬 수 있는 것은 자연에 따라 그 어떤 일도 통제하거나 지배하려고 하지 않기 때문이다. 자연을 달리 표현하면, 무위이다. 무위는 억지로 조작하여 따로 하지 않고 저절로 그러한 데에 내맡겨 우주만물과 더불어 하나로 변화하는 활동방식을 말한다. 그렇기 때문에 도는 하는 것이 따로 없지만 모든 사물과 하나가 되어 하지 않는 것이 없다. 따라서 노장에서 도의 운동방식은 하는 것이

32) 원정근, 위의 책, pp.114- 115.

따로 없으면서도 하지 않는 것이 없는 것 즉 함 없는 함(無爲之爲)을 뜻한다[33].

이렇게 노장의 생명사상이 자연성에 토대를 두고 있음과 동시에 모든 생명의 존재근거를 이루는 도는 이중부정과 이중긍정의 논리에 기초한다는 점이다. 양극단적으로 대립되는 두 가지 가치를 둘 다 부정함과 동시에 둘 다 긍정하는 논리이기 때문이다. 도는 대소를 넘어서면서도 대소를 감싸안고 있기 때문에 크다 작다라고 이름붙일 수 없으면서도 동시에 크다 작다라고 이름붙일 수 있다는 것이다. 이런 측면에서 도를 물처럼 그 어디엔가 고정된 실체로 따로 있느냐, 없느냐 하고 따지는 것은 범주착오의 오류를 범하는 것이라고 반박한다. 왜냐하면 도는 따로 없이 따로 있기 때문이다. 모양없는 모양과 형체 아닌 형체가 바로 그것이다. 그 어떤 고정된 모양이나 형체를 따로 지님이 없는 상태에서 모든 사물을 하나로의 방식으로 통일하여 그런 방식으로 따로 있기 때문이다. 이처럼 도는 따로 또 하나로 있기 때문에 도의 실체성의 여부를 따지는 것은 도를 사물의 범주로 한정시키는 오류를 범할 수밖에 없다. 따라서 도는 있는 것도 아니고, 그렇다고 없는 것도 아니다.

도에는 개체성과 전체성이 동시에 포월되어 있다. 모양없는 모양과 형체 아닌 형체에서 앞의 모양없는 것과 형체 아닌 것은 모든 생명이 따로 떨어져 있는 것이 아니라 하나로 있다는 뜻으로 우주생명의 관계적 통일성을 말하고, 뒤의 모양과 형체는 우주생명이 하나로

33) 원정근, 위의 책, p.115.

의 관계적 통일성을 이룬 상태에서 제각기 따로 있다는 뜻으로 우주 생명의 개별적 독자성을 말한다. 따라서 모든 생명은 도 속에서 독자적 자유를 구가하면서 동시에 다른 생명과 관계적 조화를 이루면서 살아가는 따로 또 하나로의 존재이다. 이것이 생명세계의 참 모습이라고 노장은 말한다. 즉 노장의 생명사상은 서로 대립되는 양극적 가치를 벗어나면서 동시에 끌어안는 이중적 전략을 구사한다. 이러한 노장의 역설적 논리는 모든 생명이 차이성과 동일성을 동시에 지닌 것으로 보는 사유이다.

이렇게 생명의 본질이 작동하지만, 도의 실현방식은 因是와 兩行을 통해서 이루어진다. 인시는 양극단으로 반목하는 두 가치를 대립시키지 않고 있는 그대로 따르는 것을 뜻한다. 사람들이 옳다고 말하는 것을 옳은 대로 두고 있는 그대로 따르면 세상에는 모두 옳은 것만이 있게 되고, 그르다고 말하는 것을 그른대로 두고 있는 그대로 따르면 세상에는 모두 그른 것만이 있게 된다. 옳은 것과 그른 것을 있는 그대로 두고 초연히 내맡긴다면, 사람들 사이의 옳고 그름의 갈등과 대립을 근원적으로 해소할 수 있다는 것이다.

양행은 두 가지 서로 대립되는 것 가운데 어느 하나를 따로 선택하지도 않고 포기하지도 않으면서 모두 다 긍정하고 동시에 부정하는 것이다. 이항대립의 관계를 부정하고 동시에 긍정함으로써 둘 다를 죽임과 동시에 살리는 양가적 전략을 구사하는 것이다. 잘난 것은 잘난 대로 못난 것은 못난 대로 산다면, 어찌 잘난 것과 못난 것의 대립과 갈등이 있을 수 있겠는가[34)]?

이렇게 노장 사상에서의 생명의 의미는 추상적인 것만큼 포괄하는 대상은 두 극단을 아우르는 무한에 가까운 폭을 지니고 있다. 이러한 노장의 생명사상은 생명시학 논의를 가장 폭넓게 펼칠 수 있는 개연성을 지니고 있다고도 할 수 있다.

---

34) 원정근, 위의 책, p.131.

생명시학 터닦기를 위한 죽음론

생명시학을 정초하기 위해서는 생명 자체의 본질을 파악하는 일이 우선 필요하다. 생명의 본질에 대한 보편적인 특성이 전제되어야, 이를 토대로 생명시학의 방향성을 정초할 수 있기 때문이다. 그런데 생명의 특성 파악이란 생명 자체만의 추구를 통해서만 다 이루어질 수 있는 성질의 것이 아니다. 생명이 다하는 순간 맞이하게 되는 죽음이란 것을 통해 생명은 새롭게 그 의미가 정립될 수 있다. 여기에 생명시학의 정초를 위해서는 생명론과 함께 죽음론이 필요한 이유가 제기된다.

죽음은 근원적으로 삶의 조건이다. 생명이 없는 곳에는 죽음도 없다. 다시 말하면 죽음이 없는 곳에는 생명도 없다. 이렇게 본다면 삶과 죽음은 서로 상대존재의 존재조건이 된다. 그래서 죽음이 없다면, 우리는 삶을 규정할 수 있는 근거를 잃게 된다. 삶과 죽음은 각각의 존재의미가 상대에 의해 부각된다. 살아있다는 사실이 뚜렷하게 인식되는 것은 죽음이 현실 속에서 진행되고 있기 때문이다. 밤이 깊으면 별이 더욱 선명하게 그 모습을 드러내듯이 생명은 죽음을 통해서 더욱 그 의미가 드러나게 된다.

그런데 우리 인생들이 죽음 이후의 세계를 직접 경험할 수 없다는 점에서, 죽음론의 한계가 있다. 우리는 많은 죽음을 경험하면서 살고 있다. 그러나 그것은 하나같이 내가 아닌 다른 사람의 죽음이며, 그것도 밖에서 바라본 죽음이다. 여기서 죽음을 나의 죽음과 다른 사람의 죽음으로 대별하기도 한다. 그리고 이를 다시 일인칭의 죽음, 이인칭의 죽음, 삼인칭의 죽음으로 나누기도 한다. 일인칭의 죽음이 나의 죽음이고, 이인칭의 죽음은 내가 너 또는 당신이라고 부른 바 있는 가까운 사람의 죽음이며, 삼인칭의 죽음은 나와 별 관계가 없는 그렇고 그런 사람들의 죽음이다.[35] 그런데 그 죽음이 나의 죽음이든 다른 사람의 죽음이든 우리가 터득하고 있는 공통적인 것 중의 하나는 죽음이 곧 삶의 조건이 된다는 점이다. 생명이 없는 곳, 즉 물질의 세계에는 죽음이 없다. 역으로 죽음이 없는 세계에 생명 또한 있을 수 없다. 이렇게 본다면 삶과 죽음은 서로 상대존재의 존재조건이 된다. 죽음이 없는 삶을 생각할 수 없다는 것이다.

우리는 살고 있는 이 삶에 대해 이것 저것 적지 않은 것을 알고 있다. 그러나 삶에 대한 앎, 그것도 죽음을 통해서만 가능하다. 만약, 죽음이 없다면, 우리는 삶을 규정할 근거를 잃게 된다.[36] 죽음과 삶의 이러한 동반자적 관계성 속에서, 나의 죽음에 더욱 관심을 가진 실존

35) 정동호,「죽음에 대한 철학적 성찰」,『철학, 죽음을 말하다』, 산해, 2005, p.40
36) 정동호, 위의 글, p.42

철학자들은 죽음을 적극적으로 삶 안으로 끌어들여 사색하기를 원한다. 죽음을 삶 속으로 적극적으로 끌어들여 그 의미를 부여하고자 할 때, 죽음의 문제는 단순히 죽음 자체의 논의로 끝나는 것이 아니라, 삶의 문제의 핵심인 생명의 문제로 진입해 갈 수 있다. 그래서 우선 실존주의 철학자들의 죽음에 대한 의미부여를 논의한 담론들을 살펴, 생명시학의 입론을 위한 바탕을 마련해 보고자 한다.

1. 하이데거의 죽음으로의 선구

하이데거의 주저 『존재와 시간』은 인간의 본질적 성격을, 죽음을 생각하면서 인생의 의미를 문제삼을 수 있는 데서 찾고 있다. 하이데거는 죽음이란 극단적인 한계상황에 직면함으로써 인간의 비본래적인 삶과 세계의 자명성이 붕괴되는 것이라고 본다. 죽음은 이런 의미에서 우리의 일상적인 삶의 자명성을 파괴하고, 그 어떤 일상적인 세상의 가치로도 환원될 수 없는 독자적인 자기애로 우리를 직면케 하는 힘을 갖는다.

죽음은 어느 누구도 대체할 수 없는 구체적이고 유일한 존재로서의 나의 죽음이다. 따라서 어느 누구도 나의 죽음을 대신할 수 없다. 죽음이 이렇게 철저하게 나만의 죽음인 것을 통하여 나에게 외부로부터 부과되는 모든 낯선 규정들은 의미를 상실하게 된다. 그리고 이와 함께 나에게 절대적으로 고유한 것이 비로소 드러난다. 이렇게 나에게 고유한 것은 인간의 본래적인 진리이기에 가장 근원적 진리다. 죽음의 경험을 통해서 우리는 자신의 가장 고유한 존재가능성에 직면하게 된다.

이러한 가능성은 또한 우리가 지금까지 우리가 집착해왔던 모든 일상적인 가능성들의 허망함을 드러내면서, 그것들을 무로 떨어뜨리는 극단적인 가능성이다. 그래서 이 가능성은 다른 가능성들에 의해서 능가될 수 없는 가능성이다. 이러한 가능성을 통해서 일상적인 가능성들은 그 동안 그것들에 부여된 절대적인 의미를 상실하게 되면서 올바른 관점에서 보여지고 평가될 수 있게 된다. 죽음은 이 점에서 단순한 삶의 종말이 아니라 삶의 실상을 개시하는 사건이라[37]고 본다.

즉 죽음은 이런 측면에서 나의 존재와 내가 소중하게 생각하는 모든 것들을 앗아가는 재앙이 아니라, 오히려 우리로 하여금 우리 자신을 비롯한 모든 존재자들의 고유한 존재를 환히 드러내주면서 그것들에 대한 우리의 새로운 감각을 일깨우는 계기가 된다고 본다. 그래서 하이데거는 죽음의 위험 앞에서 드러나는 나의 섬뜩하고 낯선 존재에서 도피하지 않고 그것을 용기있게 인수하는 것을 죽음에로의 선구(Vorlaufen zum tode)라고 명명하고 있다. 이는 죽음에 대한 불안이 우리를 본래적인 실존의 문턱에로 이끄는 기분이라면, 불안이란 기분에서 도피하지 않고, 그것을 적극적으로 인수하는 태도를 말

---

37) 박찬국, 『죽음은 인간 개개인의 가장 고유한 가능성이다』, 『철학, 죽음을 말하다』, 산해, 2004, p.199

한다. 이렇게 죽음에로 선구하는 것은 본래적인 실존에로 비약하는 것을 의미하며, 이와 함께 불안이란 기분이 기쁨으로 전환되는 사건이다. 이러한 기쁨 안에서 모든 존재자의 고유한 존재가 자신을 드러내는 근원적인 세계가 개현된다는 것이다. 죽음에로의 선구를 통한 단독적인 실존적 결단을 통해 그 모든 존재자들이 자신들의 고유한 진리를 드러내는 근원적인 세계가 열린다[38]는 것이다.

하이데거가 말하는 죽음에로의 선구는 사람들이 자신의 죽음을 앞당겨서 자살하는 것이 아니라, 오히려 그 어느 것에 의해서도 대체될 수 없는 각자의 고유성을 자각하는 사건으로 본다. 즉 죽음에로의 선구는 우리가 자신에게 주어진 유한한 시간을 자기 자신만의 일회적인 시간으로 경험하게 되는 것을 의미한다. 죽음에로 선구하면서 인간은 자신의 본래적인 가능성, 즉 자신의 장래에로 나아가는 동시에 탄생으로부터 현재에 이르는 과거를 새롭게 경험하게 된다는 것이다. 하이데거는 이를 단독적인 존재로서의 각자의 인간이 자신의 과거를 근원적으로 반복하는 것(Wiederholen)이라고 부르고 있다.

이렇게 자신의 본래적인 가능성을 인수하고 자신의 과거를 근원적으로 반복하면서 인간은 자신의 현재를 새롭게 경험하게 된다는 것이다. 이 경험은 현재의 세계가 그전과는 전혀 다르게 인간에게 개현되는 순간이다. 인간은 이렇게 자신의 장래의 진정한 가능성에로 선구하고 자신의 과거를 근원적으로 반복하면서 모든 존재자들이 자신의 진리를 드러내는 상황을 통해 인간의 본질 즉 생명적인 장면과 만

38) 박찬국, 위의 글, p.207

나게 된다. 하이데거는 이를 순간(Augenblick)이라 명명했다. 이러한 순간에 인간은 세상 사람들이 집착하는 다양한 존재자들에 빠져 자신의 삶을 무한히 이어지는 시점들에 산만하게 분산되어 있는 것으로 경험하던 상태에서 벗어나 자신의 삶의 진정한 통일성과 전체성을 경험하게 된다고 본다. 이로써 인간은 자신이 살고 있는 세계 전체와 하나가 되는 것을 경험할 뿐만 아니라, 탄생에서 죽음에 이르는 자신의 존재 전체를 긍정하면서 그것과 하나가 된다[39]. 이것이 바로 죽음을 선구함으로써 새로운 생명을 확인하게 되는 순간이다. 이는 하이데거가 죽음을 선구함으로써 생명에 이르는 길을 만나고 있는 장면이라 할 수 있다.

2. 야스퍼스의 한계상황으로서의 죽음

칼 야스퍼스는 죽음을 인간존재의 피할 수 없는 한계상황으로 정의한다. 한계상황으로서의 죽음은 우리에게 허망한 종말을 의미하는 것에 불과할 수도 있고, 또한 생사에 매여 있지 않은 무제약적인 어떤 것을 경험할 수 있게 하는 계기가 될 수도 있다[40]고 주장한다. 다시 말하면, 야스퍼스에게 죽음은 인생의 허망한 종말이면서 동시에 유한한 시간적 삶을 넘어서 영원성(불사성)의 경험을 가능하게 하는

---

39) 박찬국, 위의 글, p.209
40) 신옥희, 『죽음은 실존의 거울이다』, 『철학, 죽음을 말하다』, 산해, 2004, pp. 215-216

매개가 될 수 있다고 본다. 그래서 한계 상황으로서의 죽음과 불사성을 중심으로 야스퍼스의 죽음론을 살피고자 한다.

야스퍼스는 인간의 삶의 현실을 이루는 상황들 중에는 인간이 변경할 수도 없고, 제거하거나 피할 수도 없고, 설명할 수도, 이해할 수도 없는 상황들을 한계상황이라고 명명한다. 이 한계상황은 인간으로 하여금 그 자신의 능동성의 한계, 그 자신의 무력함과 인생의 무상함을 경험하게 하면서 그와 동시에 한계들 너머에 존재하는 어떤 다른 것을 지시하는 기능을 가지고 있다고 본다. 이것이 한계상황의 보다 중요한 의미라고 본다. 즉 한계상황은 단순한 한계 지시의 기능을 넘어서, 한계 저 너머에 존재하는 어떤 다른 것을 경험하는 매개의 기능을 가진다는 것이다.

죽음은 고통, 투쟁, 죄책 등과 함께 야스퍼스의 실존철학에서는 한계상황 중의 하나로 제시되고 있다. 죽음은 인생의 최종적이고, 결정적인 한계를 지시하는 한계상황으로서, 인간으로 하여금 인생의 유한성과 무의미성 앞에 직면하게 하며, 비존재와 무의 불안 속에서 이 세상을 떠나게 한다. 그러나 이러한 죽음의 한계상황은 자기의 죽음을 분명하게 의식하고 자기의 죽음과 성실하게 관계하는 개인으로 하여금 그의 실존적 삶의 한가운데에서 죽음의 한계 너머로 비약할 수 있게 하는 매개의 기능을 할 수도 있다는 데 있다. 그리고 한계상황과의 대면이 이와 같은 비약으로 연결될 때, 비로소 한계상황으로서의 죽음은 본래적 의미의 한계상황이 된다[41]고 본다. 한계상황으

41) 신옥희, 위의 글, p.218

로서의 죽음은 누구에게나 경험되는 것도 아니고, 죽음의 의미는 누구에게나 동일한 것도 아니다. 죽음이 무엇을 의미하는가 하는 것은 그것을 경험하는 사람의 존재의식 및 존재방식에 따라 달라진다.

야스퍼스는 존재의식의 영역을 질적으로 구분하고 있다. 즉 인간은 이 세상 안에서 자기의 존재를 단순한 현존재로 이해하고, 그러한 존재의식에 기초하여 살아갈 수도 있고, 달리 단순한 현존재의 존재 차원을 넘어서 실존으로서의 자기를 확신하면서, 그러한 실존적 자기의식에 기초하여 살아갈 수도 있다는 것이다.

단순한 현존재란 야스퍼스의 철학에서는 이 세계 안에서 단지 생명보존과 본능적 욕망 충족에 도움이 되는 것만을 행위의 목적으로 삼고 그것을 위해 살아가는 인간의 일상적 존재양태를 가리킨다. 이에 비해 실존으로서의 자기를 확신하며 살아간다는 것은 본능과 환경에 매여 있는 단순한 현존재와는 다른 보다 높은 존재의 차원에 눈뜬 사람의 존재양태를 지칭한다. 그런데 이러한 실존적 존재의식의 특징은 단순한 현존재에 매여 있지 않은 자유로운 자기의 의식이다. 실존적 삶은 자연적 생명과 본능들의 성취를 위해서 사는 것이 아니고, 그것들을 매개로 하여 그것들로부터 자유로운 실존적 자기의 실현을 삶의 최우선 과제로 삼고 있다. 그래서 현존재와 실존은 그들의 서로 다른 존재의식 및 삶의 양태들에 상응하여 한계상황과 죽음에 대한 서로 다른 이해방식과 대응방식을 가진다. 단순한 현존재는 세계 안에서 그의 삶을 보전하고 확장하는 일에 전력투구하나, 실존적 삶의 자세는 단순한 현존재에 매여있지 않은 자기의 자유존재를 확신하게 되는, 세계 안에 내재하면서 동시에 초월자를 가리키는 그의 본래의 의미를 지니게 되는 차원으로 나아간다.

그래서 한계상황으로서의 죽음의 본래적 의미, 즉 한계 저 너머의 다른 무엇을 지시하는 죽음의 기능은 단지 실존적 삶의 차원에서만 경험할 수 있다고 본다. 그러므로 야스퍼스는 한계상황을 경험하는 것과 실존이 된다는 것은 같은 것이라고 말한다. 그리고 자연적인 생명을 가진 존재들의 종말로서의 죽음은 실존의 자기의식을 파괴하는 것이 아니고 오히려 한계상황으로서의 죽음 앞에서 실존적 자기의식이 더욱 충실화 되는 것이라고 주장한다.[42]

그런데 더욱 중요한 것은 이렇게 한계상황으로서의 죽음을 경험함으로써 비로소 죽음에 대한 불안과 공포가 제거되고, 죽음 앞에서의 침착과 평온이 가능해질 수 있다는 점이다. 이러한 죽음의 두려움을 극복한 실존적 자기 확신의 경지를 야스퍼스는 불사성(不死性)으로 명명하고[43] 있다. 야스퍼스는 이와 같이 그의 죽음관을 통해서 우리에게 죽음 앞에서 그리고 죽음을 넘어서 영원한 삶의 과제를 성실하게 모험하는 자유로운 삶의 가능성을 제시해주고자 했다. 야스퍼스는 또한 우리로 하여금 죽음조차도 파괴할 수 없는 불사적인 자유존

42) 신옥희, 위의 글, p.220

43) '불사성'이란 순간의 영원성을 뜻한다. 야스퍼스의 표현을 빌리면, 우리는 단순한 현존재로서는 죽어야 하는 것이지만, 우리가 영원한 것으로서 시간적으로 나타나는 한 불사(不死)이다. 다시 말하면 우리는 자연의 일부인 생명적 현존재로서는 죽어야 하지만 자기의 자유를 의식하고 있는 실존으로서는 '불사'이다. 이러한 의미에서 불사성의 경험은 시간 속에 존재하지만 시간적이 아닌 존재로서의 자기를 경험하는 실존의 자기의식의 핵심을 이루는 것으로 보고 있다. 신옥희, 위의 글, p.228 참조

재의 가능성의 근원이 우리 인간 안에 자리하고 있음을 깨닫게 하고자 했다. 야스퍼스에게 있어서 불사성의 문제는 죽음 뒤에 오는 것과 관련된 것이 아니고, 죽음과 관계하면서 사는 실존적 자기의식의 차원과 관계되어 있다. 불사성의 의미는 사후에도 지속되는 삶의 연장에 있는 것이 아니라, 생사를 초월하는 존재의 확신을 성취하는 데 있기 때문이다. 한계상황으로서의 죽음은 이렇게 인간의 영원한 본질을 새롭게 인식하게 한다는 점에서 생명과 직결되어 있다.

이렇게 야스퍼스는 자기의 불사성을 사실로서 아는 것은 인간의 본질을 앗아가는 것이며 인간이 어디까지나 무지를 견딘다는 것, 이것이 인간으로 하여금 죽음의 속박을 넘어서 시간의 한계를 초월하는 자기 자신에 도달하게 한다고 주장한다. 그래서 야스퍼스는 그의 죽음에 대한 강의 끝머리에서 "장래의 삶에 대해 의심할 여지가 없을 만큼 확실한 것을 우리에게 가르쳐주는 종교가 있다 해도 우리는 오히려 그러한 종교에 귀를 기울여서는 안된다"는 레싱의 말을 인용하고 있다. 이런 입장은 철저히 인간적인 관점에서의 죽음에 대한 해석이며 의미추구이다. 죽음논의는 죽음 자체의 의미추구도 문제이지만, 죽음 이후의 문제도 중요한 관심사일 수밖에 없다. 죽음론의 논의가 죽음 일반에 대한 논의도 필요하지만, 결국 여러 종교에서 말하는 사후의 문제, 즉 종교가 말하는 죽음론에로 귀결될 수밖에 없는 이유가 여기에 있다. 그래서 기독교와 불교에서 말하는 죽음론을 간략하게 살핌으로써, 생명 시학논의의 외연을 넓혀두고자 한다.

3. 기독교의 죽음관 - 영생을 위한 과정

기독교 생명관에 의하면, 영혼 그 자체는 혼과 육체의 근거인 하나님의 영을 말한다. 인간이 영을 지니기 때문에 생명체로서 존재한다. 기독교 신앙에서는, 인간이 영을 지닌다 함은 인간이 하나님에 의해 정초되고, 생명체로서 조성되고, 지탱되고 있다고 설명한다. 인간 생명 그 자체가 하나님의 창조적 입김과 생명력의 바람에 의해 혼과 육체의 통일체로서 매 순간 그 아름다움의 생명을 은총의 선물로서 부여받는다. 이와 같은 기본적인 성서적 생명관은 죽음 이해와 영생관에서도 관철된다. 죽음에 임해서도, 죽음 너머에 있어서도, 하나님은 인간의 삶과 죽음 그리고 영생의 존재 근거요, 존재희망이란 것[44]이다.

그러므로 기독교인의 관점에서 볼 때, 참으로 두려워해야 할 대상은 죽음 그 자체가 아니라 죽음에서 대면하는 하나님이다. 죽음의 권세는 '하나님의 부정의 힘, 심판의 힘'이기 때문에 죽음에게 부정적인 권세를 허락하며 동시에 죽음의 권세를 무장해제시키는 이도 하나님으로 본다. 기독교인의 신앙에서 말하면, 죽음의 상태에서 인간 생명이 어떠한 존재 양태로 전환되고 변화되는지 인간이 경험할 수 없기에 자세하게 알 수 없지만, 인간의 모든 감춰진 비밀과 죄들이, 인간의 행적이 남김없이 노출되고 벌거벗은 몸처럼 하나님 앞에 드

---

44) 김경재, 「영생을 향한 삶의 방식」, 『죽음이란 무엇인가』, 창, 2001, Pp.206-207.

러난다고 생각한다. 인간이 참으로 두려워할 대상과 죽음에서 만나게 되는 대면자는 죽음 그 자체가 아니라 영존하시는 하나님이다. 죽음은 한 계기일 뿐이다.

신・구약성경이 일관되게 증언하고 있는 공통점은, 사후에 인간생명이 어떤 존재 양태로서든지 보존되는 것은 유한한 인간 그 자신의 본질적 속성의 결과가 아니라 삶과 죽음의 주(Lord)가 되는 하나님의 은총의 개입 사건이라는 것이다. 인간의 죽음 그 자체만을 본다면 그것은 진실로 엄숙한 것, 모든 인간 가능성과 현실성의 끝이다. 그러나 기독교 신앙에서는 죽은 이후 생명의 자동적 연장이거나, 탁계로 옮겨가서 지속되는 영혼의 불멸적 부활을 말하는 것이 아니라, 죽음 속에 던져진 인간의 생명을 받으시는 은혜로운 생명의 주 하나님의 생명이 그를 에워싸기 때문에 인간생명은 무화되지 않고 하나님 안에서, 하나님 앞에서 보존되고 살게 된다고 믿는다.

이러한 신앙적 신념은 인간의 유한성을 극복하려는 인간의 추론이나 가설이 아니고 초대 기독교 공동체 출현을 가능하게 했던 예수 그리스도의 생명부활의 체험에서 현실로 예시된 신앙에 정초하고 있다. 그 신앙은 하나님이 인간을 향해 행한 '영원한 생명의 약속'이다. 이 영원한 생명이란 현재 시간 연속선상의 생명 연장이거나, 현재적 생명 양태의 장소 이동이 아니라, 생명 자체인 은혜로운 하나님의 생명과의 사귐이며, 교통이며, 참여이며, 새로운 존재 양식으로 창조됨이다. 즉 인간 생명은 죽음 직후에 혈과 육으로 표현되는 성질의 존재 양식을 벗어버리고 변화되어 새로운 생명질서에 참여하는 사건,

즉 하늘의 생명으로 덧입는 사건의 변화가 있다[45]고 믿는다.

기독교의 죽음 이해와 영생신앙은 죽음 너머에는 허무가 있지 않고 그리스도 안에서 인간을 영원한 생명에로 초청하는 은혜로운 하나님이 계신다는 신앙 안에서, 유한한 인간 생명이 영원한 생명으로 덧입혀지고 새로운 존재 양식으로 변형되면서 유한하고 가사적인 인간 생명 그 자체가 영원한 생명의 형태로 변화한다는 신앙이다.

4. 불교의 죽음관 – 죽음의 극복을 위해

죽음의 문제에 대한 불교의 대응은 죽음을 불가피한 현실로서 철저하게 인식하는 것으로부터 출발한다. 불교의 현실 인식에 의하면 인생의 모든 고통과 고뇌는 실제로는 변화하지 않는 것이 없음(無常)에도 불구하고, 불변의 고정된 실체가 있는 양 그런 실체를 집착하는 데서 기인한다. 그러므로 그런 불변의 실체가 없음(無我)을 스스로 깨달아 무상을 현상세계의 본래의 모습이라고 진지하게 인식함으로써 고통과 고뇌는 불식된다. 죽음 역시 변화의 한 과정일 뿐이며, 이런 사고를 적용하면 죽음은 유(有)의 단멸(斷滅)이 아니[46]라고 할 수 있다. 불교에서의 죽음에 대한 고찰은 이런 기본적 인식의 틀에서 벗어나지 않는다.

---

45) 김경재, 위의 글, p.216.

46) 정승석, 「죽음은 곧 삶이요 열반」, 『죽음이란 무엇인가』, 창, 2001, p.79.

불교에서 죽음이란 수명(壽命)과 체온과 의식이 사라져 신체의 기관이 모두 변하여 파괴된 모습을 말한다. 수명의 지속과 파괴가 삶과 죽음을 결정하는 셈이 되는데, 불교의 교학에 의하면 수명은 업(業)에 의해 유지되므로, 업력(業力)이 존속하는 동안은 그 업력의 변화에 따라 삶과 죽음도 변화의 과정에 있다. 이런 인식은 불교에서 인간이 수태로써 생명이 결성된 이후 다음 생명이 결성되기에 이르는 기간에 모두 4종의 존재를 경과함을 설명하는 '4유(有)'라는 관념으로 표명되어 있다. 구사론(俱舍論) 제9에 의하면, 인간존재(有)의 기준을 오온(五蘊)이라 불리는 5구성 요소의 집합체로 삼고, 생명이 결성되는 찰나를 생유(生有), 이로부터 생명의 임종 직전까지를 본유(本有), 최후에 임종하는 찰나를 사유(死有), 이 사유로부터 다시 생명이 결성되는 생유 사이를 중유(中有)라 한다[47].

여기서 말하는 중유란 가시적인 임종 이후의 상태, 즉 죽음의 상태를 가리키는 것이 되겠는데, 이 상태를 중음신(中陰身)이라 한다. 이로부터 불교 신도들에게는 사자(死者)에 대한 독특한 의식이 성립되어 있다. 불교 신자들 사이에서 사자의 명복을 비는 의식으로서 관례화되어 있는 소위 사십구제(四十九齋)는 위의 4유중 특히 중유를 설정하는 데서 기인한 것이다. 중유 중에 만일 출생의 조건을 만나지 못하면 다시 수차례 죽고 태어나는 식으로 여러 7일을 경과하는데, 그의 최대기간이 칠칠(七七, 7× 7일 =49일)이라는 것이다.

이 중유의 실재(實在) 여부가 대승불교 이전의 교학에서는 상당히

47) 정승석, 위의 글, 재인용, p.82

중요한 쟁점으로 부각되었고, 또 중유 내에서의 생사 문제에 대한 다양한 설명이 있음을 볼 수 있는데, 어쨌든 이 중유에 대한 믿음이 불교 특유의 왕생사상으로 연결되었다. 중유에 대한 그러한 믿음으로부터 불교 신도에겐 사람이 죽으면 7일마다 사자의 복을 기원하며, 특히 그 기간이 마감되는 49일째엔 보다 큰 의식을 치르는 것이 관례로 되어 있다. 그러나 이 중유 자체에 대한 논의나 인식이 죽음의 문제를 대하는 불교의 본질적인 것은 아니다. 죽음에 대한 위와 같은 종류의 인식은 보편적인 진실의 체득을 위한 일단(一端)일 뿐이다.

불교에서의 죽음에 대한 논의는 결코 죽음의 문제 자체로 한정되어 있는 경우가 없다. 그에 대한 논의는 항상 보다 더 보편적인 진실의 세계를 밝히는 한 부분으로 이루어져 있다. 예를 들면, 근본 불교에서는 12인연이라는 생명체의 보편적인 질서를 설명하는 중에 죽음이 해명되어 있고, 구사론에서는 죽음이 언급되는 전체의 주제로써 알 수 있듯이 세간(世間)이나 육체 기관의 진실을 밝히는 과정에서 취급되고 있다. 따라서 죽음이라는 현상이 포함되어 있는 전체 현상의 진실을 철저히 이해하는 것(正覺)은 곧 죽음의 문제를 극복하는 것이 된다. 불교에서는 이렇게 철저히 파악된 전체 현상의 실상을 고(苦) · 무상(無常) · 무아(無我)라고 표현한다. 불교에서 말하는 열반이나 해탈은 그런 실상을 체득함으로써 죽음을 포함한 모든 문제가 극복되어 있는 상태[48]라는 것이다. 그런데 이 죽음이 극복된 상태의 경험은 순전히 주관적인 것이며, 따라서 직접적인 내적 체험을 통해

---

48) 정승석, 위의 글, p.94

서만 해결될 수 있다고 본다. 생사의, 진실을 체득하게 되면 번뇌의 원인인 무명이 사라지므로 더 이상은 번뇌가 있을 수 없고 업을 형성하지 않게 된다는 것이 불교의 일관된 사고방식이다. 이런 의미의 무심(無心)을 얻기 위해서는 부단한 정신적 수련이 필요하다는 것이다.

지금까지 논의한 철학적 의미의 죽음론이나 종교적 차원의 죽음론들이 결국 어떻게 생명시학의 터를 닦아가는 데 기여할 수 있을지가 문제이다. 그동안 죽음론 논의를 통해 죽음이 삶 안에 있든, 삶 밖에 존재하든 그것이 삶과는 상호조건이 된다는 점을 확인할 수 있었다. 즉 삶과 죽음은 서로 따로 떼어놓고 논의할 수 없는 동반자의 관계에 놓여 있다는 점이다. 이런 죽음과 삶과의 관계성은 생명시학을 논의하는 데 있어, 생명론과 함께 죽음론이 전제되어야 함을 확증시켜준다. 다시 말하면, 생명의 본질적 의미가 죽음이 존재하기에 더욱 선명해지는 것과 마찬가지로 생명시학의 본질을 논의하기 위해서는 생명과 함께 죽음의 정체가 밝혀져야 한다는 것이다. 이런 측면에서 죽음론은 생명론 이상으로 앞으로 많은 논의를 남겨두고 있다.

제 2 부

김지하 시인의 생명사상과 생명시론

현재 한국사회에서 통용되고 있는 생명이란 담론이 대중적인 인식을 갖게 된 것은 김지하로부터 비롯된다. 이는 사상의 차원이든 문학의 차원이든 마찬가지이다. 그는 생명사상을 단순한 이론이 아니라, 실천적 이론으로 생활 속에서 일상화하려는 운동을 전개해 왔기 때문이다. 그러므로 생명시학을 논함에 있어, 김지하를 바로 건너뛸 수가 없다. 이미 일상화된 김지하의 생명담론이기는 하지만, 그 내용과 의미를 한번쯤은 짚어보아야 할 이유가 여기에 있다. 한국문학 속에서의 생명담론은 김지하의 생명담론의 영향권에서 크게 벗어나지 못하는 현실 때문이다. 그렇다고 김지하의 생명담론이 한국의 생명담론의 전부를 의미하는 것은 아니다. 한국시의 생명담론의 중요한 한 맥을 이해하기 위해서는 이를 거쳐가야 한다는 의미이다. 이에 김지하의 생명사상의 저변을 살펴보고자 한다.

1. 혁명사상에서 생명으로

한국현대사에서 70년대는 자유가 억압된 시대였다. 이 억압의 시대에 몸으로 저항하며 혁명적 모습을 보여준 시인이 김지하이다. 그래서 1970년대의 김지하는 한 시대를 상징하는 보통명사가 되었다. 「오적」으로 시작되는 그의 시적 도정은 현실정치에 대한 부정과 비판정신이 활화산처럼 타오르던 시기로 볼 수 있다. 첫 시집『황토』가 보여주는 현실에 대한 저항정신과 투쟁의식은 부정의 정신을 바탕으로 한 혁명사상에 가깝다. 서정 시집『황토』가 척박한 이 땅의 현실과 그 억압에 대한 울분과 저항의식을 드러내는 데 초점이 놓여졌다면, 「오적」을 비롯한 70년대에 집중적으로 씌어진 담시, 즉 단편서사시들은 정치적 억압 및 경제적 질곡과 맞서 싸우는 문학적 응전양식으로서의 성격을 지닌다[49]. 시가 그에게는 전투적인 혁명을 위한 무기가 된 것이다. 70년대라고 하는 이 땅의 역사적 수난기에 처하여 그 정치적 폭정에 맞서 싸우는 저항의 무기로 시가 사용된 것이다.

이러한 현실비판적인 시인의 태도는『타는 목마름으로』에서도 그대로 지속되고 있다. 그러나『애린』에 오면, 김지하 시의 흐름은 새로운 변모를 보인다. 그 동안 지속되어 오던 혁명적 분위기보다는 본질적인 것을 향해 탐구하는 모습을 보인다. 심우라고 하는 구도의 과정을 설정함으로써 삶의 본질을 탐구하는 과정을 내보인다. 그리고『별밭을 우러르며』에 오면 절망과 고통을 넘어선 부활과 새로운 생

49) 김재홍, 「반역의 정신과 인간해방의 사상」, 《작가세계》 통권2호, 1989 p.109

명의식에 충일해 있는 모습을 만나게 된다. 이러한 변화는 『중심의 괴로움』과 『유목과 은둔』에 오면 더 확실한 시적 경향을 내보인다. 우주적 생명의 근원에 대한 탐구나 죽음을 떠올리며 생각하는 생명의 의미는 또 다른 차원의 생명의식을 느끼게 한다. 김지하의 긴 시적 여정을 이렇게 단순화해서 설명하는 데는 무리가 있지만, 그의 시적 도정이 분명히 혁명적 사상에서 생명을 추구하는 세계로 전이되어 온 것은 사실이다. 이런 시적 전환을 두고 그의 현실적 발언과 함께 비판적으로 바라보는 시선이 많았던 것도 사실이다[50]. 이들의 비판적 입장처럼 김지하는 변절한 것인가? 그들의 비판적 소리가 지니는 현실성을 전적으로 무시하기는 힘들지만, 이제 우리는 김지하의 혁명사상과 생명 사상을 단절의 차원이 아니라 연속적인 입장에서 재해석해야 하는 관점이 필요하다.[51] 한 사람의 사상이나 시적 변화는 굴절의 모습을 보이기는 하지만, 그 굴절은 단절이 아니라 변화이기 때문이다.

김지하의 사상변화를 제대로 이해하기 위해서는 그의 사유의 토대

---

50) 1991년 5월 5일자에 실린 김지하의 「죽음의 굿판 당장 걷어치워라 환상을 갖고 누굴 선동하려 하나」라는 제하의 글이 나간 이후 김지하의 생명사상을 비판하는 글들이 쏟아졌다. 이제현의 「선언에서 고백으로 - 김지하의 생명사상 비판」(월간 말, 1991, 5월호), 방현석의 「김지하에게 보내는 공개서한」(월간말 6월호), 최종욱의 「김지하의 생명운동을 비판한다」(미술세계, 1991년 8월호), 조정환의 「김지하의 생명론은 역사로부터의 탈주」(월간 말 2001년 7월호) 등으로 이들의 논조는 김지하의 사상적 변화를 부정적으로 바라보고 있다.

51) 성민엽은 「김지하의 문학과 사상」을 논하면서, "80년대의 김지하의 변모는 단절을 수반한, 무슨 돌변이 아니다. 그 변모는 연속성 속의 변모이며, 차라리 연속성 속의 심화, 확대이다" 라고 논하고 있다. 성민엽, 「김지하의 문학과 사상」, 《작가세계》 통권2호, 1989, p. 92

가 되는 젊은 날의 세계인식에 먼저 주목해볼 필요가 있다. 한 인간이 세계를 인식하기 시작하면서 형성된 넓은 의미의 세계관이란 그 한 인간의 삶의 바탕일 뿐만 아니라, 이후의 삶의 태도나 세계관 형성에 방향타 구실을 할 수 있기 때문이다. 김지하 시인에게 있어, 유년시절의 죽음의 경험은 그의 사상형성에 있어 중요한 요소로 작용하고 있다.

> 내가 10살 때 6.25가 났습니다. 그 때 내 주변에서 무수히 죽어가는 사람들을 봤지요. 하얗게 덮여 가지고 논두렁 밭두렁에 송장들이 쌓여 있고, 바닷가에 밀리는 송장들도 봤고, 가까운 친척 중에 죽은 사람도 있고, 생매장됐다 살아나온 사람도 봤고, 죽었다는 소문을 들은 사람도 있고, 제사 지내는 것,
>
> 밤중에 시체를 찾아서 헤매는 사람들. 이런 속에서 죽음이란 게 나한테 어린 시절에 큰 충격으로 왔고, 하나의 내상(內傷)이 된 것 같습니다. 그런 것이 따라다니다가 대학 초에 5.16군사 쿠데타가 나고 만사가 시들해져 학교를 휴학하고 남쪽으로 방랑을 떠났습니다. 그곳이 마침 내 고향 근처였습니다. 그 때 도로공사장 같은 데서 어물쩡거리고 돌아다니기도 하고 친척집에서 기식하기도 했습니다. 그런데 그 무렵에 결핵에 걸려서 피를 뱉고, 대낮에도 식은땀을 흘리고 허우적거리면서 꼭 병 걸린 개처럼 돌아다녔는데 그 무렵에 끈질기게 따라붙은 게 죽음이란 문제지요. 그 이후 죽음이란 문제가 나한테 중요한 문제가 됐습니다. 거기에서부터 돌파해나갈 삶의 길로, 생명력이 가득찬 삶의 길로 나아가는 길이 어딘가를 모색하는 것이 내 청춘의 주제였다고 생각합니다[52].

52) 윤구병, 「시인 김지하의 사상세계」, 《철학과 현실》 1990년 봄호(통권 4호), 1990, p.156

위의 고백은 김지하 시인 자신이 이미 나이 들어, 자신의 삶을 뒤돌아보면서 회상한 내용이기에 자신이 현재 서 있는 사상적 배경 안에서 기억이 왜곡될 수 있다는 점을 생각할 수도 있다. 기억은 언제나 기억의 주체가 현재 서 있는 입장에 따라 재구성될 수 있는 속성을 지니고 있기 때문이다. 그러나 유년시절과 젊은 시절을 거치면서 김지하 시인에게서 뗄 수 없는 중요한 관심사 중의 하나는 죽음이었음을 분명히 확인할 수 있다. 타자들의 죽음과 자신의 죽음을 추체험하면서 이 죽음을 죽임으로 인식하게 되는 사회·역사적 상황의 인식은 그에게 저항이란 생존논리를 배태하게 된다. 인간의 생명을 죽임으로 몰아가는 많은 상황들이 있지만 「오적」을 전후해서 시인이 당면한 죽임의 요소는 인간의 자유와 생명권을 침해하는 현실정치였다. 유신체제는 그에게 있어 생명을 죽임으로 내모는 극복해야 할 과제였다. 도저히 수용할 수 없는 타파하고 부수어버려야 할 반생명적인 체제였다. 이를 위해서는 그에게 일차적으로 투쟁이 필요했던 것이다. 그는 당시의 상황을 다음과 같이 회상한다.

> 죽음이란 건 포괄적으로 생명이 끝남, 생명의 소실, 그리고 절망, 허무, 질병의 체험을 통털어 죽음이라 부르지 않습니까? 그런데 그 원인이 어디에 있는가를 해명하지 못해서 허우적거리고 살았는데 그런 것이 일차적으로 나한테서는 정치적인 구조에 있다고 생각되었죠. 그 구조를 뜯어고쳐야겠다고 행동하기 시작했습니다[53].

53) 윤구병, 위의 글, p.159

시를 무기삼아 김지하 시인은 정치적 행동을 할 수밖에 없었던 것이 1970년대의 상황이었다. 저항할 수밖에 없는 정치적 상황이 연출되고 있었던 것이다. 여기에 현실체제를 부정하고 새로운 체제를 열망하는 혁명적 사상이 움트고 있었다고 본다. 그의 혁명적 의지는 그를 감옥으로 직행하게 만들었다. 죽임을 넘어서기 위해서는 일차적으로 혁명적 투쟁이 필요하다고 생각한 것이다. 죽임으로 인해 사람들이 받는 고통과 신음을 극복하기 위해서는 죽음을 불사한 투쟁이 필요하다고 본 것이다. 그러나 죽임을 자행하는 체제에 맞서 죽음을 각오하고 맞선 그에게, 감옥의 체험은 투쟁이란 것도 결국은 인간을 부자유스럽게 만들고 생명의 본성에 합당하지 못하다는 것을 깨닫게 된다.

> 혼자 감방 안에서 특수 감금 상태에 놓여서 굉장히 부자유스럽고 협심증 같은 증세가 오고, 그러면서 한 마디로 얘기해서 사람의 본성 가운데는 어떤 형태의 억압이나 부자유에도 불구하고 자유스런 것이 있는데 그것을 깨달을 수 없는 이유는 무엇인가라고 되물었을 때 거기에 대답해오는 것이 그것은 구조적인 문제만에 그치는 것이 아니라 인간의 문명사적인 생존 전체의 문제가 있다는 것을 깨닫게 된 거죠. 무엇인가 삶 자체를 우리가 잘못 생각한거 아니냐, 죽임당하고 있으면서도 삶이라고 생각한거 아니냐 또는 이데올로기적인 모든 것도 결국은 죽임으로 진행하는데도 불구하고 그것이 삶의 길이라고 생각하는 것 아니냐라는 질문이 잇따라 던져지게 된 거죠. 그런 과정에 있을 때 조그만 식물인 풀씨가 어떻게 바람을 타고 날아와서 감옥 시멘트 벽 철근콘크리트 밑에 조그만 흙에 고이고 그 흙에 뿌리를 내리고

> 파란 싹을 튀우느냐? 그렇다면 인간도 어떤 처지에 있든지 생명의 본성에 대한 깨달음이 있다면 자유로울 수 있지 않느냐, 벽 너머와 안이 하나로 될 수 있지 않느냐, 벽이란 것은 본래 존재할 수 없는 것이고 인간이 본성만 깨닫기만 한다면 그것은 능히 허허벌판과 같은 것이 아니냐 - 이런 생각에 접하게 된 것이죠[54].

감옥 속에서의 삶을 통해 죽임을 극복할 수 있는 새로운 의식의 전환이 이루어지고 있음을 본다. 투쟁이 죽임을 극복하는 길이 아니라, 오히려 죽임의 길이 될 수도 있다는 깨달음은 김지하 시인의 의식 속에서 일어난 생명의 본질에 대한 자각으로부터 비롯된다. 혁명적 투쟁 사상이 생명의 본질을 탐구하는 방향으로 전이된 것이다. 그러면 초기에 김지하가 보인 투쟁과 이후의 생명탐구는 전혀 무관한 것인가? 이는 아니다. 김지하에게 있어 투쟁의식은 생명의식의 또다른 발현이라고 본다. 투쟁이란 죽임에 대한 저항이기 때문이다. 즉 생명억압에 대한 저항은 중요한 생명의식이다. 그 생명의식이 감옥체험 이후 새로운 차원의 생명의식으로 전환된 것이다. 즉 죽임에 대항하는 생명의식에서 더 큰 생명의식으로의 전환이다. 전자가 상대를 극복하고 나의 생명을 살리려는 소아적 생명의식이라면, 후자는 나와 더불어 상대를 살리고 공동체 전체를 살리는 대아적 생명의식이다. 그것은 나를 죽임으로 몰아가는 타자와의 투쟁이나 부정이 아니라, 타자까지 끌어안는 생명의식이다. 이러한 생명의 본성에 대한 깨달음은 김지하 시인에게 있어서는 크다란 의식의 변화인 것만은 사실이

54) 윤구병, 위의 글, pp 161-162

다. 이 깨달음의 원천은 어디로부터 나온 것인가?

2. 김지하 생명사상의 원천

김지하의 생명사상의 토대는 하나의 시선으로 다 해명될 수 있는 성질은 아니다. 그의 사상의 토대에는 기독교 사상으로부터 미륵사상, 선사상, 기 철학 등을 비롯해서 다양한 동양사상이 포섭되어 있기 때문이다. 그러나 여러 사상 중 그가 스스로 밝히고 있는 바에 따르면, 동학이 그의 생명사상으로의 전환에 어떤 계기를 마련해주었다는 점은 부인할 수 없다.

> '아, 생명은 무소부재로구나! 생명은 감옥의 벽도, 교도소의 담장도 얼마든지 넘어서는구나! 쇠창살도, 시멘트와 벽돌담도, 감시하는 교도관도 생명 앞에는 걸림돌이 되지 못하는구나! 오히려 생명은 그것들 속에마저도 싹을 틔우고 파랗게 눈부시게 저렇게 자라는구나! 그렇다면 저 민들레 꽃씨나 개가죽나무보다 훨씬 더 영적인 고등 생명인 내가 이렇게 벽 앞에서 절망하고 몸부림칠 까닭이 없겠다. 만약 이 생명의 끈질긴 소생력과 광대한 파급력, 그 무소부재함을 깨우쳐 그것을 내 몸과 마음에서 체득할 수만 있다면 내게 더 이상 벽도 담장도 감옥도 없는 것이다. -중략-
>
> 나는 그 뒤 기쁨에 넘쳐서 생물학, 진화론, 불교와 동학, 노장학, 주역과 기학 등 생명이나 생성, 변화와 관련된 책들을 닥치는 대로 읽기 시작하였고 바로 그 무렵에 환경문제, 녹색운동, 생태학적 사유에 관한 유럽의 움직임들을 책을 통해 알게 되었으며, 생명이라는 화두의

> 시대적 중요성과 함께 생명사상, 생명운동의 방향을 구상하기에까지 이르렀습니다.
>
> 그리고 그것은 전 문명사적 전환운동이며 새로운 패러다임이고 나아가 민초 대중의 구체적이고 일상적인 생활개혁운동으로부터 그것을 시작해야 한다는 것, 바로 그 때문에도 동학은 현대의 우리 생명운동, 생명사상의 모태가 되어야 하며, 바꿔 말하면 동학의 현대적 재창조가 곧 생명사상, 생명운동이라는 결론에까지 도달하게 된 것입니다.[55)]

위의 인용문을 통해 김지하의 생명사상이 동학에 뿌리를 두고 있음을 쉽게 간파할 수 있다. 그래서 그가 감옥에서 접했던 동학사상의 기본적인 개념을 이해함으로써 김지하의 생명사상의 근저를 더듬어 보고자 한다.

동학의 본질은 일반적으로 시천주(侍天主)와 인내천(人乃天) 그리고 개벽(開闢)과 지상천국으로 설명한다. 이러한 기본적인 동학의 특성을 해명하기 위해서는 신관, 우주관, 인간관, 윤리와 도덕관, 내세관, 사회관 등 모든 방면에 대한 논의가 필요하지만, 여기서는 김지하의 생명사상의 근원을 이해하는데 필요한 신관과 인간관에 우선 관심하고자 한다.

먼저 신관에 대해 알아본다. 동학에서는 믿음의 대상인 신을 한울님이라고 한다. 한울의 '한'은 하나를 뜻하는 동시에 큰 것을 뜻한다. 하나(一)와 큰(大)것이 합하여 하늘천(天)을 이룬다. 가장 작고 가장

---

55) 김지하, 『생명학』, 화남, 2003, pp. 62- 63

큰 것이 모두 한이라는 한 말로 표현되고 있다. 이 한은 처음인 동시에 끝이요 처음도 끝도 없는 무궁을 의미하는 것이다. 그러므로 이 한은 무궁무한이 큰 한울(一大 : 天)과 나와의 합일을 뜻하는 것이다. 또 여기의 하나라고 하는 것은 숫자적인 다수 가운데 하나가 아니라 오직 하나라는 一元的인 全一의 한을 뜻한다. 즉 다른 존재를 인정하지 아니하는 상대가 없는 오직 하나인 절대적인 유일의 한이다[56].

동학에서는 이 한울님이 초월적인 신이 아니라, 신과 인간의 일체를 추구한 인내천의 신관을 보인다. 이 세상의 모든 것이 다 한울님의 조화로 생겨난 것이며, 백천만물 가운데 사람이 최고로 신령하지만 사람이 손과 발을 놀리고 마음을 쓰며 말하고 웃는 것이 다 한울님의 기운과 조화로 이루어진다는 것이다. 한울님 마음이 곧 사람의 마음이므로 사람의 움직임을 한울님의 조화로 보게 된 것이다. 이와 같이 한울님은 사람을 떠나서 생각할 수 없고 사람은 또한 한울님을 떠나서 있을 수 없다는 神人一體의 신관을 내보인다.

이러한 신관은 동학이 발생하였던 19세기에 조선인들이 가지고 있었던 한울님이라는 초월적 신에 대한 관념이 막연하고 모호하기 짝이 없었다는 당시의 상황을 생각할 때 진일보한 것임에 틀림없다. 그러므로 종교사적으로 동학은 우리 민족의 전통적인 한울님을 재발견하였다는 점만이 아니라, 초월적이며 절대적인 인격신으로 한울님에 관한 관념을 강화시키고 분명하게 하여 신앙의 대상으로 삼았다는 점에서 중요한 공헌을 하였다고 할 수 있다. 동학이 삽시간에 널

56) 홍장화, 「동학의 기본사상」, 동학연구 창간호, 1997, pp. 62-63

리 전파될 수 있었던 이유도 사람들에게 쉽게 받아들여질 수 있는 한울님을 신앙의 대상으로 하고 있기 때문이라고도 본다[57].

이런 동학의 신관을 무신론과 유신론 및 범신론을 동시에 극복한 한국적 범재신론으로 평가하는 경우가 있으나, 최제우가 한울님을 개념화하여 규정한 바는 없다. 그러나 그가 말한 바를 토대로 종합하여 고찰할 때, 최제우의 신관은 신의 초월성과 내재성이라는 양극의 모순을 극복하고 있음을 엿보게 된다. 이와 같은 유신론과 범신론의 극복은 초월성과 내재성, 절대성과 상대성, 무궁성과 시간성, 물질과 정신, 전체와 개체, 신과 자연, 신과 인간 등 모든 대립을 일체로 귀일시키고 포용하는 반대일치의 변증법적 논리를 보이는 것이다.[58]

이리하여 한울님은 모든 존재의 근원이면서 인격적인 것이며, 초월적이면서 내재적인 것이며, 절대적인 무궁이면서 동시에 변화 생성과정의 상대적인 조화의 존재로 본다. 만물은 한울님의 조화로서 무위이화(無爲而化)로 화생한 것으로 본다. 이 조화는 창조의 뜻과 진화의 뜻을 아울러 가진다. 창조론과 진화론을 극복한 것이 조화론이라 할 수 있다. 한울님은 만물화생의 내재적 원인인 동시에 초월적 원인인 까닭이다. 이는 내재적 범신의 신관과 초월적 인격신의 신관을 넘어선 새로운 인내천의 신관을 보여주는 것이다.[59]

그런데 이런 무형하신 한울님은 무궁으로 생명을 삼고 무궁으로

57) 장영민, 「동학사상과 민중신앙」, 동학연구 2집, 1998, p.111
58) 홍장화, 위의 글, p.66
59) 홍정화, 위의 글, p.67

체를 삼고 우주의 기운으로서 또 생명으로서 우주만물을 낳으시고 그 속에 계시면서 무궁히 생성하고 발전하는 조화의 원리요 그 주재자로 인식하기도 한다. 또한 우주만물을 화생하고 생성하며 섭리하고 주재하는 생명의 主로 생각하기도 한다.[60]여기에서 김지하가 말하는 우주생명론의 토대가 마련된다.

김지하가 말하는 우주생명론은 神, 靈, 化, 物, 成, 그리고 形을 총체적인 일원적 자기 조직화 과정의 이러저러한 측면으로 밝히되 그 전체적 유출 속에 통합함으로써 창조론과 진화론을 넘어서는 창조적 진화론, 즉 조화론이며 심신 분리의 오랜 이원론을 근원적으로 넘어서서 정신과 물질 사이의 관계를 숨겨진 것이 드러나는 유출과정 속에 일원론적으로 통합함으로써 관념론과 유물론의 대립을 넘어선다[61]고 본다.

다음은 동학의 인간관을 살펴보기로 한다. 동학은 사람이 무엇인가에 대하여 侍天主의 뜻을 체득하는 데서 답을 얻는다. 동학에서는 한울님과 사람의 관계를 시천주라 하여 사람이 한울님을 모시고 있다고 믿는다. 나아가 사람이 태어난 근본과 삶의 참된 도리를 시천주에서 찾는다. 사람이 시천주를 모시고 태어난 동시에 사람이 사는 근본이 한울님을 믿고 정성과 공경(誠・敬・信)을 다하여 모시고 변치 않고 섬겨야 한다는 것이다. 인간이 한울님을 모신다는 것은 먼저 한울님이 가까이 계신 것을 알고 섬겨야 한다는 것이며, 한울님을 안다

60) 홍장화, 같은 면
61) 김지하, 『생명학』, 화남, 2003, p.72

는 것은 안으로 한울님의 신령이 있고 밖으로 한울님의 기화가 있음을 알고 섬기는 데 있다는 것이다. 결국 內有神靈과 外有氣化를 알고 섬기는 것이 한울님을 모시는 것이 된다.[62)]

내유신령은 사람이 태어날 때 비로소 발하는 마음이요, 이 마음이 신령한 한울님 마음이라는 것이다. 출생과 더불어 발하는 내유신령의 이 마음은 한울님 마음과 하나인 것이다. 사람은 누구나 출생과 더불어 내유신령의 한울님을 모시고 있다고 본다. 외유기화는 사람이 어머니 배속에 胞胎할 때부터 우주에 꽉차 있는 한울님의 기운 즉 至氣의 조화로 이치와 기운이 엉키어 모태의 그 바탕에 응하여 사람을 成體하게 됨을 말한다. 사람의 육신은 저절로 생겨진 것이 아니다. 사람의 육신은 한울님의 기운이 외유기화로 어머니 태 안에 터를 잡는 데서부터 이루어지는 것이다. 따라서 사람이 한울님을 모시게 되는 것은 바로 포태할 때부터라고 할 수 있다. 그러나 사람이 태어나기 전 어머니의 태 안에서는 육신의 성체가 되었다 해도 마음이 발하지 아니한다. 육신이 세상에 태어날 때 마음이 생겨지는 것이다. 한울님의 기운이 모태 안에서 사람의 육신이 만들어 질 때 먼저 밖으로부터 接靈氣化의 작용이 있으므로써 그 육신이 생기게 되었으니 이것이 외유기화요, 사람이 세상에 태어난 후 안으로 강화의 가르침이 있게 하였으니 이것이 내유신령인 것이다.

사람은 누구나 이 내유신령인 마음의 가르침에 따라 보고 듣고 말하고 먹으며 활동하여 살 수 있게 된다. 그러나 사람은 내유신령의

62) 홍장화, 위에 글, p.74

마음만으로 살 수는 없다. 내유신령은 육신을 통해서 우주에 꽉차 있는 한울님의 기운과 끊임없이 기화하는 즉 외유기화가 있어야 한다. 외유기화는 육신이 成體할 때 뿐만 아니라 출생 후 생존에 있어서도 계속 끊임없는 작용이 있다. 따라서 내유신령과 외유기화는 결국 하나라고 할 수 있다. 인간의 마음과 육신이 하나인 것과 같다. 내유신령은 마음의 측면이요 외유기화는 육신의 측면일 따름이다. 오직 한 분이신 한울님이 천지만물을 화생하고 많은 사람을 낳으시고 사람마다 내유신령을 모시게 되었으니 내유신령은 비록 많은 사람 몸 안에 있다고 해도 그것은 또한 오직 하나인 것이다.[63]

이와 같이 한울님이 내 몸에 가까이 계신 것을 알고 모시고 섬겨야 한다고 믿는 시천주의 인간관은 사람이 곧 한울이라는 인내천사상이다. 인내천은 天人合一, 神人一體의 진리를 한층 차원을 높여 창조적으로 전개한 것이다. 지금까지 인간과 신을 따로 떼어 보는 데서 신을 높게 보고 인간을 천하게 여기고 인간을 신에 예속시켜온 차원을 벗어난다. 그러므로 인내천은 종래의 신 본위, 신 중심에서 사람 본위, 사람 중심의 사상적 전환을 의미하기도 한다.

동학의 이같은 인간주체 사상은 19세기부터 보인 서구의 인간중심주의와는 본질적으로 다르다. 서구적 인간주의는 생명론적 내지 유물론적인 극단으로 치닫거나 신에 대한 절대적인 귀의로 좌절되는 경향을 벗어날 수 없었다. 이에 반하여 동학의 인간주의는 사람이 곧 한울이라는 인내천의 절대적인 진리에 도달함으로써 유물론 및 관념

63) 홍장화, 위에 글, p.76

론의 모순되는 양극사상을 극복하고 그 두 가지를 근원에서 통합하는데 성공하고 있다[64]고 본다.

이러한 인간관에 기초해 있기에, 김지하는 인간은 우주생명이지만, 동시에 가장 신령한 자각적 우주생명이라[65]고 말한다. 인간이 가장 뛰어난 문화, 창조력을 가진 것은 틀림없지만, 그것은 자연을 지배하고 정복하고 착취하는 관계를 정당화하는 것이 아니라, 오히려 우주 자연과의 완전한 교감과 일치, 일체를 이루어 자기를 실현하며, 그 과정이 또한 모든 생명 내부에 살아있는, 그러나 아직 꽃피우지 못한 영성적인 자유의 만개를, 앞으로 인간이 창조해야 할 생명문화와 세련된 도덕적 과학으로 그것을 도와줌으로써, 이른바 중생 대해탈을 가능하게 하여 참다운 후천개벽을 성취시켜야 할 크고 깊고 광활하고 당당한 전 우주적인 윤리적 책임을 가지고 있다는 점에서 가장 우수하고 가장 신령하다[66]는 것이다.

또한 이러한 인간관은 인간평등사상과 인간존중사상을 구체화하는 근거가 되었다. 이의 구체적 실천 중의 하나가 동학이 실현한 근대적 여성관이다. 모든 만물이 시천주 아닌 것이 없기에 인간의 경우도 남녀 모두가 평등하다고 본 것이다. 특히 여성의 지위를 중요시함으로써 여성을 상대로 內修道文을 지어 胞胎生命의 소중함을 인식시키는 노력을 하였다[67].

---

64) 홍장화, 위의 글, p.80
65) 김지하, 『생명학』, 화남, 2003, p.152
66) 김지하, 위의 책, 같은 면
67) 황선희, 「동학사상의 인본주의 성격」, 동학연구 3집, 1998, p.139

그래서 동학에서는 자연이 결코 정복되어야 할 대상이 아닌 것처럼 여성도 억압의 대상이 아니라는 것이다. 동학에서 하늘과 땅은 어버이로 이해되는데, 땅을 단순히 어머니로 표현하지 않고 어머니의 살 같이 소중히 여기라고 했다. 이러한 동학의 모성론은 모성에 대한 거부와 찬양의 양면을 지니고 있는 서구 페미니즘이 한국에 수용될 때 발생할 수 있는 문제들을 해결하는데 기여할 수 있을 것[68]으로 보기도 한다.

이러한 인간평등사상은 민중사상으로 쉽게 전이될 수 있었다. 김지하의 생명사상의 한켠에는 늘 민중사상이 자리하고 있는 이유도 여기에 있다. 이 인간평등 사상의 근거를 형성하는 것이 김지하가 생각하기로는 '자각적 모심'이다. 이는 대상과 주체 사이의 수평적 관계를 전제하며 모든 인간과 인간 사이, 인간과 자연 사이, 인간과 신 사이마저 억압이나 지배 종속이 아닌 수평적 파트너십을 창출하는 기본태도[69]라고 본다. 이는 이전의 부르주아적인 또는 프롤레타리아적인 일그러지고 일면적인 지배와 종속의 세계관, 수직적 세계관, 수직적 주체와 대상 사이의 관계 등을 모두 넘어선다는 점에서 진정한 의미의 시민민주주의, 포괄적 철학의 근거가 된다[70]고 주장한다. 그래서 김지하는 높이 받들어 모심으로써 오히려 진정한 우정이 싹터 서로 존경하는 친구가 되고, 참된 창조적 파트너십을 확보하는 것,

68) 최문향, 「동학의 모성론과 미래지향적의 여성상」, 동학연구 19집, 2005, p.224
69) 김지하, 앞의 책, p.188
70) 김지하 위의 책, 같은 면

그리고 더욱이 틈과 거리를 두어 자주적으로 동역하는 것은 개성적 만남의 조건이 된다고 생각한다. 이런 연유로 그는 '자각적 모심' 사상은 우리 사회에서 혼란에 처한 모든 관계, 인간성취, 자기성취, 타인과의 관계, 예절, 애인사이, 부부사이, 부자관계와 교육, 노동, 대물관계, 대자연과의 관계와 대타민족과의 관계 일체에서 깨닫고 실현해야 될 새로운 삶의 기본적인 태도[71]가 되어야 한다고 강조한다.

3. 김지하 시에 나타나는 생명의 양상

김지하 시에 나타나는 생명의 양상을 논한 글들은 성민엽의 「김지하의 문학과 사상」, 김재홍의 「반역의 정신과 인간해방의 사상」, 이형권의 「김지하의 생명시와 생명시론」, 신철하의 「생태시학으로서의 '生命'과 '律呂' -김지하의 미학론」, 강찬모의 「김지하의 시에 표현된 경물사상과 자연존중」 등이 있다. 이들의 논의를 개관함으로써 우선 김지하 생명시의 양상을 살펴보고자 한다.

성민엽은 「김지하의 문학과 사상」에서 김지하의 생명사상은 인간해방의 문제를, 생명이라는, 보다 근원적이고 포괄적인 개념으로 풀어나가는 데서부터 시작되며 여기에 그 사상적 요체가 있다고 본다. 그가 말하는 생명은 모든 존재(생물뿐 아니라 무생물까지도, 유기물뿐 아니라 무기물까지도 포괄하는)의 근원적 실상이며, 문명사적 인

71) 김지하, 위의 책, p.192

류사적 지구사적 우주사적인 모든 과정은 생명의 운동과정이다 라고 본다. 나아가 김지하가 말하는 생명이란 것은 결국 인간이해, 세계이해의 문제이며 세계관의 문제로 본다[72]. 이런 근본적이고 포괄적인 개념을 성민엽은 김지하의 민중개념을 통해 좀더 구체화하고 있다. 그는 김지하의 생명사상은 민중개념 없이는 성립되지 않는다고 본다. 반생명적인 현상을 극복하고 일원적인 총체적 생명운동의 창조적 순환을 회복하여 근본적으로 새로운 문화, 새로운 세계를 여는 이른바 후천개벽의 주체가 바로 민중이기 때문이다[73]. 그가 파악하는 민중은 새로운 생명관계를 창조하는 자가 된다. 이 민중은, 소극적·부정적으로 보면 생명파괴의 현상 속에서 고통받으면서 그 현상에 저항하며 그것을 넘어서는 자이고, 적극적·긍정적으로 보면 근원적인 생명의 실상을 인식하고 그것을 현실 속에서 성취함으로써 자기 자신을 포함한 중생 전체의 해방을 추구하는 자이다. 그래서 성민엽은 이 민중 개념을 열려있는 개념으로 파악한다. 전략적 개념으로서의 민중이 배제해가는 개념인데 반해 이 민중 개념은 포괄해 가는 개념으로 본다. 모든 계층 모든 종류의 사람들에게 열려있다는 것이다. 그래서 결국은 민중은 생명운동의 주체라기보다는 생명운동의 장소가 된다[74]는 것이다. 민중이 인간해방의 장소일 때 진정으로 포괄적인 인간해방의 전망이 열리는 것으로 본다.

---

72) 성민엽, 「김지하의 문학과 사상」, 《작가세계》, 통권 2호, 1989, p.96
73) 성민엽, 위의 글, p.97
74) 성민엽, 위의 글, p.100

이러한 입장을 바탕으로 성민엽은 김지하의 문학과 사상을 서정시집 『애린』과 『별밭을 우러르며』가 생명의 세계, 통일의 세계를 깊이에 있어 추구하고 있다면, 대설 『남』은 그것을 넓이에 있어 추구하고 있다[75]고 평가한다. 그러나 김지하의 생명사상에 대한 작품논의는 좀더 전면적이고 체계적인 논의를 남겨두고 있다.

성민엽의 논의가 작품 논의로 본격화 되지 못한 점을 감안한다면, 김재홍은 「반역의 정신과 인간해방의 사상」에서 『황토』에서부터 담시 「오적」, 시선집 『타는 목마름』, 『애린』, 『별밭을 우러르며』까지를 관통하는 폭과 깊이를 지닌 작품론을 펼치고 있다. 『황토』의 작품을 분석한 결과, 김재홍은 이 시집에 실린 작품들이 김지하 문학의 출발점이면서, 동시에 그가 지향하고 있는 문학정신의 원형성을 간직하고 있다고 본다. 즉 『황토』에 무수히 등장하는 황톳길이나 흙냄새, 핏자국과 살냄새, 새와 푸른 하늘, 꽃과 햇빛 등의 이미지들이 총칼이나 쇠창살, 쇠사슬 등의 폭압과 감금이미지들에 맞서서 자유와 평등, 민족과 민중, 그리고 생명과 평화에 대한 갈망을 표상하고 있다[76]는 것이다. 그리고 70년대에 집중적으로 씌어진 담시, 즉 단편서사시들은 정치적 억압 및 경제적 질곡과 맞서 싸우는 문학적 응전양식으로서의 성격을 지닌다고 본다. 「오적」에서 독재정권과 부패한 특권층에 대한 문학적 선전포고를 한 다음에, 「비어」에서 기습공격을 펼치고, 「오행」에서 전면전을 펼친 다음 「똥바다」로 전투를 마무

75) 성민엽, 위의 글, p102
76) 김재홍, 「반역의 정신과 인간해방의 사상」, 《작가세계》, 통권 2호 1989, p.109

리함으로써 단편서사시로서의 담시가 장편서사시로서의 입체성·통일적 맥락을 확보하게 되었다[77]는 것이다. 또한『타는 목마름』에서는 당대의 절망적인 상황이 <빈산> <허기> <죽음> <지옥> 등으로 표상되면서 비관적 현실인식과 공포스런 영어체험이 애절하게 드러나고 있으나, 시인은 여기에 굴하지 않고 자유와 민주에의 갈망을 애타게 표출함으로써 자기극복을 희구하고 있다고 본다. 이런 측면에서 시선집『타는 목마름』은『황토』에서의 비관적 현실인식과 부정정신이 그대로 이어지고 있으면서도 그 피 튀기는 대결의 자세 속에 안타까운 갈망을 신앙적인 확신으로 고양시킨 것[78]으로 평가하고 있다.

그러나『애린』에 오면,『황토』나『타는 목마름』등의 시집에서 보여준 대결 구조 혹은 반역적인 정신과는 다른 모습을 보인다고 본다. 서정적 자아를 둘러싼 구체적인 삶과 그 전개과정을 <심우>라고 하는 상징적 구도의 과정과 병치함으로써 삶의 의미 또는 생명의 실상을 탐구하고 있다[79]는 것이다. 김지하 시인이『애린』에서 노래하고 있는 그 의미는 진정한 <나>의 모습이면서 동시에 지상 위에 삶의 뿌리를 내리고 있으면서도 소외된 사람, 버려진 절대다수의 사람들로서의 민중들이고, 처음도 끝도 없이 나고 죽으면서 움직이는 근원적인 생명의 모습 그 자체라고 해석한다. 그래서 시집 애린은 황토에

77) 김재홍, 위의 글, p.120
78) 김재홍, 위의 글, p.124
79) 김재홍, 위의 글, p.127

서 타는 목마름으로까지 주류를 이루던 이념적 모습이 감성적으로, 외향적인 것이 내성적으로, 투쟁적인 것이 화해적으로, 대립적인 것이 통일적으로 전환을 이뤄감으로써 김지하의 시가 내면성, 철학성, 사상성의 깊이를 획득하는 중요한 기틀을 마련한 것으로 본다. 그것은 투쟁의 시 · 무기의 시로부터 통일의 시 · 사랑의 시로의 전환이자 서양적 세계관을 동양적 세계관으로 접수 고양시킨 것[80]이라고 평가한다. 그리고 마지막 시집 『별밭을 우러르며』은 겨울과 밤이 상징하는 절망과 죽음을 넘어서서 새삶, 새생명에 도달하고자 하는 갈망과 기다림이 결 고운 서정으로 아름답게 펼쳐져 있다고 보았다. 즉 이 시집의 주류는 따뜻함과 밝은 빛으로서의 사랑의 철학이며, 새로 태어남으로서의 새생명사상으로 요약할 수 있다는 것이다. 이렇게 본다면 시집 『별밭을 우러르며』야말로 『황토』에서 시작된 김지하의 오래고 처절한 싸움이 마침내 어둠을 뚫고 생명의 별밭을 우러르게 됐다는 점에서 김지하 서정시가 도달한 한 절정이라고 말 할 수 있겠다고 본다. 김지하가 불타는 황톳길 위에서 쇠사슬채 몸부림치면서 찾고자 하던 그것, 지옥 같은 감옥에서 신음하며 타는 목마름으로 뜨겁게 외쳐 부르던 그것, 어둔 골목 저자거리에서 찾아 헤매던 그것은 바로 죽음을 넘어서 새롭게 태어나는 애린으로서의 참된 생명이며 그 생명에 대한 진정한 사랑을 이 시집에서 확인할 수 있기 때문에[81] 그렇다는 것이다.

---

80) 김재홍, 위의 글, p.130
81) 김재홍, 위의 글, p.133

그래서 김재홍은 김지하 시인이 작품을 통해서 보여준 그의 시적 여정을 다음과 같은 비유적 서술로 정리하고 있다.

> 『황토』는 피튀기는 싸움의 시작을 알리는 오전의 시학이고, 『오적』 등 일련의 담시들은 정치와 맞서 싸우는 전면전의 현장 또는 정오사상의 발현이라 하겠다. 또한 『타는 목마름으로』가 작열하는 태양 아래서 사력을 다해 싸우는 지친 투사의 모습이고 하오의 정신이라고 한다면, 『애린』은 저물 무렵 들판에 방황하는 중생의 고달픈 모습 속에서 삶의 의미, 생명의 실상을 찾아 헤매는 구도의 역정 또는 석양의 시학이라고 할 것이다. 그리고『별밭을 우러르며』는 내면적인 겨울의 추위와 어둠 속에서 상처받은 짐승처럼 웅크린 채 스스로를 단련하면서 새벽빛을 그리워하는 한밤의 시 또는 새봄의 빛을 예감하고 있는 忍冬의 시학이라고 할 수 있다.[82)]

이상과 같은 김재홍의 김지하 작품론은, 이 글이 발표될 당시까지 발표된 김지하의 작품을 대상으로 한 명쾌하고도 적실한 김지하 시학의 명명이라 생각된다. 그러나 김지하의 생명 시학은 그 이후 발표된 시집들을 대상으로 보완되어야 하는 과제가 남겨져 있다. 이후의 『중심의 괴로움』,『화개』,『유목과 은둔』,『새벽강』 등의 작품들이 보여주는 김지하의 생명시학은 더 넓고 깊은 폭과 깊이를 보여주고 있기 때문이다.

앞선 두 논자는 김지하의 초기시부터 다루면서, 그의 시에서 나타나는 생명시로서의 모습을 확인하고 있지만, 이형권은 「김지하의 생

82) 김재홍, 위의 글, Pp. 133-134

명시와 생명시론」에서, 1980년대 이후의 시에 나타나는 소위 김지하의 생태시를 세 가지 유형으로 나누어 고찰하고 있다.

그 첫째가 반생태적인 것들에 대한 비판과 저항을 노래하고 있는 고발의 시이다. 김지하의 시 전체를 두고 보면, 이런 고발과 비판의 시가 양적으로 많지는 않지만, 「비닐」, 「다 가고」, 「공해」 등의 시를 통해 이런 모습을 읽어낼 수 있다고 보고 있다. 또 다른 하나의 유형은 상생과 순환의 우주 원리를 탐색하는 탐구의 시이다. 이러한 유형을 보여주는 시로는 「나 한 때」, 「그 소, 애린3」 등으로, 이런 시들 속에서는 하찮은 미물이나 자연일지라도 그것들은 저마다 한 생명으로서의 존재의의가 있으며, 따라서 모든 존재들이 상극이 아니라 상생과 순환의 원리에 몸을 맡기고 있다는 사실을 발견하여 노래하고 있다[83]는 것이다. 그리고 마지막 유형으로 에코토피아 도래에 대한 꿈과 의지를 내보이는 시들을 전망의 시로 규정하고 있다. 이 유형에 속하는 시들은 고발의 시와 탐구의 시를 거쳐 혹은 그곳에 농익은 생명사상의 세례를 거쳐 궁극적으로 도달하고자 하는 반생명적이고 반생태적인 현실을 극복한 어떤 세계 즉 후천개벽론에 근거한 새로운 세계라고 본다[84]. 이형권은 이런 유형의 시로 「줄탁」, 「추억」, 「애린」을 들고 있다. 「줄탁」에서는 부활의 이미지를 통해 에코토피아의 존재원리를 해명하고 있으며, 「추억」과 「애린」에서는 여성성을 통해

83) 이형권, 「김지하의 생명시와 생명시론」, 『한국문학이론과 비평』 제7집, 2000, p. 224

84) 이형권, 위의 글, p. 225

에코토피아를 지향하는 의지를 읽어내고 있다. 그런데 이형권의 논의는 김지하의 생명시를 생태시의 큰 범주에 넣어서 논의하여 유형화함으로써 김지하의 생명시의 모습이 너무 도식화된 틀 속에 갇혀버린 형국이 되고 말았다. 또한 앞서 김재홍의 논의에서 제기되었던 2000년대 이후의 김지하 생명시에 대한 논의가 보완되어야 하는 과제를 남겨두고 있다.

김지하의 생명사상을 또 다른 관점에서 논하고 있는 담론이 신철하의 「생태시학으로서의 '生命'과 '律呂' -김지하의 미학론」이다. 신철하는 김지하의 생명미학 핵심은 동학으로부터 모티브를 얻고 있다[85]고 전제하고는 동학의 不然其然을 김지하의 생명문법의 하나로 보고 있다. 김지하는 「기우뚱한 균형에 대하여」에서 불연기연을 자신의 생명을 설명하는 근본원리로 삼고 있기 때문이다. 그런데 신철하는 생명이 지닌 이 역설적 특성을 레고리 베이트슨의 생물학적 주장과 떼야르 샤르댕의 이중부정, 혹은 이중긍정, 나아가 양가적인 역설의 모순어법과 연계해서 설명하고 있다. 이 모순어법이 바로 불연기연 즉 '아니다 그렇다'의 원리[86]라는 것이다. 그리고 김지하는 생명사상을 실천하는 문화운동의 하나로 율려운동을 제안하고 있다고 보았다. 영성에 기초한 자연과 사회와 개인의 삶을 새롭게 하는 것으로서의 화두가 김지하 생명론의 핵심인데, 그것이 바로 '율려'이자 그 실천이라[87]는 것이다. 이렇게 신철하는 김지하의 생명사상과 율

85) 신철하, 「生態詩學으로서의 '生命'과 '律呂'」, 『어문연구』 통권 127, 2005, p.243
86) 신철하, 위의 글, p.244

려의 문제를 논하고는 있지만, 이를 시 작품을 통해서 해명하거나, 체계화하지 못하고 있다. 이와는 다른 차원에서 작품을 통해서 김지하의 생명사상을 해명하고 있는 글이 강찬모의 「김지하의 시에 표현된 경물사상과 자연존중」이다.

그는 그 동안 김지하 시에 대한 연구가 90년대 이후부터 다양하게 논의되어 왔으나, 그 논의의 전개가 '생명'이라는 일반적이고 추상적인 차원에 국한되어 구체성을 띠지 못했다고 본다. 즉 동학에 관심을 갖고 논의를 전개했지만, 동학사상 중에서 누구의 어떤 사상이 김지하의 시에 수용되어 승화되었는지를 규명하지 못했다는 것이다. 그래서 그는 이런 난점을 극복하고자 해월 최시형의 '삼경사상' 중 '경물사상'에 초점을 맞추어 논의하고 있다[88]. 그리고 그 논의의 텍스트를 『애린』, 『별밭을 우러르며』, 『중심에 괴로움』, 『유목과 은둔』 등으로 확대하고 있다는 점이 특징이다.

강찬모는 김지하 시인이 『애린』 이후에서 생명에 대한 경외와 공경을 구체적으로 드러내고 있는데, 이는 해월의 경물사상을 체득하면서 비롯되었다고 본다. 이러한 경물 사상을 강찬모는 세 가지 차원에서 분석하고 있다. 첫째는 생명포태(잉태)이다. 천지는 생명을 포태하는 소중한 존재이며, 모심의 대상이라는 것이 해월이 말하는 '천지부모'(天地父母)인데, 김지하는 이를 시 형상화의 바탕으로 삼고

87) 신철하, 위의 글, p.250
88) 강찬모, 「김지하 시에 표현된 경물사상과 자연존중」, 『한국현대문학연구』 제21집, 2007, p.357

있다는 것이다. 이런 사상은 이미 『황토』에 실린 「푸른옷」에서부터 나타난다[89]고 보았다. 내 안에 생명을 가진다는 점은 최제우의 시천주(侍天主)를 생활 속에서 구체화한 생명사상이란 것이다. 모든 존재가 생명을 포태하고 있기에 조심해야 하고 공경해야 한다는 것이다.

둘째는 틈과 여백이다. 김지하의 시에 나타나는 틈은 동학에서 생명의 인식론인 불연기연(不然其然)에 해당하는 생명진화의 공간으로 보고 있다. 그래서 「빈가지」, 「꽃샘1」, 「예전엔」, 「늦가을」 등의 작품에 나타나는 틈의 이미지를 단순한 빈 공간이 아니라, 생성을 위한 치열한 생명의 창조 공간으로 채움을 위한 내재화된 공간으로[90] 해석해 내고 있다.

셋째는 천지의 아픔과 동귀일체이다[91]. 동양사상은 자연과 인간이 하나이면서 둘의 관계, 둘이면서 하나인 관계로 이해하고 있다. 이는 동학의 세계인식으로 보면, 동귀일체(同歸一體)이다. 천지의 아픔이 만물과 나의 아픔이란 것이다. 이 아픔을 함께 느끼는 마음이 생명의 조건이란 것이다. 생명의 줄로 이어진 우주 자연의 생명세계는 아픔을 함께 느끼도록 되어 있는데, 김지하의 시 「빗소리」「새봄.4」「삶2」「저 먼 우주의」「산」 등에서 생명의 아픔을 느끼는 시인의 공명과 감응을 드러내고 있다는 것이다. 이 아픔에 대한 감수성이 생명의 본질에 속한다[92]는 것이다.

---

89) 강찬모, 위의 글, p.359
90) 강찬모, 위의 글, p.364
91) 강찬모, 위의 글, p.365
92) 강찬모, 의의 글, p.367

이렇게 김지하 시인은 해월의 경물사상과 자연존중의 마음을 바탕으로 초기 시의 분열의식을 극복하고 생명에 대한 경외감을 체득하고 있다는 것이다. 그러나 강찬모 역시 김지하의 후기시에 나타나는 죽음에 대한 인식을 통한 생명의식은 제대로 밝히지 못하고 있다.

김지하 시인은『중심의 괴로움』에서도 봄과 틈의 이미지를 통해 우주적 생명의식을 지속적으로 그의 주조적인 시의 흐름으로 보여준다. 그런데『유목과 은둔』에 오면, 생명의식보다는 죽음의식에 더 민감성을 내보인다. 죽음의식을 통해 생명을 다시금 생각하고 있음이다.

> 나는 병원이 좋다
> 찌그러진 인생들이 오가는,
>
> 그래서
> 마음 편한.
> 남보다는 더 죽음에 가까운,
>
> 머지않아 끝날 그러한,
> 그래서
> 마음이 편한
>
> -중략-
>
> 아아
> 나는 역시
> '움직이는 종합병원'이던가
>
> 좋다
> 끝이 분명 가까우니,
> 오로지
> 생명만을 생각하느니.
>
> 「병원」중에서

일상인들에게 병원은 부정적인 공간으로 인식되어 있는 것이 일반적이다. 병원은 병든 생명을 치유하는 곳이기는 하지만, 죽음의 이미지가 함께 자리하고 있는 곳이기 때문이다. 이러한 병원을 시인은 좋다라고 노래한다. 그 이유는 오로지 생명만을 생각하기 때문이란 것이다. 죽음을 통해 생명을 다시 인식하고, 의식하는 사유를 읽어낼 수 있다. 여기에는 죽음을 피하거나 부정하는 태도가 아니라, 죽음을 자연스럽게 수용하는 자세가 드러난다. 이는 죽음이 생명의 끝이 아니라는 인식 때문에 가능한 죽음에 대한 태도이다. 그래서 김지하는 죽음을 일상 속에 항상 함께 두고 있다.

죽음이 선풍기 근처에 와
빼꼼이 날 쳐다보고 있다

그렇다, 죽음.

그밖엔
아무 것도 없다.

「선풍기 근처에」중에서

삶과 죽음의 경계를 통해 죽음을 인식하는 입장이 아니라, 삶과 죽음이 공존해 있는 현실을 통해 죽음을 인식하고 있다. 이는 김지하의 생명시학이 이제는 죽음을 통해 생명을 노래하는 차원으로 전이되고 있음을 말하는 것이다.

문학 속에 나타난 생명지역주의의 한 모습

1. 머리말

인류문명이 발전의 속도를 더해감에 따라 자연환경의 훼손 속도도 가속화 되어 왔다. 이러한 결과 1970년대 이후 인류는 환경에 대한 인식을 새롭게 할 수밖에 없었고, 이로 인해 환경운동이 활발해졌다. 환경운동은 일반 대중들에게 생태의식을 확산시켜 왔으며, 이와 함께 생태문학 논의도 함께 이루어질 수밖에 없었다. 한국문학에서 소위 생태문학 논의는 1990년대 이후 구체화되기 시작했다. 1990년대 이후 단편적인 논의들이 다양하게 이루어졌으며, 1990년대 후반부터는 단행본과 학위논문들이 다수 발표되기 시작했다.

그 동안 발표된 한국 생태문학 논의의 주요논저는 신덕룡의 『초록 생명의 길』(시와 사람사, 1997), 김욱동의 『문학생태학을 위하여』(민음사, 1998), 이남호의 『녹색을 위한 문학』(민음사, 1998), 송희복의 『생명문학과 존재의 심연』(좋은 날, 1990), 신덕룡의 『환경위기와 생태학적 상상력』(실천문학사, 1999), 임도한의 『한국현대 생태시 연구』(고려대학교 대학원 박사학위 논문, 1999), 장정렬의 『생태주의 시학』(한국문화사, 2000), 신덕룡의 『생명시학의 전제』(소명출판사, 2002), 김욱동의 『생태학적 상상력』(나무심는 사람, 2003), 김용민의 『생태문학』(책세상, 2003) 등이다.

그런데 이 논저들의 전반적인 내용은 생태문학의 연원, 생태문학에 대한 정의나 개념, 외국의 생태문학의 소개, 한국문학에서의 생태문학의 현황 등을 소개하는 내용이 주를 이루고 있다. 이러한 논의들은 한국생태문학의 발전을 위해서는 반드시 거쳐가야 할 과정들이다. 그러나 생태문학이 생태주의적 삶에 좀더 가까이 다가서기 위해서는 지역적인 공간을 다루는 문학으로 나아가야 한다. 이는 생태파괴는 전지구적인 현실이지만, 이 현실을 극복하기 위한 실천은 지역적으로 이루어져야 한다는 명제와 맥을 같이 한다. 생태계파괴를 극복하기 위해서는 소규모의 분권적, 자치적, 자급자족적, 근검・절약하는 생태공동체가 대안사회로 제시되고 있기 때문이다.

이러한 지역적 실천의 하나로 근래에 생태공동체의 삶을 실천하는 모임들이 많아지고 있으며, 그러한 삶의 근거로서 생명지역주의(bioregionalism)를 내세우고 있다. 생명지역주의에서 말하는 생명지역은 인간과 모든 동식물들의 삶의 단위 터전이란 점에서, 현재의 생태위기를 극복할 수 있는 최선의 대안으로 논의되고 있다. 그러므로 생명지역주의는 생태문학이 나아가야 할 중요한 방향의 하나가 될 수 있다. 그래서 생태공동체의 삶을 다루고 있는 것은 아니지만,

생태보호지역으로 지정되어 있는 우포늪 공간을 다루고 있는 시와 소설을 통해 생명지역주의의 모습을 살펴보고자 한다. 그 대상 작품은 시에서는 배한봉 시인의 『우포늪 왁새』를, 소설에서는 우포늪의 삶을 다룬 강인수의 제5작품집『맹물선생』에 실린 중편 「맹물선생」을 논의 대상으로 삼고자 한다. 이 두 작품에서 우포늪 공간이 지닌 생태적 특성과 훼손된 생태계를 어떻게 회복해야 할 것인가에 대한 시인과 작가의 의지와 방향성을 어느 정도 확인할 수 있기 때문이다.

2. 생명지역주의의 특성

생명지역주의라는 용어를 처음 쓴 사람은 캐나다인 앨런 반 뉴커크(Allen Van Newkirk)로 알려져 있는데, 그는 1974년 「생명지역주의 : 인류문화의 생명지역적 전략을 향하여」라는 글을 <국제자연 및 천연자원 보존 연맹>의 기관지 Environmental Conservation에 발표했다. 이후 1975년부터는 생명지역주의와 관련된 이념들이 다양한 영역에서 나타나기 시작했다. 그 대표적인 것 중의 하나가 1975년에 출간된 어니스트 캘런바크(Ernest Callenbach)의 생명지역주의 소설 『에코토피아』(Ecotopia)이다. 이 소설은 미국연방에서 탈퇴하여 북캘리포니아, 오리건, 워싱턴 일대에 자리잡은 어떤 가상적인 생태국가를 그리고 있다. 일년 뒤인 1976년에는 생명지역주의 작가이자 운동가로 활약중인 데이비드 핸케(David Haenke)가 최초의 실제적인 생명지역주의자들의 모임인 <오자크 공동체협의>의 구성계획을 수립하기 시작했다.

그러나 생명지역주의가 본격적으로 생태사상계에 널리 알려지게 된 계기는 1985년에 발간된 세일(Sale)의 『땅의 거주자들』(Dwellers in the land : The Bioregional Vision)이라는 책이다. 이 책은 그 후 10여년 동안 생명지역주의에 관한 거의 유일한 책으로 읽혔다.

세일에 따르면, 생명지역이란 인간에 의해 임의로 선이 그어진 것이 아니라, 식물상, 동물상, 수계(水系), 기후와 토양, 지형같은 자연조건 그리고 이런 조건에 따라 자연발생적으로 형성된 사람들의 정착촌과 문화에 의해 구분되는 공간을 의미한다. 인위가 배제된, 그곳의 생활양식과 풍토와 생물상으로 정의되는 지역이며, 법률이 아니라, 자연에 의해 통치되는 지역을 일컫는다.

한편 버그(Peter Berg)와 대즈맨(Raymond Dasmann)에 의하면, 생명지역은 토양, 하천유역, 기후, 토종 동식물 등에서 공통적인 특징을 지닌 지리적 영역이다. 그리고 생명지역은 지리적 영역이기도 하지만, 의식의 영역이기도 하다고 밝힌다. 즉 생명지역은 장소이기도 하지만, 그곳에서 어떻게 살아야 할 것인가 하는 이념이기도 하다는 말이다. 그래서 하나의 생명지역은 처음에는 기후학, 자연지리학, 동식물지리학, 자연사 및 여타 기술적 자연과학을 활용하여 경계를 정할 수 있으나, 최후의, 최고의 경계는 그 속에서 사는 사람들을 기준으로 정해진다. 여기서 그 속에 사는 사람들이란 그곳의 원주민뿐만 아니라, 그들의 전통과 문화, 삶의 방식, 정착촌 등을 아울러 말하는데, 그것들은 그 생명지역의 생태적, 자연지리적 요소의 산물이므로 결국 생명지역이란 인간과 모든 동식물들의 삶의 단위 터전이라고 정의할 수 있다.

세일의 영향을 받은 대부분의 생명지역주의 운동가들은 생명지역이 인위적인 경계가 아닌, 정착촌들과 생태계의 자연적 경계로 구획되는 지역이라는 것을 강조한다. 또한 생명지역은 그곳의 생명공동체와 생태계의 통합성을 유지할 수 있고, 동물이동, 하천흐름, 영양분 및 폐기물 순환 같은 중요한 생태적 과정이 지탱될 수 있으며, 그곳 특산종의 충분한 서식지가 될 수 있고, 그곳 생물 자원을 이해하고 관리하고 이용하는 인간의 공동체가 포함될 수 있도록 충분히 넓어야 하며, 반대로 주민들이 그곳을 고향으로 인식할 수 있을 정도로 충분히 작아야 한다고 말한다. 이 주장 속에는 생명공동체, 생태계의 통합성, 자연의 순환 등이 강조되고 있는데, 이것은 레오폴드의 토지윤리가 생명지역주의의 발전에 미친 영향 때문으로 본다.

생명지역의 구체적인 경계나 규모는 일률적으로 말 할 수 없지만, 어떤 강이나 큰 하천의 수계 전체를 하나의 생명지역으로 간주하는 것이 보통이다. 물을 생명의 근원으로 보기 때문이다. 그래서 생명지역주의자들은 수원과 수질에 대해 각별한 관심을 갖는다.

생명지역주의자들은 역사적으로 인간의 경험은 인간공동체와 그것을 품고 있는 자연간의 관계 속에서 이루어져 왔으며, 생명지역주의는 이런 관계를 재발견하고 복원하여 인간사회와 자연을 재결합하기 위한 노력이라고 말한다. 이런 의미에서 생명지역주의는 지리학을 매개로 하여 생태학과 인류학을 결합하려는 시도라고 할 수 있으며, 달리 말하면, 인간생태학을 추구한다고도 할 수 있다. 그래서 생명지역주의는 생태계와 지역과 인간의 문화를 하나의 고리로 묶는 것이다.

그런데 이러한 생명지역주의적 삶을 위해서는 두 가지를 실천해야 하는 것으로 본다. 하나는 재정착(reinhabitation)이며, 다른 하나는 지역 자연체계의 복원이다. 재정착이란 땅을 삶의 터전으로 다시 보는 것이다. 즉 지금까지 남용으로 손상되고 파괴되어온 땅을 삶의 터전으로 재인식하고 '그곳에서 살아가는'(living -in -place) 법을 배우는 과정으로 정의한다. 재정착은 그 땅 위 혹은 주변에서 일어나는 고유한 생태현상들을 깊이 인식함으로써 그곳의 원주민이 되는 것이다. 그곳에서 일어나는 일들을 이해하고 그곳의 생명을 더욱 풍성하게 할 뿐만 아니라, 그곳의 생명부양체계를 복원하며 그 속에서 생태적으로 또한 사회적으로 지탱 가능한 삶의 양식을 실천하는 것이다. 달리 말하면, 어떤 장소에서 그 장소와 더불어 사는 법을 배우는 것이다.

그리고 자연체계의 복원이란 생명지역 단위에서 자연생태계의 활성을 유지하고 그곳의 경제와 사회가 지탱 가능하도록 하는 것이다. 생명지역의 경제는 환경을 착취하거나 개조하기보다는 마땅히 거기에 적응하려 노력하며, 자원뿐만 아니라, 자연 전체의 보존을 추구한다. 경제의 목표는 성장이 아닌 지탱 가능성이다. 또한 분산과 자립을 추구한다. 생명지역주의는 생명지역 주민들의 필요를 자조적으로 해결하고자 하며, 그렇게 함으로써 세계 자본주의와의 지나친 연계로 인한 경제적 불안정과 의존성을 벗어나려 한다. 그렇다고 해서 경제적 고립이나 교역의 완전한 중단을 지향하는 것은 아니다. 오히려 지역내부의 경제적 네트워크를 활성화하고 강화하여 보다 튼튼한 바탕에서 다른 생명지역과 교역을 추구한다.

생명지역의 정치 역시 자연의 가르침을 따르는데, 거대화, 집중화, 계층화, 획일화가 아니라, 소형화, 분권화, 다양화를 지향한다. 그리고 민주, 자유, 평등, 정의 등의 보편적 가치의 획일적 적용이 아니라, 자연의 법칙과 그 지역의 자연 특성에 부응하면서 다양한 형태로 각기 나름대로의 사회질서와 가치체계를 발전시키게 된다.

이렇게 생명지역주의는 생태학의 관점에서 그들의 전통과 지혜와 지식을 현대에 되살리고 또한 현대적 지식과 기술을 활용하여 생명지역의 자연과 생태계와 문화를 복구하고 보존하려는 삶의 실천이다.

3. 우포늪 생태공간의 생명지역주의 양상

1) 시에 나타난 우포늪의 생명공간 의식

우포늪은 이미 생태보전지역으로 설정됨으로써, 한국에서는 몇 안되는 생태공간이 되었다. 그래서 이 지역에 대한 생물학적, 환경학적, 생태학적 접근은 이미 상당하게 이루어져 있다. 그러나 문학적 접근은 상대적으로 미미한 편이다. 그런데 배한봉 시인이 우포늪만을 대상으로 한 시편들을 모아 『우포늪 왁새』(시와시학사, 2002)를 펴냄으로써, 시를 통해, 우포늪을 중심한 생명공동체 의식을 논할 수 있는 여지를 만들어 주었다. 이 시집을 중심으로 생명지역주의의 한 양상을 살펴본다.

생명지역주의적 입장에서 중요한 것은, 다양한 생명들이 서로 관계를 형성해, 생명을 유지하고 있는 지역공간에 대한 생태의식이다. 그 생태의식은 먼저 우포늪에서는 우포늪과 우포에 사는 사람과의 관계성에서 확인된다.

우포 사람들은
늪과 함께 하루를 연다
물안개 자욱한 새벽
쪽배를 타고
마름과 생이가래, 개구리밥이 만든 초록의 비단 위를
미끄러지듯 나아가 고기를 잡고
늪 바닥이나 수초 줄기에 붙은 고둥을 건져 올린다
그들에게 늪은
모든 것을 내주고
그들의 모든 것을 받아들인다
아침이 오고, 사방 곳곳
타악 탁, 탁 습지식물들의 씨방 터지는 소리
장대로 배를 밀며 귀가하는
등 뒤, 은전처럼 빛나는 햇살더미가
삶의 무게 터트려 주는 것인가

기우뚱, 한쪽으로 기운
낡은 쪽배의
저 중심
늪은, 우포 사람들의 일생을 안다

「우포 사람들」

이 시는 우포에 사는 사람들과 우포늪은 뗄 수 없는 관계 속에 놓여 있음을 분명히 보여준다. 늪과 사람의 관계가 분리되어 있는 것이 아니라, 함께 얽혀 있음을 말한다. 우포늪의 일정한 지리적 공간 속에 인간과 우포를 중심한 생태공간이 공존하고 있음을 말한다. <늪과 함께 하루를 연다>는 언표는 이러한 우포 사람들의 삶의 상황을 함축하고 있다. 우포늪에서 고기를 잡고, 고둥을 건져올리며, 삶을 이어가고 있는 우포 사람들에게 우포늪은 단순한 생활터전을 넘어서 있다. 인간과 늪의 관계가 일방적이지 않고, 상호부조의 관계가 형성되어 있기 때문이다. <그들에게 늪은/모든 것을 내주고/그들의 모든 것을 받아들>이는 상호공존과 나눔의 관계가 형성되어 있다. 그래서 우포 사람들이 늪을 아는 것처럼, 늪도 <우포사람들의 일생을 안다>고 노래한다.

이렇게 인간과 우포늪이 생명공동체를 이루어 가기 위해서는 철저히 생태중심주의의 시선을 견지해야 한다. 생명지역주의의 바탕은 생태중심주의에 기초해 있기 때문이다. 시인의 시편 곳곳에서 이러한 생태중심주의의 지향의지를 읽어낼 수 있다.

아직도 갈대숲은 겨울 풍경 그대로다
마른 줄기가 뼈처럼 서 있고
땅바닥에는 썩지 않은 잎들이 엉켜 있다
그 잎 뒷면에는 지난 가을에 슬어 놓은 곤충 알이
따뜻하게 붙어 있다
세상에서 가장 낮은 알들의 둥근 집
이것이 잎이 썩지 않고 말라 있었던 이유라니
부화를 꿈꾸는 곤충 알의 숨소리가 들리는 것 같다
봄 가고 우기 오면
이 집들로 인해 갈대숲은 더 푸르러지겠지
내 마음에도 어떤 작은 영혼이 알을 슬어 놓았을까
나도 조그맣고 둥근 집 한 채 되고 싶어
가만가만 마음을 들여다보는 이른 봄날

「둥근 집과 만나다」

시인의 시선은 우선 겨울 우포늪에 서 있는 말라버린 갈대에 다가서 있다. 시인이 관심하는 것은 갈대 자체가 아니라, 땅바닥에 썩지 않고 엉켜있는 잎 뒷면에 붙어 있는 곤충 알이다. 세상에서 가장 낮은 알들로 만들어진 둥근 집에 시인의 시선이 머물고 있다. 이는 생명의 집이며, 생명 자체이다. 이 생명에 관심하는 것은 봄이 가고 우기 오면, 이 집들로 인해 갈대숲은 더 푸른 모습으로 변할 것이라는 확신이 있기 때문이다. 이는 우포늪 생태계에 내재해 있는 생명의 고리를 확인하고 있음이다. 곤충 알과 썩지 않는 갈대 잎 그리고 푸르러지는 갈대숲 사이에는 서로 기대어 있는 생명의 고리가 형성되어 있음을 시인은 보고 있다.

그런데 시인의 시선은 자연 생태계에 고정되어 있지 않고, 화자의 마음으로 되돌려지고 있다. 화자도 곤충의 알이 이룬 둥근 집처럼 되고 싶어 한다. 자연생태계가 보여주는 생명의식에 충일하고픈 심정을 드러내고 있다. 이러한 화자의 생명의식에의 충일이 우포늪이 간직하고 있는 생태계의 생명의식에 의해 촉발되고 있다는 점에서, 인간중심주의적 세계관에서 벗어나 생태중심주의적 세계관에 기초해 있음을 본다.

생명지역주의의 토대를 이루는 것 중의 하나가 땅에 대한 관념이다. 땅이 사람살이의 토대를 이루는 힘이 된다는 땅과 사람에 대한 관계의 인식이다.

> 훈기 솟는 땅심이 칠십 평생을
> 이곳에 붙잡아 두었을 거다
> 피골 상접한 한 시대를
> 견디는 힘도 이런 땅심일 거다
> 탈도 많고 덮을 것도 많은 세상살이
> 시절시절 몸살 한 번 앓지 않고
> 어찌 알찬 열매 맺으랴
> 고갯마루 솔은 더 푸르고
> 뭉텅뭉텅 두엄 쏟아 붓는 영감님
> 이마 땀방울 사뭇 싱그러운 것도
> 첫 봄비 머금은
> 흙냄새 때문일 거다
>
> 「땅심」중에서

칠십 평생을 우포늪 공간에서 떠나지 않고, 살 수 있었던 것은 땅심이었다고 노래한다. 세상을 살아온 힘도 땅심이었을 것이라고 노래함으로써 땅과 사람과의 관계가 뗄 수 없는 상황 속에 놓여 있음을 감지하게 한다. 이는 땅과 사람은 분리된 존재가 아니라, 하나로 융합된 상태임을 말한다. 이는 칠레의 민중 시인인 파블로 네루다의 시구를 연상시킨다 <내 생명은 흙/흙이 우리의 핏줄 속에서 자랄 때/우리는 자라고/흙이 우리의 핏줄 속에서 죽으면/우리도 죽는다>. 이러한 땅과 사람사이의 융합 상태는 사람과 땅이 바로 직접 결합되어 있기보다는 생명피라미드에 의해 이루어진다. 땅이 그 피라미드의 바닥이다. 땅 위에는 식물층이, 식물 위에는 곤충층이, 곤충 위에는 조류와 설치류층이... 이렇게 여러 동물군을 거쳐 대형 육식동물로 이루어진 꼭대기층에 이른다. 이 피라미드는 너무나 복잡해서 마치 무질서한 것처럼 보이는 사슬들의 뒤엉킴이지만, 그 체계가 안정되어 있다는 것은 그것이 매우 잘 짜여진 구조라는 것을 입증한다. 이의 작동은 다양한 구성요소들의 협동과 경쟁에 의존한다. 그래서 하나의 생명 피라미드를 형성한다. 이러한 상태의 실현은 땅이 단순한 흙이 아니라, 땅은 토양, 식물 및 동물이라는 회로를 통해 흐르는 에너지가 솟아나는 샘이라는 것을 보여준다. 생명지역주의가 땅의 윤리에 기초하고 있는 이유가 여기에 있다. 그런데 문제는 인간의 생명과도 직결되어 있는 땅의 에너지를 너무 많이 착취하거나, 급격하게 지표식물을 자생종에서 재배종으로 대체함으로써 에너지 흐름 경로를 교란시키거나 비축 에너지를 고갈시킨다는 점이다. 그래서 토지의 회복을 중요하게 생각한다. 교란상태나 고갈상태가 심한 경우는 회복되더라도 땅이 동식물이나 인간을 부양하는 능력은 줄어든다. 생명지역주의자들이 땅심의 회복을 위해 유기농법을 제안하는 이유가 여기에 있다. 우포늪은 아직 그러한 땅의 힘을 보여주고 있다는 점에 시인은 관심한다.

> 겨울 정오, 혼자 늪 기슭에 섰더니
> 물 속에서 아기 옹알이가 들렸다
> 벌레 울음 같기도 한 기묘한 음정이 자꾸만
> 내 귀를 당겼다, 살얼음을
> 담요처럼 덮은 물면에 떠다니는
> 소목마을 부근의 햇빛이 내 발목을 끌고
> 첨벙첨벙 그 소리의 근원을 찾아가는 것이었다
> 늪은 광활하고 수심은 무릎쯤,
> 습지식물 뿌리들의 젖은 잠이 밟혀왔다
> 그 때
> 내 발바닥을 밀고 올라오는 부드러운 힘!
> 누군가 물 속에서 숨을 내쉴 때
> 올라오는 기포 같은 소리가 들렸다
> 이곳에서 물의 신이 살고 있다는 말인가
> 물은 사금파리 같은 냉기를 내 뼈 속까지 박아
> 넣었다, 온몸에 닿는 그 냉기의 알갱이들!
> 눈부셨다
> 원시와 현재가, 늪의 바닥과 물 위 대기가
> 한 몸 이뤄 가쁜 숨 내뿜을 때
> 그걸 아무도 눈치채지 못하도록

시린 맑음으로 차양치는 단호함이여!
그때서야 나는 늪 뻘바닥의 숨소리에
뭇 생명의 탄생 비밀이 있다는 것을 알았다

아, 엄동설한에만 생생히 피는
소리의 꽃!

「소리의 꽃」

늪의 식물들이 생기를 다한 듯한 겨울, 시적화자는 습지 식물들의 뿌리와 늪 뻘바닥의 숨소리를 통해 뭇 생명의 탄생비밀을 알아차리고 있다. 늪의 수면은 살얼음으로 덮여있어, 생명과는 무관하지만, 물밑 늪바닥에서 화자는 발바닥을 밀고 올라오는 부드러운 힘을 감지하고 있다. 이 힘은 늪 뻘밭이 지닌 생명의 생성력으로, 땅의 에너지가 솟아나는 샘과 같은 양상이다. 그러나 늪은 물과 함께 생명을 생성한다는 점에서, 땅보다는 그 생성력이 훨씬 다양하다고 할 수 있다. 그러므로 우포늪 공간은 생명지역으로서 그 의미가 깊다.

2) 소설에 나타난 우포늪에 대한 생태의식

우포늪을 소설 공간으로 삼고 있는 소설은 그 동안 씌어지지 않았다. 그런데 강인수가 소설집 『맹물선생』에서, 우포늪 공간의 삶을 다루고 있는 「맹물선생」을 선보이고 있다.

「맹물선생」에서 볼 수 있는 생태의식은 장소유, 안일구, 강노인,

최노인, 맹물선생의 별칭이 붙은 환경운동가 정맹석, 환경감시원 박우근 등이 펼치는 삶 속에 내재해 있다. 우포늪에 생활근거지를 둔 이들이 보여주는 삶의 모습은 다양하지만, 생태적 삶의 논의에서 우선적으로 내세울 수 있는 인물은 장소유이다. 장소유는 그의 할아버지가 지어준 이름처럼 느긋하게 자연과 더불어 살아가는 삶을 실천하는 인물이다. 그가 자연과 더불어 삶을 살 수밖에 없는 이유는 그의 일상이 우포늪을 떠나서는 이루어질 수 없기 때문이다. 장소유는 농사를 지을 수 있는 논밭을 소유하고 있지만, 우포늪에 쳐둔 스무개의 뜬망(그물)이 그의 생계를 주로 받쳐주고 있다. 생계를 이어가기 위한 일상의 일은 사람의 삶을 가능하게 하는 근본적인 토대라는 점에서, 장소유에게 있어, 우포늪은 그 무엇과도 바꿀 수 없는 삶의 터이다.

그가 우포늪에 집착하는 것은 현실적으로 우선은 고기잡이를 통해 생활을 이어갈 수 있다는 경제적 이유도 있지만, 자연 속에서 자연과 더불어 살아가는 자의 삶의 태도가 체질화되어 있기 때문이다. 이러한 자연에 대한 장소유의 인식은 그의 생활터전인 우포늪에 쳐둔 뜬망(그물)의 이름에서 우선 쉽게 감지된다.

> 장소유는 모두 여덟 곳에 스무 개의 뜬망을 쳐 두었다. 둑안의 버들뜬망, 줄풀뜬망, 둑밖의 자라풀 뜬망, 창포뜬망, 뜸부기 뜬망, 그리고 소벌의 한 가운데 쳐 둔 개구리밥뜬망, 연꽃뜬망, 머저구뜬망,. 장소유는 물풀의 이름을 따서 창포가 많은 곳엔 창포뜬망이라 불렀고 머저구(가시연꽃)가 많은 곳엔 머저구뜬망이라 불렀다.

자신의 생활터전인 어장의 명칭을 우포늪에서 자라는 수초의 이름을 따라 정한 것은 일차적으로 장소유의 자연에 대한 인식의 한 태도를 보여준다. 자연과 인간의 동일화 상태의 지향이다. 수초의 존재성을 이름으로 인정함으로써 인간과 동일선상에 놓이는 생명성을 의식하고 있다. 이러한 자연에 대한 의식은 단순히 자연을 떠나서는 살 수 없다는 차원을 넘어 자연과 더불어 사는 삶이 체질화 되어 있는 양상을 보여주는 것이다. 장소유가 <젊은 시절 군에 갔을 땐 부모님 생각도 생각이지만 약간은 퀴퀴하고 매캐하면서도 상긋하고 싱싱한 우포늪의 물냄새가 그리워 때로 잠을 설칠 지경이었다>는 것은 이러한 자연과의 관계를 잘 반증해 주는 부분이다. 그래서 우포늪을 중심한 자연환경과 장소유 사이에는 거리가 느껴지지 않는다. 자연과 인간이 격이 없이 서로 소통할 수 있는 관계성이 형성되어 있기 때문이다. 주차장 문제 때문에 안일구와 다투는 장면에서도 장소유의 이러한 자연관은 그대로 나타난다.

> "그래 나는 밭이라고는 그거 세 마지기뿐인데 그걸 주차장으로 내놓으라 말이가? 우리 마을에 논농사 밭농사에 어업까지 하는 집은 형님댁뿐 아닌가요? 밭 그거야 보상받아 다른 밭 사면 될낀데 뭐 그리 어렵게 생각하요"
>
> "이 양반아, 사람이고 땅이고 짐승이고 하잘데 없는 나무 한 개 풀 한 포기에도 다 정이라는 거이 있는 법인데, 무신 그런 소릴하는고? 그 밭은 우리 조상 대대로 붙여온 것인데..."

장소유가 가진 밭이 우포늪을 찾아오는 관광객들을 위한 주차장으로 바뀔 수도 있다는 소리를 듣고, 안일구와 다투는 장면에서 장소유의 자연(땅)에 대한 관념을 읽어낼 수 있다. 장소유의 발언 속에는, 자신의 밭에 대한 개인적인 소유의식의 발현이 분명히 잠재되어 있는 것은 사실이지만, 존재하는 자연 속의 모든 것들이 정으로 연결되어 있다는 것을 강조함으로써 땅과 인간 사이의 끈끈한 관계를 확인할 수 있다. 이는 자연과 인간이 다르지 않다는 동일성의 원리가 작용하고 있는 것이다.

그러나 안일구의 땅에 대한, 자연에 대한 생각은 이와는 다르다. 사람을 상대로 장사를 하며 생을 이어가는 안일구의 삶의 방식과 자연으로부터 생활을 보장받고 있는 장소유가 서로 의견을 달리 할 수 밖에 없는 것은 빤한 이치다. 장소유는 철저한 자연주의자라면, 안일구는 현실주의자의 면모를 보이고 있기 때문이다. 장소유는 우포늪을 이대로 가만 놔 두는 것이 제일 좋다고 생각하는 자연주의자이다. 그러나 안일구의 입장에서는 어느 정도의 환경개량을 통해 많은 사람들이 이곳을 방문해 주기를 바라고 있다. 이러한 안일구의 생각은 환경운동가인 정맹석과의 대화에서 그대로 드러난다.

> "그래서 몇 해 후에는 우포늪 주변의 농토를 몇 마지기라도 구입해서 유기농업을 해 보려고요." 안일구가 놀라 물었다. "유기농업! 이 사람아, 그러면 비료나 농약을 전혀 안 쓴다는 말인데, 그래서 어떻게 수지를 맞출려고 그래?" "그냥 밥먹고 건강하게 살면 되는 거지. 전 부자가 부럽지 않아요."

안일구가 농업생산에 있어, 수지개념을 확실히 따지고 있는 것은 그의 의식이 자본주의 정신에 철저히 길들여져 있기 때문이다. 즉 땅의 기능을 상품생산으로 여기고 있다. 대량생산을 통해 많은 이익을 남겨야 하는 자본주의 생산방식에 의하면, 유기농법은 그렇게 권장할만한 생산방식은 아니다. 안일구의 생각이 이렇게 수지에 집착해 있다는 것은 그의 삶이 자연생태적 삶과는 거리가 있음을 보여준다. 자연과 더불어 살아가는 생태적 삶보다는 자연을 이용해 어떻게 생산을 많이 할 수 있을 것인가에 관심하고 있다. 자연을 오직 대량생산의 도구로만 생각함으로써 생태계는 계속 파괴되어져 갈 수밖에 없다. 경쟁과 지배의 논리를 정당화하고, 부추기는 자본주의 사회구조 자체가 바로 생태적 삶을 파괴하는 환경위기의 근본원인이 되기 때문이다.

그러므로 안일구의 의식은 정맹석과는 다른 면모를 보인다. 정맹석은 자본주의의 궁극적 목적인 부의 축적에는 관심이 없다. 건강하게 사는 것이 그에게는 중요한 목표가 되어 있다. 생태적 삶을 희구하고 있기 때문이다. 그런데 이러한 생태적 삶의 실천은 당장의 물질적 이익과 배치되는 길일 수 있다는 점에서, 기존의 물질주의적 가치관을 극복해야 하는 어려움이 있다. 경제성장 위주의 자본주의 체제에 익숙해진 가치관에 의하면, 개인적인 실천은 그렇게 쉽지 않다. 그러나 생태적 삶을 실천해보려는 정맹석을 통해 작가는 생태적 삶의 지향의지를 내보이고 있는 것이다. 그런데 작가는 정맹석에만 주목하는 것이 아니라, 안일구에도 주목함으로써 자본주의 체제 속에 살고 있는 많은 사람들이 자연에 대해 어떠한 의식을 보이고 있는지를 드러내고 있다고 본다. 대부분의 사람들은 아직까지 정맹석이 지향하는 생태적 삶보다는 안일구의 현실주의자의 삶에 기울어져 있다는 것이다.

그러므로 궁극적으로 우포늪에, 옛날에 깃들던 황새를 다시 불러들이고자 하는 정맹석과 장소유 영감의 꿈을 실현시키기 위해서는 안일구와 같은 현실주의자들을 어떻게 생태론자로 전환시킬 것인가가 하나의 과제가 된다. 우포늪에 황새를 불러들이기 위해서는 현재 계속 파괴되어가는 늪을 옛날의 상태로 복원해야 하기 때문이다. 이러한 소망은 단순한 환경보존의 차원이 아니라, 원상의 회복이란 점에서 근원적인 생태학적 사유가 실천되어야 한다. 그 생태학적 실천은 어떠한 방향으로 추구되어야 하는가?

일반적으로 이러한 생태학적 사유의 방향은 현재 다양하게 논의가 되고 있지만, 그 근원의 지류는 크게 두 갈래로 전개되어 오고 있다. 그 하나는 심층생태학적 사유이며, 또 다른 하나는 사회생태학이다. 심층생태학은 인간과 자연을 분리해서 생각하는 이분법적 사고가 바로 자연을 인간의 욕구 충족의 수단과 대상으로 전락시켜 오늘날의 생태계 파괴를 가져왔다고 보고, 이러한 인간 중심적 사고방식을 버리고, 모든 생태계를 이루는 온 생명체를 동일한 가치로 볼 것을 주장한다. 생태중심주의라 할 수 있는 이러한 시각은 인간이 만물의 영장임을 포기해야 한다는 입장을 지닌다. 즉 인간은 생태계의 많은 구성원 가운데 독특하고 중요한 가치를 지닌 존재가 아니고, 단지 생태계라는 그물망을 이루는 하나의 고리일 뿐이므로, 다른 생명체와 동등한 가치를 지닌다고 본다.

이것은 지구상의 모든 생물체는 서로 긴밀히 연계되어 있다는 인식과 생태계의 다양한 존재들이 각자의 내재적 가치를 지니고 있음을 인정하는 생태중심주의를 말한다. 그러므로 이러한 삶의 태도는 인간을 나무, 식물, 그리고 전체 생태공동체와 동일시한다. 그래야만이 생태계 위기를 극복할 수 있다고 생각하기 때문이다. 이러한 심층생태학은 생태적으로 지속 가능한 사회를 새롭게 만들기 위해서는 우리가 왜 경제 성장과 높은 수준의 소비가 필요하며, 중요한 지에 대한 근본적인 질문을 통해 우리 사회의 진보, 성장 등의 자본주의적 사회 발전 가치이념에 대해 문제를 삼는다. 그리고는 생태적으로 지속 가능한 사회를 이루기 위해서는 우리가 지금까지 지녀온 세계관을 바꿔야 한다고 생각한다. 새로운 세계관 즉 생태중심주의적 세계관을 통해 기존의 윤리나 도덕관을 근본적으로 바꾸어야 우리의 자연관, 생활관, 사회구조가 바뀔 수 있다고 보기 때문이다. 그래서 심층생태학은 인간의 근본적인 의식변화와 이의 실천적 삶을 무엇보다 강조하고 있는 것이다.

심층생태학이 이렇게 자연에 대한 인간의 태도와 개인의 의식 개혁을 문제 삼는다면, 사회생태학은 생태계의 위기원인을 주로 사회구조와 제도에서 찾는다. 사회생태학은 현대사회의 문제, 즉 위계적이고 가부장적이며 권위주의적인 불평등한 사회구조의 문제가 생태계 위기와 어떻게 관련이 있는지를 분석한다. 그 분석 중에서 가장 핵심적인 사항은 인간에 대한 인간의 지배가 먼저 시작되었고, 그것이 자연에 대한 지배를 낳았다고 본다. 경제적 계급이 형성되기 훨씬 이전에 생겨난 남성에 의한 여성의 지배가 남성에 대한 남성의 지배로 이어졌고, 나아가 이러한 인간에 대한 인간의 지배가 인간과 자연의 관계에까지 전이되어 자연을 지배와 예속의 관계로 설정함으로써 오늘날의 생태계 문제를 야기했다는 것이다.

이 때문에 사회생태학은 모든 종류의 지배문화, 즉 계급적 성격이나 경제적 동기를 지닌 지배문화뿐 아니라, 개인적인 강제, 명령, 제도화된 복종시스템 등과 같이 가족 속에, 세대와 성별 사이에, 민족과 집단 사이에, 정치 · 경제 · 사회적인 관리제도 속에 뿌리를 내리고 있는 여러 형태의 지배문화에 비판을 가한다. 그래서 자연의 착취와 파괴가 바로 권위주의적이고 위계질서적인 사회구조의 필연적 반영이므로 이들 사회구조를 변혁시키는 것이 바로 생태계 문제를 해결하는 근원적 길임을 주장한다. 이러한 인식을 바탕으로 사회생태학은 모든 지배와 권위적 관계를 타파한 생태공동체를 대안으로 내세운다. 모든 억압과 지배의 근원인 사회 계급을 타파하고, 분권화된 지역공동체를 건설하고, 태양에너지와 유기농법 같은 생태학적 기술을 개발해 위계적인 시장경제체제를 지양한 도덕경제를 실현하고자 한다. 이러한 공동체주의와 분권화의 강조는 여러 차이에도 불구하고, 심층생태학과 사회생태학이 서로 공통적으로 만나는 지점이다. 이 지점은 바로 생명지역주의가 추구하는 방향과도 맞물려 있다.

이러한 두 생태학적 흐름으로 본다면, 칼로 자르듯 분명한 것은 아니지만, 『맹물선생』에서의 장소유는 자연을 그대로 놔두어야 한다고 생각하며 자연과의 근원적인 동일성을 강조하고 있다는 점에서 심층생태론자의 측면에서 논의할 거리를 제시하고 있다고 본다. 장소유의 삶의 방식에 있어서도 완벽한 생태중심주의에 의한 삶의 실천이 드러나는 것은 아니지만, 어느 정도 그러한 모습을 읽어낼 수 있다는 것이다. 또한 환경운동가 정맹석은 유기농업을 통한 생태공동체를 지향하고 있다는 측면에서, 사회생태론자들의 논의에 값하는 방향성을 지니고 있다고 본다. 그가 사회제도적 측면에서의 문제를 생태파괴 위기의 원인으로 문제를 제기하거나, 그러한 제도를 타파하려는 몸짓을 구체적으로 보여주고 있는 것은 아니지만, 유기농업을 통한 생태공동체의 실현이라는 것이 그러한 의식의 토대 없이는 불가능하다는 점에서 그러한 의지를 읽어낼 수 있다.

그러나 우포늪이란 현실적 공간이 온전한 생태계로 보존되기 위해서는 개발과 보존이라는 두 극단을 어떻게 조화시켜 갈 것인가 하는 숙제는 여전히 안고 있는 셈이다. 이러한 문제를 인물들의 삶의 태도를 통해 확인할 수 있다는 점에서, 이 작품이 지니는 의미가 있다고 본다. 즉 심층생태학적인 사유의 실천과 사회생태학적 사유의 실천이 함께 이루어질 때, 우포늪의 생태계는 원형을 제대로 유지해 갈 수 있을 뿐만 아니라, 생명지역주의의 구체적 실현장이 될 수 있으리라 본다.

3. 맺는말

지금까지 생명지역주의란 입장에서, 우포늪 생태공간을 작품대상으로 삼고 있는 시와 소설 한 편씩을 통해 생명공간으로서의 우포늪과 생태학적 삶의 터전으로서의 우포늪을 살펴보았다. 산업화로 인해 현실적인 우포늪이 그 본래의 모습을 점차 잃어가고 있다는 점에서, 시인이나 소설가의 시선은 다 같이 우포늪의 회복에 초점이 맞추어져 있다. 그 회복을 위해서는 우포늪과 사람과의 관계가 일방적이기보다는 생태학적 공동체를 이루어야 하며, 상호공존의 윤리가 형성되어야 함을 제시하고 있다. 또한 생명지역주의에서 중요한 토대가 되는 땅에 대한 생태학적 인식을 철저히 하고 있다는 점에서, 우포늪이란 특정한 공간이 지닌 생명지역적 성격을 읽어낼 수 있다.

그러나 생명지역주의 운동이 사실은 생태마을이라든지 생태공동체를 현실적으로 지향하고 있는데, 우포늪을 다루고 있는 두 작품에서는 이러한 모습을 온전히 읽어내기는 힘들다. 이는 우포늪이 위치한 지리적 위치와 우포늪의 현실적인 상황에서 빚어지는 결과로 보인다. 이는 그만큼 우포늪이 생명지역주의의를 실현해 가는 공간이 되기 위해서는 현실적으로 풀어가야 할 생태학적 과제가 많다는 것을 보여주고 있다. 이는 달리 말하면, 우포늪을 다루고 있는 두 작품이 이상적인 생명지역의 공간으로서 우포늪을 그리고 있기보다는 우포늪의 현재적 모습을 바탕으로 우포늪을 형상화 하고 있다는 것이다.

1990년대 생태시 담론의 전개 양상

1.

1990년대로 넘어서면서 우리의 문학 담론은 또 다른 변화를 모색하게 된다. 그 모색의 결과로 모습을 내비치게 된 것 중의 하나가 생태문학론이다. 생태 위기가 새롭게 인식되면서 자연스럽게 나타난 현상이다. 그런데 모든 문학 담론이 그러하듯 새로운 담론이 제기되는 초기 단계에는 개념상의 혼란 혹은 제자리 잡기를 위한 다양한 논의가 제기된다. 환경과 생태 파괴로 인해 나타난 생태문학론 논의에서도 마찬가지다. 1990년대 우리 문학 담론도 이러한 과정을 겪는다. 생태문학론, 녹색문학론, 환경문학론 등 소위 생태문학론에 대한 명칭에 대한 논란도 많지만, 시에서 더욱 다양하게 그 갈래 명칭이 나타났다. 그래서 이 글에서는 1990년대 생태문학론 논의 중 시에 국한해서 그 논의가 장르적인 측면에서 어떻게 논의되어 왔는지를 살펴보고자 한다. 여기서 말하는 장르적 접근이란 장르의 큰 갈래적 차원이 아니라, 하위 장르의 작은 갈래 차원이다. 그리고 일반적으로 장르의 생성과 소멸은 그 생성의 토대가 있는데, 생태문학이란 새로운 장르는 환경오염으로 인한 생태계의 파괴가 그 원인이란 점에서 장르사회학적인 접근에 기초할 수밖에 없다. 즉 시의 내용상 생태환경 문제를 다루는 시편들을 대상으로 한 주제적인 측면에 초점을 맞춘 것이다.

2.

1990년대에 나타난 환경오염을 고발하는 시나 생태 파괴와 관련된 시들을 두고, 이런 유형의 시들을 어떻게 명명할 것인가에 대한 문제제기는 이동승의 「독일의 생태시」(외국문학, 1990, 겨울)를 다루면서 나타났다. 그는 현금의 손상된 세계에 대한 시인들의 직접적 또는 간접적인 생태학적인 언표들을 <생태시>로 간주해야 할 것으로 제안한다. 그러나 이러한 논의는 독일의 생태시를 중심으로 논의된 갈래라는 점에서 현실적인 의미가 덜했다. 이어 김용민의 「생태학-환경운동-환경・생태시」(이론, 1991, 겨울)에서도 이런 연장선에서 문제는 제기된다. 그는 여기에서 환경문제를 고발하는 데 그치는 계몽의식이 강한 작품들을 환경시로, 생태학적 대안을 모색하는 것을 진정한 생태시로 구분하는 갈래를 내보인다. 이러한 환경시와 생태시의 구분은 뒤에 「생태사회를 위한 문학」(현대문학, 2000, 7)에서는 환경시를 생태시로 포괄하는 새로운 정리가 이루어지지만, 생태문학론의 전개에 있어, 환경시와 생태시의 명명은 다양한 논자들에 의해 제기되는 토대가 되었다. 이렇게 두 갈래로 나누어서 시를 명명하기도 하지만, 박상배는 「생태환경시와 녹색운동」(현대시,1992,6)에서 생태환경시란 용어를 사용한다.

그래서 1990년대 초에는 환경시, 생태시, 생태환경시란 용어가 혼용되는 모습을 보인다. 이러한 모습을 몇 논자들의 문학 담론을 통해 살펴본다. 장석주는 「시의 생태학적 상상력을 향하여」(현대시학, 1992, 8)에서, 환경파괴로 인한 생태계의 위기는 현대 문명의 위기라는 인식에서 생태학적 상상력이 필요함을 역설한다. 이 상상력은 강력하게 문제 제기적이어야 하고, 생태계의 기본질서를 파괴하는 모든 형태의 문명과 생활양식에 대해 단호하게 항의적이어야 한다는 입장이다. 이러한 입장에 서 있기에 당시에 출간된 생태환경시집인 『새들은 왜 녹색별을 떠나는가』(1991)나 고형렬의 환경시 『서울은 안녕한가』(1991) 그리고 정현종과 최승호의 일련의 시편들을 긍정적으로 평가하고 있다. 이 시집과 시편들이 한 시대의 가장 민감한 상상력이 포착한 환경과 주체의 위기에 대한 진언들을 들려주기 때문으로 본다.

또한 장석주는 당시의 후기산업사회가 노정하고 있는 주체의 위기와 이에 대한 문학적 대응인 도시시 혹은 도시문학으로 명명되는 시들에 대해서도 환경문학 혹은 생태문학이라는 이름으로 그 범주를 넓힐 것을 제안한다. 이러한 개념설정은 생태학적 상상력이란 토대

위에서 창출되는 작품을 환경문학 혹은 생태문학이란 범주 속에 묶어보는 포괄성을 보이나, 환경과 생태의 범주 속에서 변별 혹은 공통되는 요소가 정리되지 못한 갈래로 제시된다. 환경과 생태에 대한 개념적 차이를 환경 혹은 생태로 포괄하고 있는 형국이다.

이건청은 「시적 현실로서의 환경오염과 생태파괴」(현대시학, 1992. 8)에서 박상배가 제안한 생태환경시의 개념을 차용하고 있다. 여기서 그는 특별히 생태환경시의 설정에 대한 명확한 근거를 제시하는 것은 아니나, 시인들이 보여주는 시의 내용에 따라 세 가지 정도의 시적 흐름을 분류하고 있다. 첫째는 이형기의 「전전후 산성비」, 신경림의 「이제 이 땅은 썩어만 가고 있는 것이 아니다」, 최승호의 「공장지대」가 지닌 환경파괴의 심각성을 직접 노래하는 시들, 둘째는 김광규의 「서울꿩」, 이승하의 「돌아오지 않는 새들을 기다리며」 등에 나타난 생태파괴나 환경오염 문제를 직접 다루는 것이 아니라, 그런 문제들로 인해 당면하고 있는 비극적 상황을 형상화하는 시들, 셋째는 이수익의 「새」, 정현종의 「환합니다」 등이 보이는 생명의 존귀함을 노래함으로써 생명보존의 필요성을 노래해 보여주고 있는 시들로 나누어 생태환경시를 범주화하고 있다. 이러한 범주화는 앞서 장석주의 생태시 혹은 환경시의 논의 대상이 되었던 시편들과 큰 차이가 나지 않는다는 점에서 동일한 범주의 시편들을 환경시, 생태시, 생태환경시로 갈래 지워 논의하고 있음을 볼 수 있다.

이런 논의 가운데서 필자는 「환경시의 현황과 과제」(현대시, 1993. 5)에서 환경시란 범주설정을 통해 생태시와 생태환경시를 포괄하려고 했다. 그러나 환경이란 개념이 인간중심의 사고에 바탕을 둔 명명이라는 점, 생태계 문제에 대한 인식이 초기에는 단순히 환경 오염에 대한 인식과 보호의 차원에서 제기되었기 때문에 환경이란 용어가 지니는 함의가 현실성을 가지고 있었으나, 환경 파괴로 생태계의 문제가 일반화되고, 생태담론이 활성화되면서, 환경보다는 생태라는 용어로 생태시를 범주화하려는 흐름을 형성하게 되었다. 그 결과로 환경파괴와 생태계 위기로 나타나는 현실을 담아내는 시를 생태시로 규정하고자 하는 흐름이 주를 형성하게 되었다.

그런데 환경시든 생태시든 환경생태시든 모든 시들이 궁극적으로 지향하는 점이 무엇이냐 하는 점에서 생명시에 대한 논의가 시작되었다. 현재의 환경파괴나 생태계 파괴의 위기를 근원적으로 넘어서기 위한 대안적 의지가 구체화되는 시가 생명시라는 것이다. 필자의 「생명시학을 위하여」(열린시, 1995, 12)는 환경시나 생태시의 개념과는 다른 차원에서 문제를 제기한 셈이다. 이 글에서 필자는 생명시학의 전개 방향은 우리의 삶 즉 생명을 위협하는 모든 비생명적 요소들에 대한 극복의지의 표출이나 생명자체의 의미추구라는 방향으로 나아가야 할 것으로 보았고, 그 구체적인 시편들을 생명 자체를 다루는 시, 식물성의 이미지를 통해 생명 의식을 노래하는 시편, 신생의 꿈을 통해 생명 의식을 고양시키는 시편들을 통해 그 가능성을 확인해 보았다. 사실 이러한 생명에 대한 관심과 그 운동은 우리나라에서도 1987년경에 환경운동 차원에서 생명운동이 등장하여 1990년대 중반에 이르면, 더욱 활성화되는 모습을 보인다. 그래서 환경 파괴와 생태 파괴의 위기 속에서 궁극적으로 관심하는 대상은 생명이라는 것을 이미 많은 사람들이 인식하고 이에 대한 논의를 시작했다. 그 중의 하나가 구중서의 「문학과 생명운동」(『자연과 리얼리즘』, 1993, 6)이다. 문학과 환경과의 관련 속에서 생명운동을 논하고 있는데, 김지하의 생명운동과 김종철의 ≪녹색평론≫을 통한 생명운동을 긍정적으로 평가하고 있다. 그런데 이 생명운동은 단순히 기계문명의 폐해 자체를 거부하는 소박주의에 떨어져서는 안 될 것이라고 강조한다. 그의 시각은 구체적 현실을 직시하는 초월주의를 넘어서는 제3세계 리얼리즘문학의 시각을 돈독히 가져야 한다는 점을 환기시키고 있다. 그래서 우주 · 자연 · 생명을 조화롭게 통어하는 문학이 되어야 함을 강조한다. 이렇게 환경 혹은 생태와 관련해서 논의되는 문학 담론들이 생명을 새롭게 인식함으로써 생태시의 범주에 드는 많은 시들은 생명과 관련된 화두를 배제하기가 힘들어지는 모습을 보인다. 이러한 생명의식을 우주적 공간으로 확대한 논의가 정효구의 「우주공동체와 문학」(현대시학, 1993, 9-10)이다.

정효구는 유기체의 이상적 조건이라고 할 수 있는 균형과 조화의 상태가 걷잡을 수 없이 파괴되었을 때, 유기체는 회복의 힘을 잃고 마침내 죽음의 상태로 치닫고 만다고 진단한다. 그런데 우리가 살고 있는 이 시대는 이와 같은 조화와 균형의 상태가 심각할 정도로 파괴된 시대라는 것이다. 그래서 우리에게는 우주적인 차원의 유기체가 균형과 조화를 회복하는 일에 동참하는 일이 필요하다는 것, 그것을 그는 중용의 도와 여성성의 회복을 통해 문학이 지향해 나가야 한다고 보았다. 최승호, 정현종, 김지하, 박용하, 정진규, 이성선 등의 시인들의 작품을 통해 이를 구체화해 본 『우주공동체와 문학의 길』(시와 시학사, 1994)은 의미 있는 작업이었다. 그러나 중용의 사상이 생명의 모든 본질을 다 드러내 줄 수는 없다는 점에서 또 다른 과제를 남겨주고 있다. 또한 우주공동체라는 세계관에 기초한 문학을 장르 의식으로까지는 이끌어내지 못하고 있다.

생태시 논의에서, 생명에 대한 논의들을 홍용희의 문학 담론에서도 확인할 수 있다. 홍용희는 「신생의 꿈과 언어」(시와 사상, 1995, 겨울)에서 문학의 본령은 결핍의 현실 원칙 안에서 충일한 생명의 세계의 복원을 꿈꾸고 갈망하는 일이라고 규정하면서, 이런 문학을 신생의 문학으로 명명하고, 그 가능성을 김기택, 정현종, 김지하의 시에서 찾고 있다. 김기택의 「얼굴」, 「밥 생각」, 「틈」 등의 작품을 통해 거대한 빌딩의 정글에서도 틈을 내는 내부 세계의 부력의 힘에 대한 발견을 통해 우리에게 생명의 본질을 깊이 있게 환기시키는 것으로 평가한다. 정현종의 경우는 「꽃을 잠그면」, 「숲에서」, 「설렁설렁」 등에서 생명의 꿈과 숨을 복원하기 위해서는 도구적 이성으로 전락한 상징적 질서체계를 설렁설렁하고 물렁물렁하게 만들어가야 한다고 보았다. 그리고 김지하의 경우는 「살림」, 「그날」 등을 통해 생명의 본성에 대한 올바른 인식을 바탕으로 지금 여기에 모든 질서가치의 기준을 두는 생명적 세계관을 정립하고 있다고 보았다. 그래서 김지하의 생명사상은 낡은 근대의 패러다임에 근본적 성찰과 충격을 가하면서 차원 높게 비판적으로 넘어설 수 있는 대안을 제시하고 있다는 점에 주목하고 있다. 결국 세 시인을 하나로 꿰뚫고 있는 중심 관점은 생명이다. 생명의 추구와 실현이 현재 문학이 짊어진 본령이라는 것이다. 그러나 홍용희는 김기택, 정현종, 김지하의 시들이 지닌 생명본질에 대한 통찰을 왜 신생의 문학이라고 명명하고 있는지에 대한 장르의식은 드러내지 않고 있다. 단지 문학의 가장 중요한 본령은 생명원상의 세계의 복원이라는 점에 초점을 맞추어 신생문학의 범주를 추상적으로 내보이고 있을 뿐이다.

그런데 홍용희는 「생명주의와 한국문학」(한국문학평론, 1999, 여름)에서는 생명주의문학이란 용어를 제안한다. 환경이란 용어는 근대 패러다임의 인간중심주의적 사고에서 크게 벗어나지 못한 인식의 산물이며, 환경이란 수식어에는 자연과 우주생명을 인간을 위해 존재하는 주변적, 종속적인 객체적 대상으로 파악하는 근대의 인간중심주의적 사고가 토대를 이루고 있다는 것이다. 또한 생태문학이란 용어는 생태란 수식어를 통해 개체 생명의 상호연관성, 유기체의 자연적인 관련구조와 사슬체계에 대한 의미가 적절하게 구현되고 있으나, 개체 생명의 독자성, 개별성에 해당하는 고유한 내생적인 속성이 온전히 반영되지 못하는 한계를 지닌다는 것이다. 그리고 녹색문학은 용어 자체가 이미 상징적 비유로 이루어져 있다는 측면에서 개념어로서는 부적절하다고 본다. 따라서 홍용희는 우주 생명이 지니는 영성, 다양성, 관계성, 순환성의 속성을 종합적으로 구현한 명칭으로 생명주의 문학이 가장 적절하다는 입장을 내보인다. 물론 자신도 생명주의란 용어가 지나치게 광의적이란 점으로 인해 구체적인 개념으로서 적절하지 못하다는 점을 인정하지만, 여기서 말하는 생명이란 소재적인 차원이 아니라, 생명적 세계관에 입각하여 대상을 파악하는 인식론적 차원과 관계된다는 점에서 우주의 모든 대상을 생명주의 문학의 범주에 포괄시킬 수 있다고 본다. 이러한 토대 위에서 생명주의 문학의 범주를 설정하고 있기에, 그는 생명주의 문학의 대상 선정이 특정한 소재와 시기에 지나치게 구속될 필요가 없다고 본다. 그래서 그는 여러 논자들에 의해 다양하게 제기된 논의 대상들이 산업문명의 반생태적 폐해가 출현한 이후의 시기에 발표된 작품으로 국한해 온 점을 비판한다. 그리고 그 소재 역시 생태계 파괴 문제에 그치지 않고 자신과 세계의 본성과 존재 원리에 대한 인식, 개인과 개인, 남성과 여성의 상호 관계성, 생산과 소비 양식의 문제, 생태학적 윤리 체계, 삶의 다양성과 지역 자치, 인간의 몸과 욕망의 문제 등으로 다채롭게 확산되어야 함을 제안한다. 홍용희의 생명주의 문학에 대한 이러한 소재의 유연성은 생명 자체의 다양성에 비추어볼 때, 충분한 타당성을 지닌다고 본다. 그러나 시기 문제에 있어서는 무제한으로 그 시기를 확장하는 데는 문제가 있다. 환경오염으로 인한 생태계 파괴가 결국 생태문학 담론을 창출했다고 한다면, 이는 분명히 역사적 장르로서 존재해야 하는 필연성을 지니기 때문이다. 생명주의 문학이 불변하는 문학 장르로서 존재해 왔고 또 현재에도 존재한다고 하면, 문제는 다르지만, 엄연한 역사적 장르로서 논의될 수밖에 없는 특수성을 인정해야 한다. 물론 지금과 같은 상황 속에서 생명주의 문학의 추구는 계속되어야 하는 현실적 과제이기는 하나, 어느 시기까지 끝없이 거슬러 오른다면, 현재적 성격의 생명주의 문학과는 다른 성격의 문학을 논해야 하는 선에 이르게 되지 않을까 하는 의구심을 떨칠 수가 없다.

1996년으로 넘어서면, 생태시를 다루면서도 생명에 대한 인식은 더욱 강화되어 가는 현상을 보인다. 그것이 송희복의 「푸르른 울음, 생생한 초록의 광휘」(현대시, 1996, 5)와 이승원의 「생태학적 상상력과 우리시의 방향」(실천문학, 1996, 가을)이다. 송희복은 생태시를 생태학적 문명비판시와 생태학적 서정시로 대별한다. 생태학적 문명비판시는 이형기의 「전천후 산성비」, 신경림의 「이제 이 땅은 썩어만 가고 있는 것이 아니다」, 최승호의 「공장지대」 등의 시를 통해 그 성격을 해명하고 있다. 이 시들은 자연의 순환적 질서가 파괴되고 있는 기형적인 문명시대에 살고 있다는 사실을 부단히 확인시켜주는 작품들이다. 그리고 생태학적 서정시는 생명의 조화와 환희를, 인간과 자연, 생물과 환경 사이의 조응과 교감을 노래하는 시로 식물적 이미지, 동양적 융합의 세계관, 삶의 순환적 질서에 대한 낙관적 전망을 내포하고 있다고 본다. 이런 유형의 시로 김지하의 「목련」, 정현종의 「나의 자연으로」를 들고 있다. 그런데 송희복이 전자보다는 후자에 더 무게를 두고 있는데, 이는 생태시에 있어서 궁극적 지향점은 생명이라는 사실을 분명히 인식하고 있기 때문이다. 그런데 그가 인식하고 있는 생태학적 서정시에서 바라보는 낙관적 전망이 어떻게 가능한지에 대한 논구는 더욱 많은 사유를 필요로 하는 부분으로 보인다.

이승원의 「생태학적 상상력과 우리시의 방향」 역시 생태시를 크게 두 유형으로 나누어 고찰하고 있다. 1)생태환경의 오염실태를 제시하면서 고발과 비판과 분노의 목소리를 담은 시편, 2)훼손된 삶의 공간에서 우리는 어떠한 정신의 변화를 도모해야 하는가를 모색한 시편이다. 전자가 왜곡된 현상을 그대로 보여주는 것이라면, 후자는 그 왜곡을 바로 잡을 수 있는 새로운 가치의 세계를 모색하는 경향을 보인다는 것이다. 전자의 시로 최승호의 「공장지대」, 정일근의 「취재수첩 18-죽은 시인의 사회」, 김지하의 「해창에서」, 고재종의 「풍경에 대하여」, 엄원태의 「소읍에 대한 보고」, 이승하의 「생명에서 물건으로」 등을 분석하고 있으며, 후자의 시로 김지하의 「결핍」, 고재종의 「날랜 사랑」, 나희덕의 「배추의 마음」 등을 분석하고 있다. 이 시들 중 후자의 시들은 생명의 본질을 파악하는 시인의 직관과 그것을 시로 형상화하는 생태학적 상상력이 크게 돋보이는 작품으로 평가한다. 자연을 단순히 관조의 대상이나 이해의 대상으로 보지 않고, 인간에게 의미를 부여하는 관계적 존재로 파악함으로써 생태 문제를 바라보는 발상을 새롭게 했다고 평가한다. 이는 바로 생명의 특성을 보여주는 시각을 시들이 내보인다는 말이다. 즉 전자의 시들보다는 후자의 시들에 더 의미를 둠으로써 생태시의 흐름이 단순히 생태 파괴 자체에 놓여있는 것이 아니라, 생명 자체에로 향하고 있음을 보여주는 것이다. 그러나 이승원은 논의되는 시의 대상은 다르나 유형 분류에서 송희복이 나눈 두 분류와 크게 다르지 않다는 점에서, 그 분류 기준을 명확하게 할 필요가 있었다.

이승원은 이러한 생태시의 장르 문제를 「생태시의 현황과 전망」(동강문학, 2001)에서 제기한다. 생명과 환경의 유관성과 상의성을 탐색하는 것이 생태학이고, 그러한 인식에 바탕을 둔 상상력을 생태학적 상상력이라고 하며, 그것에 의거해 쓰여진 시를 그는 생태시라고 명명하기에 이 명칭이 가장 온당하다고 본다. 그리고 그는 생명 자체를 노래한 시를 생명시로 명명하면서, 이 둘을 포괄하는 용어로 무엇이 좋을지를 고민하면서, 이 둘을 포괄할 필요가 없다는 입장을 내보인다. 모든 시는 표현 방식과 의식의 수준에 차이는 있지만, 본질적으로 생명을 탐구하고 생명의 가치를 옹호한다고 본다. 생태시가 문제 삼는 것은 20세기에 들어와서 전지구적으로 발생한 생태계 파괴에 위기의식을 느끼고 그것을 극복할 수 있는 길을 생태학적으로 모색하는 단계의 시를 논의하기 위함이기에 그전부터 생명에 관심을 가지고 쓰여져 온 작품과 문명사적 문제의식을 바탕으로 쓰여진 시작품을 굳이 하나로 묶어 유형화하고 싶은 생각이 없다고 밝힌다. 이렇게 이승원의 경우는 생명시라는 용어 자체를 인정하는 듯하나 생태시와의 관계설정에 더 이상 관심을 가지지 않음으로써 생명시 자체에 크게 의미 부여를 하지 않고 있다. 오히려 어떤 시에 담긴 생명에 대한 관심이 생태학적 문제의식에 의해 촉발된 경우라면 그것은 그냥 생태시로 불러도 무방할 것이라고 말함으로써 생태시를 중심에 놓고 있다. 그러면서 그는 생태시의 요체는 생명과 환경, 생명과 생명 사이의 관계인식에 있다는 생명 중심의 논리를 견지한다. 이는 생명시의 개념을 생태시 속에 포괄해도 큰 무리가 없다는 장르의식의 결과로 여겨진다. 이러한 이승원의 생태시에 대한 장르적 입장은 생명시 개념을 생명 자체를 노래한 시라는 좁은 범주 속에서 생명시를 바라본 결과이기도 하고, 임도한의 「생태문학론의 전개와 한국현대 생태시」(한국시학연구, 1998)의 논리에 기대고 있는 부분도 있다.

임도한은 「생태문학론의 전개와 한국현대 생태시」에서 1990년대 이후 활발하게 논의되기 시작한 다양한 생태문학론들의 개념 전개 상황을 꼼꼼하게 정리한다. 그 정리의 결과 그가 내린 생태문학과 관련된 개념은 환경 위기의 극복을 추구하면서 현대 생태학의 인식을 기반으로 한 문학으로서 생태문학이란 용어가 타당하다고 규정한다. 이러한 개념 규정은 서구의 생태문학의 흐름과 국내의 생태문학론을 종합하여 그 나름의 생태문학의 범주와 생태시의 유형을 정리한 결과라는 점에서 그 나름의 의미를 지닌다고 본다. 그런데 필자의 관심은 많은 논자들에 의해 그 개념이 제기된 바 있는 생명문학(생명시)에 대한 입장정리였다. 그는 생명문학과 관련해서 김지하의 생명사상에 토대를 둔 생명문학을 논하고 있는데, 이 생명문학 논의는 생태학의 기본 인식 중 인간과 인간 아닌 존재와의 관계성과 생명성을 강조하고 심화시키는데 강점이 있다고 평가하고, 기존의 논리에 대한 반론과 그 대안적 방향을 주장하고는 있으나, 그 내용에 공감하는 것이 동학의 종교적 신념을 수용하는 것과 유사한 성격을 지니고 있음을 비판적으로 지적한다. 그래서 이 사실이 개인의 생태학적 실천을 이끌어내는 측면에 긍정적으로 기여할지에 대한 여부에 회의를 표한다. 이후에 임도한은 앞선 논의들을 바탕으로 「한국현대 생태시 연구」(고려대학 박사학위논문, 1999)를 펴내는데, 여기서도 생태문학에 대한 개념 정리는 생태시 중심으로 논리를 펼치고 있다. 그런데 그는 생태시가 궁극적으로 지향해야 할 지점을 생태학적 대안의 제시라고 결론을 내리고 있는데, 그 대안은 구체화되지 않고 있다. 그 대안으로 여러 가지 항목이 제시될 수 있겠지만, 필자의 생각으로는 가장 중요한 항목 중의 하나가 '생명'으로 명명될 수 있다고 본다. 그렇다고 하면 김지하의 생명사상과 관련된 생명시의 부류에 드는 시편들을 생태시에 포괄해서 그 중심에 두는 관계 정리가 필요한 것이 아니었을까 하는 점을 떨칠 수가 없다. 생명시라는 개념으로 생태시와 같은 장르 하위 개념으로 설정하지 않는다고 해도 생명사상에 토대를 둔 생태시가 그 중심에 놓이는 것이 자연스럽기 때문이다.

생태시에 대한 장르의식을 적극적으로 내세우고, 그 분류를 시도한 경우는 최동호의 「21세기를 향한 에코토피아의 시학」(『21세기와 한국문화』, 1996)과 고현철의 「생태주의 시의 지형과 과제」(『현대시의 쟁점과 시각』, 1998)이다. 최동호는 「21세기를 향한 에코토피아의 시학」에서, 환경·생태시가 이미 문학사적 의미망 안에 포섭되어 있다고 보고, 그 유형을 세 가지로 가름하고 있다. 그것은 민중적 생태지향시, 전통적 생태지향시, 모더니즘적 생태지향시인데, 이러한 갈래 구분은 당시의 생태시들을 유형화할 수 있는 하나의 틀로서는 유용한 점이 있으나, 이는 당시의 시적 경향을 서술하기 위한 편의적 발상 이상을 넘어서지 못한다. 스스로 자신의 분류작업이 중간단계로서의 분류임을 밝히고 있기에, 이런 분류에 대한 비판을 수용하면서도, 그는 「에코토피아의 시학과 신인간의 역사적 방향」(시와 사람, 1999, 겨울)에서 이를 변론하고 있다. 지속과 변화라는 문학사적 관점에서 시의 흐름을 파악하는 것이 온당하다면 과도기적 상황을 반영하는 시적 경향으로 그러한 분류가 가능하지 않겠느냐는 논리이다. 그의 논지를 두 편의 글을 통해 읽어보면, 충분히 현실성이 인정된다. 그러나 후자의 글에서 기대했던 생태시에 대한 장르적 의식은 찾을 수 없다. 대신 그는 에코토피아의 시학을 위해서 필요한, 자유와 함께 책임을 다 하는 신인간상을, 김지하의 신인간상을 비판적으로 검토함으로써 제시하고 있다. 이는 생태시가 지향해야 할 근본적인 문제 중의 하나이기에 그의 문제제기는 결코 가볍게 넘길 수 없는 과제로서 부각된다.

고현철은 「생태주의 시의 지형과 과제」에서 혼란스럽게 사용되고 있는 환경시, 생태환경시, 생태시, 생명시 등의 용어를 생태주의시라는 개념을 설정해서 이를 다 포괄하고자 한다. 즉 생태주의 시를 상위 개념으로 잡고, 그 하위 유형으로 생명시, 환경시, 생태시의 세 유형으로 나눈다는 것이다. 그리고 생태환경시는 생태와 환경에 내포된 의미의 차이점을 중시하여 이 둘을 분리해서 사용해야 한다는 것이다. 이러한 생태시에 대한 유형 분류는 혼란스러운 개념을 정리해 볼 수 있는 명료성을 보인다는 점에서 의미가 있다. 그러나 이승원이 「생태시의 현황과 전망」에서 지적한 것처럼 '-주의'라는 명명이 시 장르의 유형을 분류하는 명칭으로 적절한지에 대한 고민은 더 필요하다고 본다. 그렇지만 혼란스러운 정도로 다양한 명칭들이 사용되고 있는 현실 속에서 장르의식을 가지고 생태시의 갈래를 정리해 보려는 작업은 의의가 있다고 본다.

1990년대 생태시 논의에서 생명시 개념을 끊임없이 제기하며 그 범주를 새롭게 해온 장본인 중의 한 사람이 신덕룡이다. 그는 생태문학론 논의가 시를 중심으로 활발하게 전개될 때, 「생명시 논의의 흐름과 갈래」(시와 사람, 1997, 봄)를 발표했다. 그는 이 글에서, 생태문학론 논의에서 환경시나 생태시라는 용어가 사용되고 있지만, 생태계 파괴로 인한 삶의 위기가 인간의 위기에 국한되지 않고 모든 생명의 존폐문제라는 점에서 생명시란 명칭을 사용한다고 밝힌다. 이는 사실 명확하고 뚜렷한 개념 정립에 의한 명명이라고 보기는 힘들다. 그래서 그는 이 명칭을 사용하고 있지만, 다른 논자들이 사용하는 다른 명칭들을 별다른 논란 없이 그대로 수용하면서 생태시 논의의 사적인 전개를 펼쳐내고 있다. 그러나 생태학적 논의들이 갈수록 활발해지고, 다양한 영역에서 생태라는 개념이 폭넓게 수용되면서, 문학 영역에서도 생태문학 나아가 생태시 개념이 자리를 더욱 확실하게 잡게 됨으로써 앞서 확인한 바와 같이 생명시 개념은 생태시 개념에 의해 밀려나는 형국에 놓이게 되었다. 이러한 상황의 전개는 신덕룡에게 생명시 개념을 확실하게 규정할 필요성을 안겨주었다. 그가 「생명시의 성격과 시적 상상력」(시와 사람, 1999, 겨울)을 내놓을 수밖에 없었던 것은 이런 연유이다.

신덕룡은 자신이 사용하고 있는 생명시의 개념을 다른 논자들이 오해하고 있다고 전제한다. 생명시란 용어가 생명 자체를 노래함으로써 생명의 본질과 가치를 추구하는 시로만 받아들여지고 있다는 것이다. 이런 오해는 생명시란 용어를 제일 먼저 사용한 남송우의 「생명시학을 위하여」(열린시, 1995, 12)에서 비롯되었다는 것이다. 필자는 이 글에서 당시에 발표된 시들 중 생명 시학이란 범주에 들 수 있는 시편들을 세 가지 정도로 분류해서 생명 자체를 노래하고 있는 시, 식물성 이미지를 통해 생명의식을 고양하고 있는 시, 신생의 꿈을 통해 생명의식을 고양하는 시 등으로 제시한 바 있다. 이를 신덕룡은 생명에 대한 협의의 해석의 결과로 본다. 이는 맞는 지적이다. 생명과 관련된 사항이 어찌 세 가지 정도로 국한될 수 있으랴. 이는 당시의 시편들에서 확인할 수 있는 대상들이라는 점에서 근본적인 한계를 지닐 수밖에 없었다. 현실적인 시 중심의 논의였던 셈이다. 그러므로 생명시에 대한 논의는 이를 출발점으로 다양하게 논의될 성질의 것이지 완결된 담론이 아니었다. 그러므로 신덕룡이 이 글에서 생명시의 개념을 심화 확대시키고 있는 것은 자연스러운 것이다. 그는 생명시의 토대로 삼고 있는 김지하의 생명성이란 용어에 주목하고, 인간과 자연의 유기적 전체를 지향하는 생태학적 세계관의 핵심에는 생명들 사이의 관계에 대한 새로운 인식과 관계 맺음을 향한 열망이 도사리고 있다는 것, 그리고 생명들 사이의 관계가 우리 삶의 전체를 이룬다는 사실을 염두에 둔다면 생명시란 용어가 적합하다는 것이다. 즉 생명시란 앞서 살펴보았듯이 생명자체를 노래함으로써 생명의 본질과 가치를 추구하는 시이며, 동시에 다른 존재들과의 관계 속에서 생명의 가치와 위상, 생명고양의 조건을 살피어 그 중요성을 시적 상상력 속에 구체화 하는 시를 의미한다고 정의한다. 이러한 정의는 여기에 국한되지 않고 또 다른 영역으로 그 관심을 넓혀가야 하는 것이 생명시가 지닌 본질이란 생각이 든다. 생명 자체는 부단히 새로운 세계를 열어가는 속성을 지니고 있기 때문이며, 생명세계 환경의 변화에 따라 생명은 새롭게 적응하고 생명을 확산시켜나가는 생리를 지니고 있기 때문이다.

3.

지금까지 1990년대 생태시문학론의 논의 전개 과정을 역사적 장르의 출현이라는 관점에서 그 흐름을 정리해 보았다. 생태시, 환경시, 생태환경시, 생명시 라는 이름으로 논의되었던 시를 중심한 생태시문학론이 시간이 흐름에 따라 생태시라는 용어로 정리되어 간 것을 확인할 수 있었다. 그러나 생태시의 궁극적인 지향점이 무엇이냐 하는 점에서 생명시에 대한 논의도 부단히 지속되어 왔음을 확인할 수 있었다. 그리고 그 논의의 수준이 개념, 용어 등의 차원에서 이루어져 왔기에 장르적 차원의 의식을 제대로 읽어내기가 힘들었다. 이는 어떤 문학 담론이든 초기에 나타나는 현상으로 자연스런 흐름으로 보인다.

그런데 생태시에 대한 이러한 활발한 논의의 흐름은 2000년대에 들어서서도 지속되고 있다. 그 결과로 최동호의 『디지털 문화와 생태시학』, 이은봉의 『시와 생태적 상상력』(소명, 2000), 장정렬의 『생태주의 시학』(한국문화사, 2000), 신덕룡의 『생명시학의 전제』(소명, 2002), 김용민의 『생태문학』(책세상, 2003), 김욱동의 『생태학적 상상력』(나무심는 사람, 2003) 등의 저술을 만날 수가 있다. 이런 저술들의 출현은 생태문학에 대한 앞으로의 논의가 더욱 다양하게 지속되리라는 것을 예감하게 한다. 이런 예단을 쉽게 할 수 있는 것은 1990년대 뿌려진 생태시문학에 대한 다양한 씨앗들이 그래도 조금은 풍성했다고 생각하기 때문이다.

한국 서정시에 나타난 생명의식의 한 양상

1.

2006년 상반기에도 많은 시집들이 선을 보였다. 필자가 접한 시집만 하더라도 일일이 열거하기 힘들 정도로 많은 숫자이다. 그런데 이 시집들의 내용을 살펴보면, 아직 우리 시의 흐름 중 큰 줄기의 하나는 역시 서정시라는 것을 부정할 수 없다. 시의 본령이 서정에 뿌리를 두고 있다는 점에서 이 점은 새로울 것도 없다.

그런데 서정시는 자아와 세계와의 관계 속에서 세계의 자아화라는 본질적 특성을 지닌다. 세계의 자아화는 동일성을 추구하는 서정적 자아가 지향하는 궁극적 지점 중의 하나이기 때문이다. 그런데 문제는 현재의 서정시가 시적 대상으로 삼고 있는 세계가 정상적인 상태를 벗어나 심하게 앓고 있다는 점이다. 특히 자연생태계의 파괴라는 전지구적 위기상황은 서정시의 세계를 생태학적 상상력으로 나아가게 하고 있다. 오세영 시인의 다음 시편은 이러한 오늘의 상황을 상징적으로 보여주고 있다.

대기 오염 탓인가
날씨가 따뜻해지니
이 아침 마침내
붉고 푸른 혈흔을 보였다.
아토피성 피부 질환으로 오는
봄

오세영의 「백화난만」(시집 『문열어라 하늘아』중에서, 서정시학)

봄에 핀 백화난만한 꽃들을 바라보며, 아토피성 피부 질환을 떠올린다. 이는 오는 봄이 뭔지 비정상적임을 상징한 시적 대응이다. 그 비정상을 혈흔과 질환으로 표현하고 있다. 그 원인을 시인은 <대기 오염 탓>으로 돌리고 있다. 대기오염은 봄이 정상적으로 찾아오는 길목을 막았음과 동시에 아토피성 피부 질환으로 오는 봄의 원인이 되었다고 노래한다. 그런데 지구 생태계의 위기는 대기 오염만의 문제가 아니라, 지구의 전반의 문제임을 다음 시는 상징적으로 보여준다.

깜깜한 우주를 운항하던 지구가
갑자기 털털거렸다.
시커멓게 내쏟는 매연
동력이 끊겨서인가
본네트를 열고
라이터 불빛을 비치자
-반짝-

과열로 퓨즈가 끊겨진 엔진 모터
깨진 라디에이터에선 철철
냉각수가 터진다.

폭우가 쏟아지는 어느 여름날

오세영의 「번개」(시집 『문열어라 하늘아』중에서, 서정시학)

지구가 우주를 운행하는 차로 비유되고, 그 차가 이미 과열하여 퓨즈가 끊겨진 상태의 엔진을 가진 상태라고 묘사되고 있다. 그리고 라지에타가 깨어져 냉각수가 철철 흘러내리고 있는 상황이다. 「번개」치며 폭우가 쏟아져 내리는 여름날의 상황에서 떠올리는 지구의 현상태를 형용하고 있는 모습이다. 단순히 폭우에 대한 시적 대응이 아니라, 시인은 폭우 속에서 감각하는 번개를 통해 지구의 현상태를 시적으로 진단하고 있는 것이다. 지구의 봄이 아토피성 피부염으로 인식되듯 지구의 여름 역시 정상적인 운행이 힘든 상태임을 보여준다. 지구의 현상태가 이러한 위기에 처함에 따라 많은 시인들은 지구의 원래의 상태를 희구할 뿐만 아니라, 지구의 위기가 몰고온 생명의 위기에 대응하는 노래를 부르지 않을 수 없다. 그 노래가 생태학적 상상력에 기초한 생명의 노래이다.

그런데 그 생명의 노래는 획일적이지가 않다. 생명체 자체가 다양하듯이 다양한 생명체들이 보이는 생명현상 역시 다양하기 때문이다. 다양한 생명체에서 나타나는 생명현상이 동일하게 설명될 수 있는 부분도 있지만, 각기 달리 해명되어야 할 부분도 있다. 그러므로 생명현상을 노래하는 시편들 역시 그 양상이 다양할 수밖에 없는 것이다. 2006년 전반기에 발표된 몇 권의 시집 속에서, 그 다양한 생명현상은 어떤 모습을 하고 있는지를 살핀다.

2.

바람불고
키 낮은 풀들 파르르 떠는데
눈여겨보는 이 아무도 없다.

그 가녀린 것들의 생의 한 순간,
의 외로운 떨림들로 해서
우주의 저녁 한때가 비로소 저물어간다.
그 떨림의 이쪽에서 저쪽 사이, 그 순간의 처음과 끝 사이에는
무한히 늙은 옛날의 고요가, 아니면 아직 오지 않은 어느 시간에 속할 어린 고요가
보일 듯 말듯 엷게 묻어 있는 것이며,
그 나른한 고요의 봄볕 속에서 나는
백년이나 이백년쯤
아니라면 석달 열흘쯤이라도 곤히 잠들고 싶은 것이다.
그러면 석달이며 열흘이며 하는 이름만큼의 내 무한 곁으로 나비나 벌이나 별로 고울 것 없는 버러지들이 무심히 스쳐가기도 할 것인데,
그 적에 나는 꿈결엔듯
그 작은 목숨들의 더듬이나 날개나 앳된 다리에 실려온 낯익은 냄새가

어느 생에선가 한결 깊어진 그대의 눈빛인 걸 알아보게 되리라 생각한다.

김사인의 「풍경의 깊이」(시집 『가만히 좋아하는』중에서, 창비)

시적 화자는 바람을 맞고 있는 봄풀을 바라보고 있다. 아무도 눈여겨 보지 않는 하찮은 풀에 시적 화자는 관심을 두고 있다. 그 관심을 통해 건져올리는 시적 화자가 확보한 세계는 단순하지 않다. <그 가녀린 것들의 생의 한 순간의 떨림을 통해 우주의 저녁 한 때가 비로소 저물어 간다>고 노래함으로써 풀과 우주가 동일시 되고 있기 때문이다. 풀의 떨림의 한 순간과 우주의 저녁 한 때가 맞물리고 있다. 그러므로 한 순간 떨림의 이쪽 저쪽 혹은 처음과 끝 사이는 무한히 늙은 옛날의 고요나 아직 오지 않은 어린 고요의 시간이 자리하고 있다고 상상한다. 여기서 중요한 수사는 '무한히'라는 시간의식이다. 떨림의 한 순간을 무한의 시간개념으로 끌어올리는 시적 상상력의 토대는 아무도 눈여겨 보지 않는 풀의 존재를 우주로 동일시 하는 데서 비롯된다.

풀과 우주가 동일시 될 때, 자연스럽게 시간상 한 순간의 떨림은 무한의 시간대로 편입된다. 그 무한대의 시간이 현실적으로 구체화된 것이 '나른한 고요의 봄볕'이다. 이 시간의식은 순간도 의식할 수 없는, 시간이 무화되고, 의식이 무화되는 시간이다. 그래서 시적 화자는 이 시간대에서 백년이나 이백년 그것이 힘들면, 석달열흘이라도 잠들고 싶어한다. 이는 인간이 염원하는 무구한 시간의 원형적 이미지이다. 이 시간은 시적 화자가 모든 자연과 합일될 수 있는 시간이기에 나비, 벌, 버러지가 스쳐지나간다. 그리고 그들이 남겨놓은 냄새가 어느 생에선가 한결 깊이로 그대의 눈빛으로 동일시 된다. 이 시간 속에서 시적 화자나 나비, 벌, 버러지가 하나로 만날 수 있는 토대가 마련된다. 아무도 눈여겨 보지 않는 소외된 풀을 통해서 우주를 떠올리고, 그 우주적 시간 속에 시적 화자가 합일할 수 있다는 것은 시인의 소외된 것들에 대한 생명의식 없이는 불가능한 일이다.

세계 안에 존재하는 풀을 통해 우주적 생명의식을 감지했던 시인은 이제 인간의 몸 속에서 풀과 같이 무의미한 대상으로 취급당하는 새끼발가락을 통해 생명의식을 드러낸다.

> 스타킹 속에 든 그 새끼발가락을 우연히 보게 된 순간, 나는 술이 번쩍 깼다. 눈 내리깐 채 몸의 제일 후미진 구석에 엎드려 있는 그것은 백만년 인류사를 배경으로 갖는 것이어서, 애잔하다거나 안쓰럽다거나 하는 따위의 감상적 형용으로는 감히 어리댈 수도 없었다. 아프가니스탄의 굶주림으로부터 정신대 끌려갔던 내 재당숙모에 이르는, 유구한 상처의 넋들이 그 숨죽인 다소곳함 속에는 서려 있다고 보였다.
>
> 그래서 그토록 꼬부리고 숨어 있는 그것이 혹 죽은 것은 아닌가 한순간 걱정되면서 나도 모르게 손이 뻗어가 그것을 건드리니,
>
> 아아, 가만히 움츠리며 살아 있다고 말하는 게 아닌가!
>
> 그 기척이 어쩐지 우리들 희망의 절망적인 상징처럼 여겨져서 눈물까지 핑 돌았다.
>
> 등을 보이고 앉은 그녀는 그런 내 기분을 아는지 모르는지 발을 조금 당기고 치맛자락을 끌어내려 슬며시 덮고 마는 것이었다.
>
> 김사인의 「새끼발가락과 마주치다」(시집 『가만히 좋아하는』중에서, 창비)

새끼발가락은 몸의 부위 중에는 가장 아랫 부분에 자리하고 있다. 이러한 위치 때문에 그의 존재의미는 대단한 존재로 인식되기보다는 소외되어 있는 대상이다. 그래서 특별히 대접받는 존재로 인식되어 있기보다는 가볍게 여기는 대상의 하나이다. 어쩌면 몸의 다른 부위에 비해서는 관심밖의 대상이 되어 있다. 이런 측면은 앞서 논의된 풀과 같은 선상에 놓인다. 그런데 시적 화자는 그 새끼발가락에 대해 놀라운 생각의 일단을 건져 올린다. 그것은 놀라운 발견 혹은 인식에 가깝기에 술이 번쩍 깬다고 시적 화자는 경이로움을 드런낸다. 왜 그런가. 새끼발가락을 백만년 인류사 속에서 해석해 내고 있기 때문이다. 즉 소외되어 있고, 관심밖의 존재로 자리해온 새끼발가락을 통해 유구한 인류역사의 상처의 넋들을 발견하고 있기 때문이다. 인류 역사 속에서 늘 당해만 온 존재들의 역사를 새끼발가락과 동일시 하고 있다. 즉 아프가니스탄의 굶주림, 정신대에 끌려간 상처의 역사를 상징하는 매개로 새끼발가락이 사용되고 있다.

그런데 더 중요한 것은 시적 화자가 새끼발가락이 죽은 것이 아닌가 하여 건드려보고는 살아 있음을 확인하는 장면이다. 즉 죽은 것 같은 상황에서 인식하는 생명의식이다. 이를 시인은 희망의 절망적인 상징으로 명명한다. 죽은 것 같은 상태에서 살아있음을 확인할 수 있다는 것은 희망이지만, 그 희망이 절망적인 상황도 함께 하고 있다는 인식이 깔려 있는 것이다.

이렇게 김사인 시인은 별볼 일 없는 것들에 관심하면서, 그들의 존재의미를 새롭게 부각시킴으로써 생명의 존재 가치를 새롭게 확인하고 있다. 여기에 비해 손택수 시인은 신화적 상상상력에 의해 생명의식을 드러내고 있다.

매달 스무여드렛날이었다
할머니는 밭에 씨를 뿌리려 갔다

오늘은 땅심이 제일 좋은 날
달과 토성이 서로 정반대의 위치에 서서
흙들이 마구 부풀어오르는 날

설씨 문중 대대로 내려온 농법대로
할머니는 별들의 신호를 알아듣고 씨를 뿌렸다

별과 별 사이의 신호를
씨앗들도 알아듣고
최대의 發芽를 이루었다
할머니의 몸속에, 씨앗 속에, 할머니의 주름을 닮은 밭고랑 속에
별과의 교신을 하는 무슨 우주국이 들어 있었던가

매달 스무여드레 별들이 지상에 금빛 씨앗을 뿌리던 날
할머니는 온몸에 별빛을 받으며 돌아왔다

손택수의 「달과 토성의 파종법」(시집 『목련전차』 중에서, 창비)

대지에 심겨지는 씨앗들의 발아가 자체의 생명력에만 의한 것이 아니라, 우주(하늘과 땅)와의 관계망 속에서 실현된다는 신화적 상상력이 이 작품의 발상의 토대를 이룬다. 할머니가 별들의 신호를 알아

듣고 거기에 맞게 씨를 뿌렸다는 것은 할머니의 사고가 별과 통해 있음을 말한다. 별과 신호를 주고 받는 사고의 차원은 신화적 상상력의 한 양상이다. 씨앗의 파종과 그 발아가 단순히 이루어지는 것이 아니고, 우주현상의 관계 속에서 실현된다는 점을 시인은 강조한다. 그래서 시인은 <할머니의 몸 속에, 씨앗 속에, 할머니의 주름을 닮은 밭고랑 속에 별과의 교신을 하는 무슨 우주국이 들어 있었던가>라고 노래한다. 인간과 씨앗과 땅이 별개가 아니고 하나의 관계망 속에 놓여 있다는 것이다.

이러한 신화적 상상력은 인간과 씨앗과 땅과 별이 하나의 유기적 생명체를 이루고 있음을 의미한다. 그런데 시인은 왜 할머니를 통해 이러한 생명의식을 보이고 있는가. 이 점이 중요하다. 이 시에 등장하는 할머니는 흙과 더불어 살아오면서 자연의 순리와 이법에 철저하게 민감한 반응을 보인 자이다. 자연을 거스리면서는 살아갈 수 없다는 사실을 몸으로 직접 체득한 세대이다. 철저하게 천지자연의 이법에 따라 사는 것이 생명의 순리라고 받아들이고 있기 때문이다. 그래서 「구름의 가계」에서도 같은 유형의 상할머니를 등장시키고 있다. <상할머니의 몸은 천문을 품고 있어> 천지와 하나가 되어있는 모습을 보인다. 이렇게 손택수 시인은 씨앗의 발아를 통해 천지인天地人이 하나의 생명으로 연결되어 있는 신화적 상상력을 발휘하고 있다. 그런데 도종환 시인의 경우는 자연 숲 속에서 나무와 하나가 되는 과정을 통해 생태학적 삶을 구체적으로 보여준다.

구름은 비를 뿌리며 빠르게 동쪽으로 몰려가고
숲의 나무들은 비에 젖은 머리를 흔들어 털고 있다
처음 이 산에 들어올 땐
나 혼자 있다는 생각을 했다
그러나 내가 흔들릴 때
같이 흔들리며 안타까워하는 나무들을 보며
혼자 있다는 말 하지 않기로 했다
아침저녁으로 맑은 숨결을 길어올려 끼얹어주고
조릿대 참대소리로 마음을 정결하게
빗질해주는 이는 누구일까
숲과 나무가 내 폐의 바깥인 걸 알았다
더러운 내 몸과 탄식을 고스란히 받아주는 걸 보며
숲도 날 제 식구처럼 여기는 걸 알았다
나리꽃 보리수 오리나무와 같이 있는 거지
혼자 있는 게 아니다
내가 숲의 뱃속에 있고
숲이 내 정신의 일부가 되어 들어오고
그렇게 함께 숨쉬며 살아 있는 것이다

도종환의 「숲의 식구」(시집 『해인으로 가는 길』중에서, 문학동네)

시적 화자가 산에 처음 들어올 때는 혼자라는 생각을 떨칠 수가 없었다고 고백한다. 그 고백이 어떻게 바뀌어졌는지를 노래하고 있다. 즉 혼자라는 생각에서 벗어나 어떻게 숲과 하나가 되었는지 그 과정을 보여주고 있다. 이 과정을 통해 인간과 자연이 어느 지점에서 하나로 만나며, 그 만남을 통해 자연의 생명력이 어떻게 인간에게 전해지고 있는지를 생각나게 한다. 시적 화자가 처음 숲에 들어와서는 혼자라는 생각에 빠져있었다. 이는 인간인 시적 화자와 숲과의 관계가 절연되어 있는 상황을 말한다. 인간은 인간으로 존재하고, 나무는 나무로 따로 존재하는 무관계성 속에서는 혼자라는 생각에서 벗어날 수 없다. 그러나 함께 하는 나무들이 같이 흔들린다는 인식을 하면서, 시적 화자는 나무와 자신이 결코 무관하지 않다는 생각을 갖게된다. 그러므로 같이 흔들린다는 감각적 인식은 중요하다. 이는 어쩌면 동감과 공감이 상태이다. 그런데 이 상태로서는 시적 화자와 숲이 하나의 생명체의식을 가지기가 힘들다. 생명의 공유가 있어야 하기 때문이다. 생명의 공유가 시작되는 것은 아침 저녁으로 맑은 숨결을 길어올려 끼얹어주고, 조릿대 참대소리로 마음을 정결하게해 줌으로써 숲과 나무가 시적 화자의 폐의 바깥이란 것을 깨달음에서 비롯된다. 즉 생기를 공유해야 생명의 공유가 가능한데, 그 생기의 공유가 <숲과 나무가 시적 자아의 폐의 바깥>이란 인식에서 나타난다. 이러한 생각의 밑바탕 속에는 숲과 나무가 시적 화자에게 맑은 숨결과 마음의 정결을 제공해 주었기 때문이다. 즉 시적 화자의 더러운 몸과 탄식을 숲과 나무가 고스란히 받아주는 행위가 시적 화자의 생각을 바꾸어 가는 요인으로 작용한 것이다.

이렇게 숲과 함께 숨쉬며 살아간다는 인식전환에 이르기까지는 같이 흔들린다는 감각적 공감에서부터 <내가 숲의 뱃속에 있고, 숲이 내 정신의 일부가 되어> 함께 숨쉬며 살아 있다는 내면적 동일화 과정이 필요했던 것이다. 이 과정들을 통해 혼자였다고 생각했던 시적 화자가 혼자가 아닌 자연 속의 식구가 되었음을 노래한다. 이러한 자연과의 동일화 지향은 생명을 지향하는 생태시의 전형적인 한 모습이다.

김사인은 「풍경의 깊이」에서 눈여겨 보는 이 아무도 없는 풀을 통해 우주적 생명의식을 보여주었지만, 또 다른 시인들도 풀을 통해 풀이 지닌 생명력 자체를 노래한다. 문인수와 배한봉 시인의 시편에서 이러한 풀의 생명력을 만난다.

> 풀들은 어떻게 시멘트를 삭이는가, 사귀는가.
>
> 이 도시의 4차선 도로변을 따라 높게 둘러쳐진 옹벽엔 오래 전부터 깊은 금이 구불구불 길게 가 있다.
>
> 이 거대한 위압 아래가 한 동안 고요한 때가 봄이다.
>
> 상처에 자꾸 손이 가고 슬픔이 또 새파랗게 만져지는 것처럼
>
> 금간 데를 디디며 풀들이 줄지어 돋아나 자란 것이다.
>
> 산야의 풀들에 비해 물론 몹시 지저분하고 왜소하지만 명아주 바랭이 참비름 강아지풀 같은 제 이름, 초록 정강이의 제 중심을 잘 잡고 있다.
>
> 생이 곧 길이어서 달리 전할 말이 없는 풀들.
>
> 흙먼지며 매연, 저 숱한 차량들의 소음까지도 꽉 꽉 다져넣어 밟으며 빨며 더듬더듬 더듬어 풀들은 또 풀들에게로 넘어가고 있다. 천산북로,
>
> 누더기의 몸들이 누대 누대 닦아가고 있다.
>
> 문인수의 「벽의 풀」(시집 『쉬!』중에서. 문학동네)

> 가장 먼저 봄소식 전하는 것은
> 진달래도 목련꽃도 아니다
> 풀이다, 겨우내 굳은 땅

뚫고 나오느라 온몸이 푸른 멍이다
애송이 농부는 일찌감치
풀과 싸울 태세를 갖추지만,
풀은 그 무엇으로도 무장하지 않으며
스스로 그러한 몸으로 거침없이 자란다
풀이 없었다면 대지는
불모가 되었을 것이다, 그러니 풀은
농부보다 더 땅을 사랑하는 종족
풀이 있으므로 대지는 아름답다
그러니, 풀과의 전쟁이라는 말은 말자
풀 잘 자랄수록 땅심 좋고
부지런한 농부일수록 풀과 친하다는 것을
거름 듬뿍 먹은 과수원이
내게 가르쳐 주었다
풀은 젖꼭지, 대지의 주린 입에
젖을 흘려 넣으며 의연하게
내 생각의 박토에다가도 뿌리 내린다

배한봉의 「착근」(시집 『잠을 두드리는 물의 노래』중에서, 문학의 전당)

문인수의 「벽의 풀」에서 우리는 시멘트 옹벽에 금을 내며, 뿌리를 내리는 가상한 풀의 생명력을 본다. 시멘트 벽의 틈새에 뿌리를 내려 자기존재를 드러내고 있는 모습에서 생명의 강인함, 끈질김과 함께 생명의 위대성까지 떠올리게 된다. 비록 시멘트 옹벽의 틈새에 자리한 풀들이 산야의 풀들에 비해 지저분하고 왜소하지만 살아 있는 생명체로서의 자존감은 분명히 지니고 있다는 점에 시인의 시선이 가 있다. 그리고 그 풀들은 흙먼지, 매연, 차량의 소음 등 풀들의 생장을 방해하는 뭇 요소들에 의해 힘들게 생명을 유지하고 있는 상황임을 사실적으로 보여줌으로써 비생명적인 대상들과 맞서 있는 생명력의 힘을 내보인다. 즉 생명력은 비생명적인 혹은 생명을 위협하는 요소들을 포섭하는 힘을 지니고 있다는 것이다. 그런데 풀들의 생명력이 비생명적인 요소들을 포섭함으로써 자신들이 누더기의 몸이 되어 가고 있는 상황을 시인이 적시함으로써 현대문명 사회 속에서 생명들이 당하는 비극적 현실과 대면하게 된다.

이런 풀의 생명성과 비극성의 노래에 비해 배한봉의 「착근」은 풀의 생명성에 더 민감하게 반응하고 있다. 봄소식을 가장 먼저 전하는 대상이 진달래도 목련꽃도 아니고 풀이라고 선언함으로써 풀의 존재 의미를 부각시키고 있다. 굳은 땅을 뚫고 나오느라 온몸이 푸른 멍으로 물들어 있지만, 그 생명력은 농부가 감당하기 힘들 정도이다. 그래서 농사를 짓는 농부에게 풀은 일차적으로 제거의 대상이 된다. 그것을 시인은 풀과 싸울 태세로 형용하고 있다. 시인의 관심은 싸움의 대상인 풀보다는 대지를 풍성하게 하는 매개로서의 풀에 가 있다. 그래서 시인은 풀이 있으므로 대지는 아름답다고 노래한다. 풀이 잘 자랄수록 땅심이 좋다고 말함으로써 시인은 풀과 사람과의 관계 속에서 풀을 바라보고 있는 것이 아니라, 풀과 대지와의 관계 속에서 풀을 바라보고 있다. 풀을 사람과의 관계 속에서 바라보면, 애송이 농부처럼 우선 싸워야 할 귀찮은 존재일 수도 있다. 그러나 풀이 대지와 맺어져 있는 깊은 생태학적 관계 속에서 생각해 보면, 부지런한 농부처럼 풍성한 과실을 가져다주는 근원적인 힘으로 작용한다는 것이다. 그래서 시인은 풀을, 대지의 주린 입에 젖을 흘려 넣는 젖꼭지로 명명한다. 그리고 중요한 것은 풀이 대지의 주린 입에 젖을 흘려 넣는 것과 함께 시적 화자의 생각의 박토에다가도 뿌리를 내린다는 사실이다. 생각의 박토에 풀이 뿌리를 내림으로써 그 박토는 땅심 좋은 윤택한 땅으로 변할 수 있다. 풀과 대지 사이에서 이루어지는 건강한 생태학적 순환이 인간의 마음 속에서도 실현되고 있는 장면이다. 이러한 전환의 계기가 <부지런한 농부일수록 풀과 친하다는 것을/거름 듬뿍 먹은 과수원이 내게 가르쳐 주었다>는 사실에 근거하고 있다는 점에서 시인의 사유는 철저하게 생태학적 상상력에 기초하고 있는 것이다.

생명의식은 자연 생태계의 생명현상을 잘 드러내 보여주는 생명체들(풀이나 나무 등)을 통해서 확인할 수 있지만, 계절 감각을 통해서도 나타난다. 고형렬 시인의 경우 「4월」이란 계절을 통해 이를 보여주고 있다.

> 죽은 것들이 돌아오느라
> 죽은 것들이 눈이 멀어 돌아오느라
> 줄기 부르트고
> 꽃으로 애쓰던 잊은 것들 찾아오느라
> 살아 있던 날을 기억하려고
> 다른 '나'로 빠져나오려고
> 허연 죽음의 중심 목질부를 만지려고

물을 찾아 다시 움을 틔워 일어나느라
구름을 모아 문을 열고 달려가느라
접혔던 부분 하염없이 펴느라
가장 빛나는 생명의 꿈을 따르느라
좁은 길을 풀고
기억할 수 없는, 복제할 수 없는
형상을 입느라 자기 하나 옷을 만드느라
천지는 눈 시리게 숨쉬기 바쁜,
안 보이는 이름을 찾아내느라
한줄기 목숨을 얻어 끊어진 길 이으려고
길을 대고 처음 생에 닿느라
아 이름 부르며 부스러진 티끌들 모아
안 지치고 기쁘게 찾아오느라

고형렬의 「4월」(시집『밤 미시령』중에서, 창비)

생명이 약동하는 4월의 근황을 다양한 양상을 통해 나열하고 있다. 그 핵심적인 사항은 죽음의 상태로부터 돌아온다는 사실이다. 죽음의 상태에서 벗어나 생명의 꿈을 실현하느라 천지는 눈 시리게 숨 쉬기 바쁜 때가 4월이란 것이다. 그래서 이 시에서 제시되는 다양한 생명의 약동 상태는 <눈시리게 숨쉬기 바쁜>이라는 시어귀에 귀착된다. 이런 상황을 생명의 돌아옴 혹은 생명의 꿈을 따르는 행위들을 보여주는 서술동사들을 통해서도 보여준다. 즉 다양한 서술동사들을 활용하고 있다는 점이다. <돌아오느라>, <찾아오느라>, <빠져나오려고>, <일어나느라>, <달려가느라>, <펴느라>, <따르느라>, <만드느라>, <이으려고> 등이 그 예이다. 이러한 서술어는 생명의 약동을 어느 정도 보증하는 동사들이다. 그런데 서술어동사 중 <돌아오느라/찾아오느라>는 이 시에서 두 번 이상 사용되고 있다는 점에서, 다른 동사와는 변별되는 의미를 지닌다. 돌아온다와 찾아온다는 서술어는 다른 단어이면서, 하나의 현상을 지칭하는 동일한 의미를 지닌다. 즉 이 두 동사는 이 시에 나타나는 생명현상을 압축해서 보여준다. 그 의미가 회복과 순환의 논리이다. 계절을 통해 확인할 수 있는 생명현상 중의 하나는 회복과 순환의 질서를 가진다는 것이다. 회복과 순환의 질서를 통해 세계의 생명현상이 이어져 가고 있다는 것이다. 그래서 죽음에서 돌아와 생명의 길을 찾는 것, 이것이 4월이라는 계절이 보여주는 생명현상의 한 특징임을 이 시는 보여주고 있는 것이다.

지금까지는 자연 속의 생명체를 통해 시적 화자가 어떻게 그들과 상호교호하면서 생명적 사유를 하고 있는지를 살폈는데, 이제는 생명이 없는 대상을 통해서 생명을 감각하는 시편들을 만난다. 신종호 시인은 「바위」에서 이러한 생명의식을 확인하고 있다.

단단한 영혼을 가진
너는
발이 없다
물론 손도 없지만
불행도 전혀 없다기에
정말인지
포크레인으로

가슴을 열어보니
너에게도 뜨거운
피가
흐르고 있었다

그동안
얼마나 아팠니?

신종호의 「바위」(시집 『사람의 바다』중에서, 천년의 시작)

시인은 단순히 의식없는 물질로 존재하는 바위에 의인화를 통해 생명을 부여하고 있다. 무생명체인 바위에 생명을 부여함으로써 바위는 영혼을 가진 존재로 탈바꿈한다. 그래서 가슴에는 뜨거운 피가 흐르는 존재로 바뀐다. 감각이 없다고 생각해온 바위에게 얼마나 아팠느냐고 질문함으로써 바위는 온전히 살아 숨쉬는 생명체로 다가선다. 시적 대상에 대한 의인화는 무생명체가 생명을 획득하는 하나의 방법으로서, 시인이 생명의식을 발현시키는 가장 손쉬운 방법의 하나이다. 같은 차원에서 강은교 시인은 빗방울에 생명을 부여하고 있다.

빗방울 셋이 만나더니, 지나온 하늘 지나온 구름 덩이들을 생각하며 분개하더니,
분개하던 빗방울 셋 서로 몸에 힘을 주더니, 스르르 깨어지더니,

참 크고 아름다운 빗방울 하나가 되었다.

강은교의 「빗방울 셋이」(시집 『초록거미의 사랑』중에서, 창비)

시인은 생명이 없는 듯한 빗방울에 분개하는 감정을 불어넣음으로써 빗방울을 살아 있는 생명체로 끌어올린다. 그리고는 셋이 만나 하나를 이루는, 셋이 하나의 더 큰 세계를 이루는 물의 생성력을 노래하고 있다. 그 대상이 물이라는 점에서 생명의 생성력은 무한에 가깝다. 물의 생명력은 무한하기 때문이다. 빗방울이 모여 더 큰 물방울 하나를 이루고, 그 물방울은 시내와 강을 이루고, 나아가 큰 하나의 바다를 형성한다. 그런데 이러한 물의 생명력이 더 큰 생명력으로 나아가는 과정 속에서 시인이 관심하는 바는 깨어지는 순간이다. 빗방울 셋이 각각 깨어지는 단계를 거쳐 더 큰 빗방울의 세계를 만들어 간다는 점이다. 자신을 깨트림으로써 더 큰 세계를 열어가는 물이 지닌 생성력의 원리를 보여준다. 이는 물만이 지닌 생명력의 특징이 아니라, 모든 생명현상에 나타나는 보편적 특징이다.

바위나 빗방울만 생명의식을 드러내는 대상이 되는 것이 아니라, 소리도 사람의 내면의 생명을 깨우는 매개로 작용함을 박몽구 시인의 「마음의 귀」에서 볼 수 있다.

> 파르스름하게 타는 진공관 불빛을 보며
> 베토벤의 첼로 소나타를 듣는다
> 지천명을 턱걸이하면서
> 어두워진 눈이 책을 자꾸 밀어낸다
> 빈약한 진공관 소리를 더 모으느라
> 귀바퀴 말끔하게 닦으면서
> 문득 말년이 되어 사랑하는 이 보내고

어두워진 귀로 일궈낸
첼로의 선율 더욱 살가운 건 왜일까
다발성 경화증 딛고 일어선 뒤프레가
다리 놓은 베토벤의 선율 위에
문득 단풍나무 한 그루 놓여 있다.
저렇듯 척박한 땅에서 무엇이 자랄까
방관자들의 어설픈 걱정을 딛고
한 군데도 빠짐없이 핏빛 뿜어올린
단풍나무 한 그루
때 묻지 않은 저녁 놀 흩뿌린다
어두워진 귀 넘어 막힌 핏줄 넘어
맑고 깊은 영혼의 눈 뜬다

박몽구의 「마음의 귀」(시집 『마음의 귀』중에서, 시와 에세이)

시적 화자의 시각과 청각은 퇴화되고 있으나, 귀로 통해 듣는 베토벤의 선율이 그의 영혼을 새롭게 하고 있다. 지천명의 나이에 육신은 쇠하여 가지만, 음악은 <어두워진 시적 화자의 귀를 넘어 막힌 핏줄을 넘어/맑고 깊은 영혼의 눈>을 뜨게 만든다. 좋은 음악 소리가 인간의 영혼을 새롭게 창조하는 놀라운 힘을 보여주고 있다. 베토벤의 선율을 단풍나무 한 그루로 환치시켜 놓고, 그 소리가 주는 감동을 붉게 타는 단풍나무로 형용하고 있다. 이는 청각을 시각으로 전환함이다. 그 단풍 나무가 <한 군데도 빠짐없이 핏빛 뿜어올린 단풍나무 한 그루>로 자리함으로써 <때 묻지 않은 저녁 놀 흩뿌리는> 상황을 연출하고 있다. 이는 베토벤 선율의 힘이 얼마나 강력한 힘을 발휘하고 있는지를 간접적으로 드러내고 있는 대목이다. 그 소리의 힘은 <어두워진 귀 넘어 막힌 핏줄 넘어/맑고 깊은 영혼의 눈 뜨는> 경지에 이른다. 영혼의 눈을 뜬다는 것은 새로운 세계로의 진입을 말하며, 새로운 차원으로의 내적 도약을 의미하기도 한다. 이는 달리 말하면, 내적인 생명의 거듭남이기도 하다. 이러한 내면의식의 전환이 소리가 지닌 생명의 힘에 의해서 이루어지고 있는 것이다. 이는 이 시인이 지닌 음악에 대한 관심이 빚어내는 생명의식이다.

비생명적인 대상들에 생명을 불어넣는 시인도 있지만, 생명의 탄생이 이루어지는 근원적 대상을 통해 생명의식을 노래하는 시인도 있다. 최서림의 「구멍」이 그러한 경우이다.

나는 원래 구멍 안에서 만들어졌다.
껌껌하고 긴 구멍 안에서 처음으로
아버지의 불씨를 이어받았다.
聖火 봉송하는 릴레이 선수처럼.
아늑하게 조여주는 긴 터널을 뚫고 나와 드디어
거친 빛의 세계로 나왔다. 태초의 명령에 따라.
빛을 받아먹고 내 안의 불씨는
바람 센 땅의 삼나무모냥 자라 올랐다. 이글이글.
언젠가 나는 또 하나의 구멍으로 돌아가리라.
나의 불은 그 안에서 소멸되리라. 충직하게.
신화와 소문의 산실, 비밀스런 구멍은
내 몸이 드나드는 집이고
불이 제 길을 틀어가는 통로이다.
나는 구멍으로 너를 사랑해 왔다. 정직하게.

사랑은 불이다. 참말로
나의 불은 눈구멍, 귓구멍, 콧구멍, 입 구멍, 땀구멍
그리고 처음으로 내가 빚어진 구멍을 통해
네 안의 핵발전소로 흘러들어간다. 법칙보다 더 고집스럽게.
불과 불이 얽혀서 핵처럼 터지는 사랑.
구멍 안에서 탄생하는 또 하나의 불씨 알.
또 하나의 눈물 방울.

최서림의 「구멍」(시집 『구멍』중에서, 세계사)

시적 화자 자신의 생명이 만들어진 몸 속의 공간을 구멍으로 명명하고, 그 구멍이 지닌 현실적이고 신화적인 의미를 노래하고 있다. 구멍은 현실적으로 생명의 씨앗인 불씨를 이어받는 곳이며, 그 불씨가 거친 빛의 세계로 나오는 통로이다. 생명의 탄생이 이로 통해 이루어진다는 것이다. 그리고 이 구멍은 탄생의 문임과 동시에 언젠가 또 하나의 구멍으로 돌아가야 한다고 노래함으로써 불이 소멸되는 문이 되기도 한다. 그래서 시인은 비밀스런 이 구멍을 <내 몸이 드나드는 집이고/불이 제 길을 틀어 가는 통로>라고 이름짓는다. 이렇게 최서림 시인에게 있어 불은 생명의 또 다른 이름으로 불려지고 있는 셈이다. 그런데 시인은 구멍을 통해 사랑을 해 왔다고 정직하게 고백하면서, <사랑은 불이다> 라고 정의함으로써 생명은 불에서 다시 사랑으로 그 외연이 넓혀지고 있다. 즉 생명은 불로서만 상징되는 것이 아니라, 이 시에서는 사랑으로도 상징되고 있다는 말이다. 시인이 노래하는 사랑이 생명이 될 수 있는 것은, 사랑은 나의 불이 너의 핵발

전소로 흘러들어가 구멍 안에서 또 하나의 불씨 알을 탄생시키는 행위이기 때문이다. 이렇게 시인은 생명의 생성공간인 구멍을 통해서 생명의 생성과 소멸의 신화적 공간을 마련하고 있다.

지금까지 몇 시인의 작품에 나타난 생명의식의 양상을 살펴보았다. 시인들이 생명의식을 드러내는 시적 대상이 다양하듯 그 구체적 양상도 다양하게 나타남을 확인할 수 있었다. 지면관계상 다루지 못한 이정록의 「못 자국을 따라서」 「나무도 가슴이 시리다」(시집 『의자』 중에서, 문학과 지성사), 함순례의 「K」(시집 『뜨거운 발』 중에서, 애지), 정한용의 「느티나무 그늘」(시집 『느티나무 그늘』 중에서, 문학동네), 이응인의 「푸른 우주」(시집 『어린 꽃다지를 위하여』 중에서, 신생), 정규화의 「늙은 나무 앞에서」(시집 『오래된 변명』 중에서, 신생), 김추인의 「늘보의 특강」 「속수무책입니다」(시집 『전갈의 땅』 중에서, 천년의 시작), 전성호의 「12월, 우포늪에서」 「여자의 꽃」 「초원의 민들레꽃」(시집 『캄캄한 날개를 위하여』중에서, 창비), 이승희의 「감자」 「수련」 「씨앗론」 「풀과 함께」 「식물기간」(시집 『저녁을 굶은 달을 본적이 있다』 중에서, 창비), 조동범의 「들소를 추억하다」 「생선」(시집 『심야 배스킨라빈스 살인사건』 중에서, 문학동네), 엄재국의 「봄」 「가을」(시집 『정비공장 장미꽃』 중에서, 애지) 등도 의미 있는 작품들이었다. 이 작품들도 지면을 달리하여 논의됨으로써 한국 서정시에 나타난 생명의식의 양상이 더욱 다양하게 펼쳐지길 기대해본다.

생명시의 여러 양상

아직 살아 있으니
고맙다

하루 세 끼
밥 먹을 수 있으니
고맙다

새봄이 와
꽃 볼 수 있으니
더욱 고맙다

마음 차분해
우주를 껴안고

나무 밑에 서면
어디선가
생명 부서지는 소리
새들 울부짖는 소리

「새봄.4」

이 시는 김지하 시인의 시집 『중심의 괴로움』(솔, 1994)에 나와 있는 「새봄」연작시 중의 한 편입니다. 9편의 「새봄」연작시가 실려 있는데, 그 중 9번째 시는 이미 중학교 국어교과서에 실렸습니다. 이 시는 연작시 중 가장 평범하면서도 생명의 의미를 새롭게 깨닫게 하는 「새봄.4」입니다.

시인은 우선 <고맙다>는 표현을 1연에서 3연까지 세 번 연발하고 있습니다. 그런데 그 고마움의 표현은 특별한 것에 대한 고마움이 아니고, 아주 평범하고, 일상적인 것에 대한 고마움입니다. 즉 1연에서는 <아직 살아 있으니> 고맙다는 것이고, 2연에서는 <하루 세끼/밥을 먹을 수 있으니> 고맙다는 것입니다. 그리고 3연에서는 <새봄이와/꽃 볼 수 있으니> 고맙다는 것입니다.

이는 너무나 평범한 일상에 대한 고마움의 표시입니다. 살아있음과 생존을 위해 먹을 수 있음과 계절이 찾아와 꽃을 볼 수 있는 것에 대한 고마움은 특별한 것이 없습니다. 그러나 이는 현대인이 잃어버리고 있는 중요한 부분을 짚어내고 있는 것입니다. 왜냐하면 욕망의 노예가 되어 살아가고 있는 많은 현대인들은 욕망에 짓눌려 자신이 살아있다는 것, 밥을 먹을 수 있다는 것, 봄에 꽃을 볼 수 있다는 것에 대해 감사할 수 있는 마음을 잃어버렸기 때문입니다. 그래서 현대인들이 일상의 삶에 대해 <고맙다>라고 진정한 고백을 할 수 있는 상태를 유지하기란 쉽지 않습니다. 이는 자신의 내면에 자리한 욕망의 덩어리를 어느 정도 비워내고 난 뒤에라야 가능한 고백이기 때문입니다.

존재하고 있다는 자체가 고맙게 여겨질 수 있기 위해서는 존재함이 얼마나 힘든 것이며, 어려운 것인가를 경험한 자만이 느낄 수 있는 경지입니다. 또한 하루 세끼 밥을 먹을 수 있음에 진정한 감사를 표할 수 있기 위해서는 세끼 밥의 소중함을 직접 체험한 자만이 이해할 수 있는 부분입니다. 1연과 2연의 고마움은 존재함, 그리고 생존의 차원이라면, 3연의 꽃을 볼 수 있음에 대한 고마움은 존재, 생존 이후에 덤으로 주어지는 삶의 체험이기에 <'더욱' 고맙다>는 표현을 사용하고 있습니다.

이렇게 일상의 삶에 진정 고맙다는 감정을 가질 수 있는 차원은 인간이 지닌 욕망을 최소화 시켰을 때에만 가능합니다. 어쩌면 인간이 지닌 헛된 욕망을 다 버린 상태에서 가능한 마음가짐입니다. 이 상태가 되었기에 4연에서는 <마음 차분해/우주를 껴안고>라는 차원에 들게 됩니다. 시인은 인간이 마음을 비운 상태를 마음 차분해지는 상태로 표현하고 있습니다. 그런데 중요한 것은 이 상태에서 시인은 우주를 껴안게 된다는 것입니다. 자신의 마음을 비울 때, 우주를 껴안을 수 있음을 노래하고 있습니다. 인간이 지닌 헛된 욕망을 버릴 때, 우주와 함께 호흡할 수 있는 상태가 가능하다는 말입니다. 그러한 상태에서 <나무 밑에 서면> 생명 부서지는 소리를 듣게 됩니다. <새들 울부짖는 소리가> 단순한 새소리가 아니고, 생명의 소리로 인식된다는 것입니다. 그러므로 이 시는 새 울부짖는 소리가 단순히 새가 우는 소리가 아니고, 생명 부서지는 소리로 들리기까지는 몇 단계가 전제되어야 함을 보여주고 있습니다.

즉 일상의 실존과 밥 먹고 살아간다는 사실이 고맙다라고 인식될 수 있는 자기욕망 조절이 이루어져야 하고, 그 상태는 마음 차분해져 우주를 껴안을 수 있는 단계로 나아가야 한다는 것입니다. 자신을 완전히 무화시켜 자아 속에 우주를 껴안을 수 있는 상태가 되었을 때, 생명의 소리를 들을 수 있다는 것입니다. 이는 바로 우주에 존재하는 모든 생명체가 서로 하나로 인식될 수 있을 때, 진정한 생명의 소리를 들을 수 있다는 것입니다. 김지하 시인은 그 소리를 듣고 있다는 것입니다. 그러므로 그의 생명사상은 장회익 교수의 온 생명 사상과도 멀지 않은 거리에 놓여 있습니다.

다음은 정현종 시인의 『견딜 수 없네』(시와시학사, 2003)에 실려 있는 시편 중에서 「비스듬히」입니다. 이 시는 생명의 본질 중의 하나인 각 생명체들 간의 관계성을 노래하고 있다는 점에서 새롭게 눈에 들어왔습니다.

> 생명은 그래요.
> 어디 기대지 않으면 살아갈 수 있나요?
> 공기에 기대고 서 있는 나무들 좀 보세요.
>
> 우리는 기대는 데가 많은데
> 기대는 게 맑기도 하고 흐리기도 하니
> 우리 또한 맑기도 흐리기도 하지요.
>
> 비스듬히 다른 비스듬히를 받치고 있는 이여.
>
> 「비스듬히」

모든 생명체들이 기대지 않으면 생명을 유지할 수 없음을 1연에서 제시하고 있습니다. 그 구체적인 대상으로 <공기에 기대고 서 있는 나무들>을 우선 주목합니다. 일반적으로 우리가 한 그루의 나무를 바라보면서, 그 나무 한 그루 한 그루는 독립적으로 서 있다고 생각합니다. 그것이 우선 일반인들의 눈에 들어오는 세계의 모습입니다. 그러나 시인의 눈은 좀 다른 시선을 견지하고 있습니다. 독립해서 서 있는 나무조차도 공기에 기대고 서 있다는 것이죠. 나무는 나무로서 독립해서 서 있는 것 같지만, 모든 생명세계의 관계성 속에서 보면, 나무는 그냥 독자적으로 서 있는 것이 아닙니다. 사람의 눈에는 안 보이는 공기에 기대어 서 있다는 것입니다.

그런데 여기에서 중요한 시어는 기댄다는 문맥적 의미입니다. 기댄다는 것은 한 주체가 타자에 도움을 받고 있다는 인식에 근거합니다. 자신에게 부족한 것을 타자에 의해 충족하고 있는 상태를 의미합니다. 그러므로 기댄다는 것은 어느 한 주체가 그 자체로서 완벽 혹은 온전할 수 없다는 것입니다. 생태론적 삶에 있어서 주요한 요소인 상호의존성을 강조하고 있는 것입니다. 이는 세계는 개별 주체들의 단순한 집합으로 보지 않고 모든 것이 상호간에 연관되어 있다는 전일적 체계에 의한 발상입니다.

이렇게 나무가 공기에 기대어 서 있는 것처럼 우리(인간)도 기대는 데가 많다고 시인은 분명히 말합니다. 인간은 어쩌면 홀로 서기 위해 성장을 계속해 가고 있지만, 다른 사람이나, 다른 것(인간외 다른 타자들)의 도움 없이 홀로 서는 과정이 이루어질 수는 없습니다. 그리고 홀로 섰다고 해도, 다른 것(타자)에 기대지 않고, 생명을 유지시켜 가기가 힘든 것입니다.

우리 자신을 스스로 생각해보면, 이는 너무나 분명히 잘 드러납니다. 현재까지 우리는 자신의 생명을 유지하기 위해서 얼마나 많은 타자들에 기대어 왔습니까? 이는 아무도 부정할 수 없는 것입니다. 이것이 시인이 말하는 <우리는 기대는 데가 많은데>라는 표현 속에 함축되어 있는 의미입니다. 그런데 시인은 그 기댐을 강조하기도 하지만, 더 나아가 그 기댐의 내용에 대해서도 노래하고 있습니다.

한 생명체가 생명을 유지하며 살아가기 위해서는 서로 서로 수없이 많은 기댐의 관계를 형성하기 마련인데, 그 관계의 모습이 <맑기도 하고 흐리기도 하>다는 판단을 하고 있습니다. 한 주체가 타자와의 관계에 있어, 그 관계가 맑거나 흐림이라는 것이죠. 그 관계에 따라 우리 또한 맑거나 흐리기도 하다는 것입니다. 이는 한 생명체가 지니고 있는 관계성에 따라 그 생명체의 상태가 달라짐을 의미합니다. 이는 관계의 질이 중요함을 내세우고 있는 부분입니다.

이는 분명한 자연현상이면서, 생명의 또 다른 비밀을 시인이 우리에게 제시하고 있는 부분입니다. 한 생명체가 기대고 있는 다른 것들과의 관계가 좋을 때는 우리 또한 좋지만, 그렇지 못할 때는 우리 또한 좋지 못함을 말합니다. 가장 민감한 것이 생명현상입니다. 그러므로 한 생명체는 기대고 있는 다른 생명체의 상태가 좋지 못할 때, 자연스럽게 거기에 감염되고 마는 것입니다.

그러므로 시인이 노래한 맑음과 흐림은 좋은/나쁜 혹은 정상적인/

비정상적인, 건강함/불건강함 등으로 그 의미가 확대재생산 됩니다. 주인과 노예의 관계도 상호관계를 형성하고 있습니다. 그러나 그 관계를 우리는 좋은 혹은 맑음의 관계로 평가할 수는 없습니다. 우리가 깨끗한 물에 기대어 살아갈 때와 오염된 물에 기대어 살아갈 때, 공기가 맑은 숲속에 있을 때와 오염이 심각한 도회 한 복판에 있을 때, 우리의 생명체가 느끼고 체득하는 결과는 매우 다른 것입니다.

인간과 자연과의 관계에서도 그렇지만, 사람과 사람과의 기대는 관계에서도 마찬가지입니다. 친구지간의 서로 기댐에서 우리는 얼마나 맑음을 경험합니까? 부모자식간의 기댐에서 우리는 흐림이 없습니까? 모든 인간관계에서 우리는 맑음과 흐림이 교차하며 순환하는 모습을 경험하며 살고 있지 않습니까? 흐려진 기댐의 관계를 어떻게 맑음의 기댐으로 전환해 갈 것인가가 우리 삶에서 중요한 과제가 됩니다.

한 생명체가 생명에 충일한 삶을 살기 위해서는 서로서로 비스듬히 받치는 관계를 철저히 인식하며, 살아가야 하는 것입니다. 이는 뻣뻣하게 독립해서 돌올하게 서 있는 자기충족적인 삶의 자세가 아니라, 겸손히 자신을 타자에 기대는 삶임을 이 시는 일깨워주고 있습니다.

강경주 시인의 「몰운대 산림욕장」은 그의 시집 『노섹스데이』(천년의 시작, 2004)에 실려 있는 작품으로 자연생태계의 한 공간을 구조적인 구도를 통해 보여줍니다.

나무들이 서로 등을 밀어주고 있다
껍질이 거칠수록 딱딱할수록
세월의 속살이 눈부시다
피톤치드 숲은 늘 혼수상태
몰운대는 종일 안개 속에서
몸을 씻는다
나무들은 냉탕 나무들은 온탕
구름이 몰려와 머리를 감는다
새떼들이 날아가는 저기
하는 높이 달려있는 수도꼭지
햇빛이 폭포수처럼 쏟아지고 있다

연 구분은 없지만, 이미지의 흐름에 따른다면, 4개의 의미단락 구분이 가능합니다. 이러한 구분은 시인이 견지하고 있는 시선의 교대에 의해 이루어지기도 하고, 서술종지부에 의해 마련되기도 합니다. 즉 3행까지는 시적 대상이 나무에 가 있습니다. 그 다음 시선이 옮겨져 6행까지는 몰운대 숲 전체로 시선이 옮겨집니다. 그리고 8행까지는 다시 나무로 시선이 옮겨졌다가 11행까지는 햇빛이 폭포수처럼 쏟아지는 하늘로 다시 바뀝니다. 시인의 시선이 1)나무 - 2)숲 - 3)나무 - 4)하늘로 바뀌고 있습니다.

그런데 1)의 나무와 3)의 나무는 그 위치가 달라집니다. 1)의 나무는 나무의 등에 시선이 가 있다면, 3)의 나무는 나무의 머리 부분에 가 있습니다. 그래서 시인의 시선은 몰운대 숲 속의 나무 등에서, 나무 머리로 나아가다가, 나무를 완전히 벗어나 하늘로 시선을 옮김으로써 시선이 상승하는 과정으로 전개됩니다.

이러한 시선의 상승과 함께 시 속에서 전개되는 시적 주체들의 행위속도 역시 <서로 등을 밀어주는>선에서, <몸을 씻>고 <머리를 감는> 보통의 속도에서 <햇빛이 폭포수처럼 쏟아지는> 급속도로 바뀌는 양상을 보입니다. 속도의 급진전과 시인의 시선이 고도화되는 상승의 이미지는 시를 역동적이게 합니다. 그러나 정작 중요한 것은 이러한 자연이 지닌 역동적 생명력입니다. 몰운대의 숲이 보여주는 생명력 있는 산림욕장이 일상의 삶에 지친 인간들을 활성화시킬 매개의 공간으로 형상화되고 있다는 점입니다.

시에서 만나는 몰운대 숲은 인간의 찌든 영혼을 목욕시킬 수 있는 목욕탕을 방불케 한다는 것입니다. 그래서 그곳은 나무들이 서로 등을 밀어주고, 몸을 씻고, 머리를 감는 행위가 이루어지고 있습니다. 이러한 목욕탕을 숲이 형성하고 있다는 점에서, 시인은 자연이 지니는 생성력과 재생력에 관심하고 있습니다. 더럽혀지고, 오염되고, 병든 생명들이 새롭게 재활할 수 있는 역할을 피톤치드의 숲이 감당하고 있음을 동적이고도 비유적으로 형상화 하고 있는 것입니다.

박규리의 「상추」는 그의 시집 『이 환장할 봄날에』(창비, 2004)에 실린 시편 중 그의 생명의식을 잘 보여주는 시입니다.

> 난이나 몇 촉 캘까 산을 헤맸다
> 개울 옆 후미진 비탈길
> 역한 냄새 진동하는 쓰레기더미 속에서
> 상추 몇 포기!

신비롭게 솟아 있는 것을 보았다
그래, 더러운 곳도 깨끗한 곳도
어느 쓸쓸한 세상 가장 낮은 곳도
가리지 않고 뿌리내리는 것이
생명이라 했던가
저 상추 몇 잎이
남도의 이름없는 절 뒷산을
이렇듯 아름답게 바꾸었다
숨이 막힌다
연꽃에만 진흙이 묻지 않으랴
두 손으로 감싸안은 상추에
역시 쓰레기 냄새는 배어 있지 않다
뜨거운 생명이 되기보다는
깨끗한 방안에 난분이나 앞에 놓고
나는 무슨 꽃 피우려 몸 닦았던가
아무도 거들떠보지 않는 상추를
가슴에 소중히 품고 일어서니
다기 내려가야야 할 산길이
환하게 일어섰다

난을 캐러 산을 오르는 시적 화자에게 쓰레기더미에 솟아 있는 상추 몇 포기는 별 볼일 없는 존재일 수 있습니다. 그것도 후미진 비탈길에 놓여있는 존재라는 점에서 마땅히 소외된 대상입니다. 아무 의미없이 그냥 지나칠 수 있는 상추가 시적 화자에게는 숨이 막힐 정도의 놀라운 대상으로 바뀌게 되는 경험을 이 시는 보여주고 있습니다. 어떻게 그러한 변화가 가능한가? 그것은 더러운 곳, 깨끗한 곳, 어느 쓸쓸한 세상 가장 낮은 곳도 가리지 않고 뿌리내리는 생명 때문입니다. 생명에 대한 인식이 상추를 새롭게 발견하게 된 것입니다. 생명을 가진 모든 대상들은 아무런 차이가 없음을 새롭게 인식하게 된 것입니다.

그러므로 시인은 연꽃의 생명과 상추의 생명을 같은 차원에 두고 있습니다. 인간은 이 우주의 중심이라고 생각하고, 인간 밖의 사물들에 대해 주변화시킬 뿐만 아니라, 그 각각의 개체에 대해서도 차별화와 서열화를 시도합니다. 그래서 모든 생명체들을 등급화하고 계열화 합니다. 생명은 높낮이의 잣대를 들이댈 수가 없습니다. 생명은 오직 생명으로 존재하면서, 서로 기대어 있지만, 각각의 고유성을 통한 다양성을 드러내는 특징을 지닐 뿐입니다.

중요한 것은 그 각각의 개체가 지닌 생명을 확인하고, 그 생명의 뜨거움을 감각하고, 마음에 간직하는 일입니다. <아무도 거들떠보지 않는 상추를/가슴에 소중히 품고 일어서니/다시 내려가야 할 산길이 환하게 일어>서는 놀라운 경험을 할 수 있기 때문입니다.

조달곤의 「뒤란이 시끌시끌해서」는 그의 시집 『뒤란이 시끌시끌해서』(작가정신, 2004)에 실린 시인의 전원의 삶이 그대로 묻어나는 시편입니다.

뒤란이 시끌시끌해서 문을 열고 나가보았더니 지난봄 왁자지껄 살구꽃 피던 살구나무 밑동에 낙엽들이 지천으로 모여 재갈거리고 있었습니다. 어제만 해도 뜰 안 여기저기를 서성이고 있었는데 이렇게 다들 모여 얼굴을 맞대고 있는 것은 지난밤에 불던 바람 때문은 아닐 것입니다. 밤새 무슨 전갈이라도 있었나봅니다. 살구나무, 배롱나무, 산수유, 단풍나무, 산벚나무, 은행나무, 담쟁이… . 낙엽들은 다가가는 내 발 소리를 듣고 귀를 쫑긋거리기도 하지만 자세히 보면 남의 등에 코를 박고 자고 있는 것도 있었습니다. 가지에 달려서 살던 재기발랄했던 젊은 날과는 다르게 한결 수더분해진 모습을 하고 마치 오랜 세월을 함께 살아온 부부처럼 서로의 얼굴을 닮아가고 있었습니다. 그들은 지상의 삶이 상처덩이라는 것을 아는 듯 서로가 서로를 업고 있었고 서로가 서로의 이불이 되어주고 있었습니다. 그리고 입도 안 아픈지 남의 귀에다 대고 '사랑한다 사랑한다'는 말을 계속 소곤대고 있었습니다. 한참을 짠해 있다 돌아서는 내 등 뒤가 뜨거워지고 있었습니다.

시는 가을날 떨어진 낙엽들이 바람에 불려 살구나무 밑에 몰려있는 모습을 보고, 그들의 형상을 의인화해서 보여주고 있습니다. 살구나무, 배롱나무, 산수유, 단풍나무, 산벚나무, 은행나무, 담쟁이 등은 모두 각자의 삶을 살아왔지만, 한 곳에 모이니, 모두 서로 얼굴이 닮았다고 노래합니다. 그리고 나아가 서로를 업고, 서로 이불이 되어주는 모습에 주목합니다. 이는 다양한 생명체들이 온 생명 안에 서로 깊은 연관을 맺고, 생태계를 이루고 있을 뿐만 아니라, 상호의존의 질서에 의해 유지되고 있음을 노래합니다.

그리고 그 의존의 질서를 가능하게 하는 토대가 사랑임을 시인은 놓치지 않고 있습니다. 등 뒤의 뜨거움을 감각하는 것은 바로 생명의 확인이며, 사랑의 전율입니다. 여기서 생명이 사랑이란 다른 이름으로 변용되고 있음을 봅니다. 떨어져 생명이 다한 낙엽을 통해 새로운 생명의식을 건져올리고 있는 시인의 시선은 철저한 생태주의자의 삶을 살지 않고는 불가능하다는 점에서 특기할만 합니다.

최영철의 「먹이사슬」은 그의 시집 『그림자 호수』(창비, 2003)에 실린 작품으로 우리가 먹는 모든 것들이 오염되어 그것이 사슬을 이루고 있음을 잘 보여줍니다.

> 낙동강 둔치에 뿌린 농약을 먹고 죽은 볍씨를 먹고 죽은 청둥오리를 먹고 죽은 참수리를 먹고 죽은 참붕어를 먹고 죽은 흑두루미를 먹고 죽은 폐유를 먹고 죽은 강물을 먹고 죽은 아이를 먹고
>
> 죽은 것들을 먹고 죽어가는 것들을 먹고 죽었던 것들을 먹고 죽어갈 것들을
> 회치고 버무리고 초고추장에 찍어
>
> 먹이사슬 꼭지점에 전신주가 서고 우후죽순 형형색색 네온사인이 번득이고 구름 뚫고 어제는 없던 전신주가 하나 더 서고 새로 생긴 꼭지점으로 돌진하던 새들이 흉흉한 눈빛으로 차례차례 머리를 쥐어박으며 떨어지고
>
> 행진
> 행진
> 끝나지 않는 행진

그래서 모든 생명체들이 죽음에 이를 수밖에 없음을 상징적으로

보여줍니다. 그러한 사슬을 <먹고 죽은>이란 시 표현의 사슬을 통해 드러내고 있다는 점도 흥미롭습니다. 그래서 그 사슬을 어떻게 끊을 것인가라는 현실적인 과제를 던져주고 있습니다. 시인은 그것을 끊는 길을 내보이는 것이 아니라, 오염된 먹이사슬의 행진이 끝나지 않고 더욱 견고하게 전개되고 있음을 노래합니다. 이를 통해 죽음의 행진을 넘어 생명의 길을 어떻게 열 수 있을 것인지를 고민하게 합니다. 죽음으로 이어져 가는 사슬을 끊고 생명의 사슬을 이어가는 길을 새롭게 생각하게 합니다.

배한봉의 「생명의 비밀」은 그의 시집 『우포늪 왁새』(시와시학사, 2002)에 실린 시편으로 우포늪 생태지킴이를 자청하고 나선 시인의 실제적인 경험의 소산입니다.

마름* 위에
노랑나비가 호롱불을 밝힌다

들여다보니
둥글게, 사방연속무늬처럼 펼쳐진
숟가락만한 잎들이 뻗어 나온 중심부에
쌀알 같은 흰 꽃 피어 있다

생이 서늘해진다
작아서 향기도 없을 것 같은
마름꽃의 미세한 떨림까지 찾아내는
나비의 갈증, 사방연속무늬는

이 나비를 위해
마름이 깔아 논 원앙금침이었을까

문득, 내 몸 속에서도
호롱불 켜지고
말밤 익는 가을
기다리는 꽃들이 자지러지고 있었다

* 마름 : 습지에서 자라는 풀. 우포늪 주민들은 '말밤' 이라고 부른다

그는 이 시에서 우포늪에 지천으로 펼쳐져 있는 마름을 노래하고 있습니다. 우선 마름 위에 날고 있는 호랑나비에 관심하고 있습니다. 호랑나비와 마름과의 만남을 통해 생태계 속에서 일어나고 있는 생명현상의 한 국면을 극명하게 보여줍니다.

마름은 일년생 식물로 그렇게 크지 않은 수중식물입니다. 그러므로 그 꽃도 그렇게 화려하거나 별나지 않습니다. 그래서 시인은 쌀알 같은 흰꽃이라고 표현합니다. 그 작은 꽃을 찾아든 호랑나비를 보면서, 시인은 생명의 서늘해짐을 느낍니다. 꽃과 나비의 만남 속에서 빚어지는 자연의 생명현상을 감각하고 있는 것입니다. 꽃을 찾아든 나비의 갈증을 생명으로 인식하고 있습니다. 생명에의 감각은 언제나 사람을 전율케 하고, 뜨겁게 하며, 역동적이게 만듭니다. 그래서 시적 화자도 노랑나비처럼 자신의 몸에 호롱불이 켜지고 있다고 노래합니다. 노랑나비가 마름 위에 호롱불을 밝히는 것이 삶의 몸 속에 호롱불을 켜는 것으로 동일화 되는 현상, 이것이 생명시가 지향해야

할 또 다른 한 모습인 것입니다.

지금까지 살펴본 몇 편의 시에 나타난 최근의 우리 생명시의 모습은, 주로 인간 중심주의를 벗어나 자연 혹은 생태중심주의를 바탕으로 한 심층생태학적 경향을 주로 보여주고 있습니다. 인간을 나무, 식물, 그리고 생태와 동일시하는 생태공동체적 삶의 모습을 보여주고 있기 때문입니다. 시는 언제나 감각을 통해 본질에 이르는 과정을 보여준다는 측면에서 우리시의 이러한 경향은 자연스러운 측면이 있습니다. 그리고 심층생태학적 지향은 인간의 근원적인 의식변화와 자기실천을 요구하고 강조한다는 점에서도 바람직한 방향이기도 합니다.

그러나 우리가 인간으로서 사회를 이루고 제도와 관습에 의해 삶이 지속되고 있다는 점에서 권위주의적이고, 위계질서적인 사회구조를 변혁시키는 것이 생태문제를 해결하는 또 다른 하나의 길이라는 것을 염두에 두어야 합니다. 즉 사회생태학적 사유를 통한 생명시의 방향찾기도 함께 추구되어야 할 과제임을 부기해 둡니다.

생명의식의 또 다른 모습들
- 손택수, 고증식 시인의 시편

봄은 생동의 계절이다. 생기가 만발하면서 생명이 용솟음치는 광경이 지천에서 펼쳐진다. 그 광경은 자연의 순리이기에 별스런 것이 될 수 없지만, 시인은 계절의 순환에서 빚어지는 생명의 역동성을 일상의 구체적 대상을 통해 별스럽게 드러낸다. 손택수 시인은 봄날의 꽃 이미지를 통해 생동하는 생명력을 보여준다.

남천동 벚꽃길
처녀 아이들이
사진을 찍는다
미니스커트 차림
드러난 허벅지와
종아리 맨살에 화르르
떨어지는 꽃비늘이
달라붙는다
저들 가슴에도 머잖아

버찌가 익겠구나
달콤한 버찌맛에 입술이
바닷빛을 띄겠구나
날리는 꽃비늘 비늘
활짝 핀 벚나무 아래
인어 하반신이 마구
파들짝거린다

「인어」

벚꽃이 피었다가 떨어지면서 꽃비늘로 변하고 있지만, 낙화의 이미지보다는 생동하는 분위기가 더욱 강하게 연출되고 있다. 활짝 핀 벚나무 아래를 지나는 처녀 아이들이 보이는 생기발랄함 때문이다. 벚꽃의 개화는 봄이 몰고 온 생명의 또 다른 한 모습이다. 그런데 그 생명을 벚꽃만을 통해서 인식하고 있는 것이 아니라, 처녀 아이들의 가슴에 전해진 생명감을 함께 드러냄으로써 생명의 역동성이 점층되고 있다. 종아리 맨살에 화르르 떨어지는 벚꽃의 꽃비늘이 인어의 하반신을 마구 파들짝거리게 만드는 과정으로 나아가는 시인의 감각은 생명감에 기초하고 있다. 봄의 화신 같은 벚꽃을 통해서 이렇게 봄의 생명감을 노래한 손택수 시인은 「산벚나무 그 이름」에서는 옛사랑의 추억을 현재화함으로써 사랑이 뿜어내는 생명감을 전하고 있다.

당신과 함께 보던 산벚나무 꽃이 피었습니다. 바닷가 산책길을 돌아 올라서던 언덕길 그 초등학교 앞 말입니다. 저 꽃가지를 흔들면 당신은 치마폭 가득 떨어지는 꽃을 받았지요. 꽃 속에 들어갔다 나온 벌처럼 온몸에 묻은 꽃가루 햇살을 떨며 저는 철없이 붕붕거리곤 하였지요. 그날 나무 등걸에 새긴 말들은 푸르른 망각을 향해 걸어갔습니다. 비바람에 쓸리고 수액에 말갛게 씻겨서 아무 일도 없었다는 듯이 지워져버렸습니다. 저 나무에게도 등걸에 후벼 파넣은 말들로 아픈 날 있었을까요. 흔적도 없이 아물어버린 상처들, 잊어버린 기억도 없이 잊혀진 이름들. 어쩌면 나무의 나이테는 나무가 혼자서 안으로 떨어트린 눈물의 파문일지도 모릅니다. 파문만 남고 말라붙어버린 연못을 저는 품고 있었는지도 모릅니다. 한 사람을 사랑했던 나는 어디로 갔을까요. 한 사람을 사랑했던 나는 또 어디로 흘러갈까요. 잊는다는 것이 잇는 것임을 이제 알겠습니다. 얽히고 설킨 기억들을 싹둑 잘라서 한 그루 산벚나무에게로 이어지는 길임을 간신히 알겠습니다. 당신과 함께 보던 산벚나무 꽃이 피었습니다. 꽃 속의 당신이 혼자 남은 저를 측은히 쳐다보고 있습니다. 꽃잎 하나 툭, 떨어집니다. 떨어지는 꽃잎 따라 산벚나무 그늘이 가만히 흔들리고 있습니다.

「산벚나무 그 이름」

산벚나무 꽃을 중심으로 시적 화자와 당신이 나눈 사랑을 세월이 지워버렸다. 그 시간들이 흔적도 없이 아물어버린 상처로, 잊어버린 기억도 없이 잊혀진 이름들로 변했다고 하지만, 사랑의 생명력은 사랑의 흔적을 생생하게 되살려내고, 잊어버린 기억을 재생시킨다. 그래서 시적 화자는 현재 시점에서 <당신과 함께 보던 산벚나무 꽃이 피었습니다> 라고 노래한다. 그리고 그 꽃 속의 당신이 시적 화자를 <측은히 쳐다보고 있>는 감정에 휩싸인다. 그 감정은 과거 속에 화석화되어버린 듯한 사랑을 새롭게 재생시키고 있다. 떨어지는 꽃잎 하나에 <산벚나무 그늘이 가만히 흔들리고 있>다는 시인의 감각은 이러한 정서를 간접화해 놓은 것이다. 사랑의 생명력만큼 강한 생명력을 구체적이고 즉물적으로 보여주는 시가 「꽃낙지」이다.

> 빨판에 나비가 들러붙는다 잉잉 벌떼도 들러붙고 스쳐지나가던 바람도 꼼짝 마라 머리끄쟁이 확 붙들린 채 끌려온다
>
> 저 꽃을 쳐서 입천장 무너져내리게 씹어먹어라 해종일 논밭 갈아엎고 기진해서 쓰러진 生口도 씹어먹어라 땀 뻘뻘 생의 뻘구멍에 붙들린 발목들 으샤 들어올려랴
>
> 찰싹 달아붙어 놓아주질 않는 너희들 단칼에 요절을 내주마 축농증에 걸린 내 코도 들러붙고
>
> 꿈틀꿈틀 물 오른 꽃가지 구멍 구멍마다 물컹한 생기가 도진다
>
> 「꽃낙지」

낙지의 흡인력은 그 무엇보다 강력한 생명력을 보여준다는 점에 시인은 관심하고 있다. 낙지가 생래적으로 지닌 강한 흡인력을 꽃이 나비나 벌을 불러들이는 힘으로 환치시켜놓고 있다. 그 힘은 '들러붙고', '끌려오고', '들어올리'는 동사적 서술어를 통해 드러나는데, 이는 낙지가 보여주는 생기발산의 여러 양태들이다. 이렇게 봄꽃뿐만 아니라, 낙지를 <꽃낙지>로 인식하면서 보여주는 생명감은 감각적이면서도 생동적이어서 별미처럼 느껴진다.

고증식 시인 역시 봄을 통해 생기가 사람에게 어떻게 작용하고 있는지를 「봄날은 간다」에서 재미있게 노래하고 있다.

동네 영감 둘 한판 붙었습니다
춘삼월 양지쪽에 앉아
주거니받거니 소주잔 정답더니
울컥 봄볕에 취했던 게지요
일흔 여섯 자신 우리 자형
일흔 셋 어린 것이 건방지다고
정의의 주먹 한 방 날렸습니다
그런데 글쎄요 그 시들시들한
한 평생 술 찌든 새털 주먹 한 방에
웬걸 경찰들 달려왔습니다
위아래 없다고 봉변 당한 어린 것
이빨 싸매고 병원에 드러누웠지요
어른신요 제발 합의 좀 보시라
사정사정 젊은 순경 목매다는데
인륜의 주먹 키켜든 우리 자형
울툭불툭 파출소 앞장섰습니다
아이고 이 화상아, 이 웬수야,
칠 남매 자식 볼까 남세스러라
하루 품 호미자루 내던진 우리 누님
부랴부랴 한발 앞서 달려갔지요
다들 봄 햇살에 너무 취했던 게지요

「봄날은 간다」

술에 취해 언쟁을 하다가 결국 경찰신세를 진 두 노인의 사연을 노래한 시이다. 그런데 언쟁의 원인을 시인은 술보다는 봄볕에 취해서 일어난 일로 단정한다. 여기에 시인의 남다른 시선이 작용하고 있다.

사람을 생동하게 하는 봄이 싸움의 원인이란 것이다. 봄의 계절이 안겨준 생기가 사람들의 기를 움직여 칠순의 노인네들을 생동하게 만들었다는 것이다. 시인이 노인네들의 언쟁과 주먹다짐의 원인을 술기운보다는 봄기운에 두는 것은 그만큼 계절의 생명력에 민감하게 반응하고 있기 때문이다. 이렇게 사람에게 전해진 우주 자연의 생기는 언쟁을 일으키기도 하지만, 생기를 가진 사람이 처한 주위를 새롭게 전환시키기도 한다. 이러한 모습을 「아내의 종종걸음」에서 만난다.

진종일 치맛자락 날리는
그녀의 종종걸음을 보고있노라면
집안 가득 반짝이는 햇살들이
공짜가 아니라는 생각이 든다
푸른 몸 슬슬 물들기 시작하는
화단의 단풍나무 잎새 위로
이제 마흔 줄 그녀의
언뜻언뜻 흔들리며 가는 눈빛,
숭숭 뼛속을 훑고 가는 바람조차도
제 종종걸음에 나가떨어지는 걸 보면
방안 가득 들어선 푸른 하늘이
절대 공짜가 아니라는 생각이 든다
제 발걸음이 햇살이고 하늘인 걸
종종거리는 그녀만 모르고 있다

「아내의 종종걸음」

아내의 종종걸음이 집안 분위기를 근본적으로 전환시키고 있다.

그러면 종종걸음의 정체는 무엇인가? 그 정체의 파악은 종종걸음이 미치는 결과를 통해서 가능하다. 종종걸음은 집안 가득 햇살이 반짝이게 하고, 방안 가득 푸른 하늘이 들어서게 만든다. 햇살과 푸른 하늘은 자연이면서 생기를 제공하는 상징물로서도 기능한다. 아내의 종종걸음이 바로 햇살이고 하늘이 될 수 있다는 것은 발걸음이 집안에 생기를 불어넣는 촉매가 되고 있음이다. 그러므로 종종걸음은 생기에 의해 자연스럽게 일어나는 생동력이다. 그 종종걸음을 그녀 자신이 모르고 있다는 것은 바로 그 생동함이 자발성에 의해 일어나고 있다는 증거이다. 생기를 발산하는 생명이 가진 특징 중의 하나는 자발성이다. 자발성에 의해 자연스럽게 흘러나오는 것이 생명체가 지닌 생명의 본질이다. 이런 생명체는 한 개체에서 비롯되지만 모든 생명체들은 생명의 사슬을 통해 공생의 생태계를 이룬다. 그래서 고증식 시인이 한 개체의 생명의식에 머물지 않고 더불어 사는 공생의 생태학적 사유를 「벌레가 먹고 내가 먹고」에서 내보이는 것은 자연스럽다.

열무 쑥갓 뽑아낸 자리
김장채소나 갈아볼까 하여
두어 두둑 밭고랑 다듬었지
이쪽 골엔 스무 폭 배추
저쪽 골엔 무 서른 폭
다독다독 마주보게 씨뿌려 놓았어
이만하면 겨울 김장 준비 끝

약 한 번 비료 한 번 없이 가끔
지나는 손님처럼 얼굴 내밀며
저절로 크는 줄 알았지
그런데 웬걸
게으른 주인한테 심통이 났는지
메뚜기에 방아깨비에
동네 놈팽이들 다 끌어들여
지지고 볶고 잔치가 걸더라구
저런 못된 것, 제 허연 속살
함부로 펴주며 낄낄대는 꼴이라니
피가 불끈 거꾸로 솟았지만
잠시 숨 고르며 생각해 보니
꼭 그러란 법도 아닌 것 같아
그래, 좋다
니들도 와서 같이 먹어라

모른 척 눈감고 돌아서 왔지

「벌레가 먹고 내가 먹고」

배추와 무우를 먹는 메뚜기와 방아깨비를 위하여 먹을 것을 나눈다는 것은 인간중심주의의 삶이 아니다. 이는 다른 생물들과 인간을 수평적 차원에 두고 있는 생태학적 사유에서 비롯된다. 일방적인 인간 중심의 삶의 방식이 아니라, 모든 생명체들이 함께 사는 길을 보여준다. 이 길이 생태계의 위기를 극복할 수 있는 하나의 길이라고 믿고, 시인은 이를 실천하고 있는 것이다. 생명의식은 생기를 통해 생동하는 모습으로 드러나기도 하지만, 구체적 실천이 자연스럽게 실현될 때, 그 의미가 더욱 깊어짐을 확인해 볼 수 있는 장면이다. 또 다른 생태주의의 삶의 모습을 보여주는 시편들이 지속적으로 노래로 들려지길 기대해 본다.

부산 시인들의 시에 나타난 생명의식의 현단계

한 지역 시인들의 최근의 작품들을 한 눈에 조감해 본다는 것은 여러 가지 의미가 있다. 그 지역에서 활동하는 시인들의 시적 경향을 전반적으로 살펴볼 수 있다는 점, 다양한 개성들이 어떻게 교차하면서 시의 다양성을 형성하고 있는지를 가늠해 볼 수 있다는 점, 한 지역의 시적 도정이 어디로 향하고 있는지를 추적해볼 수 있다는 점 등이 의미있는 항목으로 제시될 수 있을 것이다. 여기에서 논의되는 시 작품들이 의식적으로 생명시만을 지향해서 창작된 작품들이 아니라는 점에서 생명시를 논의하는 데는 한계는 있지만, 각 시인들의 최근의 자선작품들을 살펴본다는 점에서, 그리고 평소의 생명의식을 자연스럽게 살펴볼 수 있다는 점에서, 그 의의를 찾을 수 있다고 본다. 또한 여기에 실린 작품들이 부산시인의 모든 작품들이 총망라되어 있는 것이 아니기에 부산시단의 전면모를 다 논하기는 어렵지만, 어느 정도의 면모는 파악할 수 있으리라 기대한다. 논의의 길을 만들기 위한 하나의 도구는 생명의식이다. 여기서 말하는 생명의식은 한 마디로 규정하기는 힘들지만, 시인들의 시편에서 논의 가능한 포괄적이고 전반적인 생명의식이라고 이해하면 크게 무리가 없을 것이다. 생명시학의 범주에서 논의될 수 있는 생명의식을 말한다.

인류가 21세기의 문명을 자랑하고 있기는 하지만, 문명화 자체가 인간의 생명을 죽임으로 몰고 가고 있는 형국이다. 살림의 문화를 지향하고 있지만, 인간의 생명은 죽임의 문화에 포위당한 채 허우적거리고 있다. 이러한 이 시대의 정신사적 흐름에 맞설 수 있는 시적 대응은 생명에 대한 옹호며, 반생명적 삶의 환경에 대한 저항이다. 시인들의 시창작 행위 자체가 생명의식일 수 있지만, 여기서는 이러한 반생명적 시대에 시인들의 의식은 어떠한 지형도를 그리고 있는지를 살펴보고자 한다. 그러므로 이런 작업은 부산 지역의 시인들이 내보이는 시대적 의식에 대한 감각의 촉수를 확인하는 일이기도 하다.

1. 순수지향 혹은 본질 지향의 생명의식

시인들이 시를 통해 추구하는 세계는 다양하다. 그러나 그 궁극적인 지점을 확인해보면, 언제나 본질적인 것에로 수렴되고 있음을 본다. 시의 진실 추구가 언제나 본질적인 것과 맞닿아 있기 때문이다. 그런데 궁극적으로 이 본질은 언제나 생명의식과 맞닿아 있다. 김석규 시인의 「숫눈길」은 눈을 통해 그 순수의 세계를 지향하고 있다.

기침도 거짓말 않고 멎는 아침의 은세계
순백의 지도 위에 발자국을 찍자,
더 높은 곳도 더 낮은 곳도 없이
하나로 보듬고 선 세상 속으로
홀로 발자국 남기면서 가자.
백 년은 백년을 다 채우기엔 너무 멀어
가다가 눈보라를 만나거든
온 몸 부서지도록 뒹굴면서 가자
....
푹푹 발목 빠지는 첫사랑으로 가자

「숫눈길」 중에서

「숫눈길」은 새로운 세상을 경험하는 공간이며, 순수지향의 현실적 공간이기에 시적 화자에게는 벅차고 가슴 떨리는 공간으로 다가선다. 그래서 그 길에서 눈보라를 만나더라도 온 몸 부서지도록 뒹굴면서 가자고 권유한다. 이러한 의지의 표명은 순수한 세계에 대한 열망이 배태한 생명의식이라 할 수 있다. 생명의식의 충일은 현실적 장애를 뛰어넘는 확실한 전제가 되기 때문이다. 그러므로 <순백의 지도 위에 발자국을 찍>는 행위는 <첫사랑으로 가자>는 권유와 같은 맥락에 놓인다. 순수와 처음은 언제나 동전의 양면처럼 하나의 세계를 이루기 때문이다.

김석규 시인의 순수지향이 순수한 대상(눈)을 통해서 노래되고 있다면, 김철 시인의 순수지향은 비순수 대상이라고 할 수 있는 화장실을 통해 이루어지고 있다.

내가 사사했던 K 시인의 둘째 아들 아파트에는 화장실이 없다
아니 화장실은 있어도 우리가 대체로 알고 있는 그런 화장실이 아니다
하나의 방이다
붉은 카펫이 깔려 있어
부산의 옛 미군부대 하이얼리어 컴파운드의 장교 화장실을 연상시키는
그 집의 화장실에는
금붕어가 헤엄치며 놀고 있는 현란한 색채의 대형 중국 도자기가 놓여 있다
나는 이 화장실에서 생각했다
사람에 따라 화장실이 이토록 예쁜 방으로 바뀔 수도 있구나 하고 ....

「화장실」 중에서

김철 시인이 「화장실」 에서 노래하고 있는 화장실의 모습은 우리가 일반적으로 알고 있는 화장실이 아니다. 그가 노래하는 K시인 둘째 아들 아파트의 화장실은 <사실 화장실이 아니>라 <청결한 마음으로 속이 꽉 찬 지성>이라고 노래한다. 눈과는 대조적인 비순수의 대상을 통해 또다른 순수와 시인이 추구하는 본질의 세계에 접근해 가려는 의지를 엿보게 된다. 즉 원래 화장실이란 명명이 지녔던 본질 추구에 부수되는 생명의식을 엿보게 된다.

이들과는 좀 다른 차원에서 언어를 통해 본질세계에 접근하려는 몸부림을 지속적으로 보이는 시인이 허만하 시인이다.

세계의 밑바닥은 바다보다 깊다. 내일이 틀림없이 찾아온다면 시인은 정신보다 먼저 언어를 외롭게 사랑할 것이다. 새로운 관념을 낯익은 사물처럼 이름지어 부르며 언어의 가시에 조용히 상처입을 것이다

「바다의 문체」 중

언어가 자기를 낳은 침묵을 돌아보듯, 나는 흰 지면 위에 번지는 바다의 흔적을 바라본다. 침묵의 깊이에서 별빛처럼 떨고 있는 언어. 순백의 설원 쌓인 눈 무게 바닥에서 봄 풀처럼 노출을 기다리고 있는 언어. 내 손이 잡고 있는 펜의 첨단에서 한 방울 잉크처럼 떨고 있는 탄생 직전의 새로운 세계

「나는 시의 현장이다」 중

위의 두 시편은 독립적인 시편 같지만, 함께 읽어보면, 연속선상에 놓이는 문맥으로 읽힌다. 시인이 명명해야 할 세계의 밑바닥이 바다보다 깊다는 언표는 언어로 건져올려야 하는 본질 세계가 무한에 가까우며, 그렇게 만만치 않다는 시인의 고백이다. 언어가 세계를 드러내는 원 질료이며 언어 없이는 시인의 존재성이 무화될 수밖에 없다는 시와 언어와의 관계성에 대한 확실한 시인의 믿음에서 출발하는 시적 진술이다. 시인이 그 무엇보다 언어를 사랑할 수밖에 없는 이유가 여기에 있다. 그리고 시란 새로운 관념을 낯익은 형태로 사물화하는 작업임도 부가하고 있다. 추상적인 것을 구체화하는 작업이 시쓰기란 것이다. 이런 글쓰기는 결과적으로 새로운 하나의 세계를 탄생시킨다는 것이 시인이 의도한 시의 본질이다. 그 본질을 언어를 통해 드러낼 수밖에 없다는 시적 과정의 현실적이고 내면적인 체험을 두 시편을 통해 확인해 볼 수 있다. 이는 바로 시쓰기가 언어를 매개로 하나의 새로운 세계를 창조하는 작업이며 새로운 세계의 탄생을 의미하는 것으로 생명탄생과 같은 차원임을 말한다. 같은 선상에서 하나의 새로운 세계를 생성하는 과정을 노래하고 있는 권애숙 시인

의 「진경」도 생성의 과정이 보여주는 생명력을 내보인다. <무성한 별밭을 생성하는> 과정을 통해 하나의 세계가 생성되는 생명의 과정을 엿보게 된다. 김선희 시인은 「한시 반에서 두시 사이」에서 한밤 중에 전개되는 다양한 사건들 중에 태어나는 꽃의 탄생을 노래함으로써 생명의 탄생을 노래한다.

2. 시의 상상력을 극대화 하며 현실을 초극해 보려는 생명의지

시의 본질 중의 하나는 상상력의 산물이란 점이다. 그러므로 시의 생명력은 상상력에 의해 생겨난다고 볼 수 있다. 그러므로 시에서 상상력은 시의 생명력과 같다. 무한에 가깝게 그 생성력을 발휘해 가는 점도 서로 닮아 있다. 그래서 시적 상상력은 산문적인 서사구조를 넘어선다. 김혜영의 시편들이 보이는 특징은 이러한 상상의 힘을 가늠해 볼 수 있다. 「안개를 만드는 남자」의 설정 자체가 비현실적인 상상의 공간으로 우리를 유인한다.

> 이리와 안아 줄게
> 지퍼를 연다
>
> 안개를 만드는 남자가 떠올라요 영화 속에서
> 그 남자는 안개를 촬영했지요 흐물흐물
> 녹아내리는 그 남자, 다리가 떨렸어요

……………………………………………………

남자는 안개를 만드는 기계를
박스 안에 넣었어요 메마른 공기가
안개를 모두 쓸어 담아버렸지요
「안개를 만드는 남자」 중에서

시적 상상력의 힘은 시공간을 마음대로 넘나들 수 있다는 점에 있다. 안개를 만드는 남자로 설정된 시적 주체를 중심으로 펼쳐지는 바다의 시공간은 다양하게 분사하는 원심력의 이미지로 채색되고 있다. 김혜영의 시적 상상력에 못지 않은 그 폭을 내보이는 시인이 정익진 시인의 작품들이다.

비행기 추락사고 이후나 이혼한 부부를
위한 식단, 그리고
블랙홀을 발견하기 이전과 배아줄기세포의 발명
그 이후라든지,

신기루가 사라지고 난 뒤나
아니면 사자에게 물려가기 직전의 메뉴

국회도서관 계단을 오르는 돼지들
국회의사당 밖에서는 황소 떼가 몰려오지요

……………………………………………………

그 외,
외식업계의 더한 발전을 위해서는
지구 밖에서 존재하는 음식들, 말하자면

전생에 먹었던 혹은 죽음 이후의
메뉴 정도는 개발되어야 하지 않을까

「외식업계」 중에서

「외식업계」에서 확인할 수 있는 그의 시간의식은 전생에서 죽음 이후까지에 걸쳐 있으며, 공간은 지구 밖으로까지 나아간다. 단순히 시공간의 확대가 상상력의 폭과 깊이를 보장하는 것은 아니지만, 이 시공간 속에서 펼쳐지는 다양한 이미지들은 어느 정도 상상력의 폭을 보여주고 있다. 이렇게 상상력의 작동이 한 편의 시 속에 여러 시적 대상을 통해 분사되는 경우도 있지만, 조말선의 시편「내향적인 변기」처럼 한 시적 대상을 중심으로 상상력을 펼치면서, 그 세계가 또 다른 하나의 세계를 상징하는 단계로 나아가는 경우도 있다.

얌전한 입 속의 혀 때문에 우리는 사귀었다
혀는 돌돌 악취를 말아 쥐고 있었다
그리고 전혀 얌전하지 않게 되었다
연인이 되자마자 변기로 돌변했다
출산도 갈등도 없었으므로
생산적이지 못했다
반성하지 않고
의심하지 않고

제 입가를 닦아야했으므로
악취는 깊이 증식했다
연인이 된 후
우리는 서로의 변기로 변모했다
....
「내향적인 변기」

표층의미는 변기 이야기인 것 같지만, 결코 단순한 변기 이야기를 노래한 것이 아니라, 두 사람 사이의 만남 이후의 과정을 드러내고 있다. 그러나 시인에게 있어서 그 상징은 언제나 새로워져 가야 한다. 낡아서 기성화 되어버린 상징을 새로운 상징으로 해석해 내는 세계가 시인이 창조하는 세계이기 때문이다. 여기에 시인이 상상력을 통해 창조해 내는 생명력의 작용을 볼 수 있다.

3. 일상에서 만나는 생명의식

삶이란 무엇인가? 일상의 반복이다. 그 일상은 시간을 퇴적시키면서 생을 막장으로 몰아간다. 누구나 죽음의 시간에 임박하게 된다. 박응석의 「드로잉」은 죽음 앞에 서 있는 한 사나이의 삶을 그리고 있다.

시간이 숨가쁘게 달리다 퇴적된 세월 잘못 걸린 음반테이프도 제 멋대로 돌다 감겼다 풀렸다 반복한다 .... 방사선도 제어하지

못하는 암세포 덩어리들이 한 사나이의 생애를 무자비하게 작살내고
있다 초점 잡히지 않는 눈은 멀리 원경을 살피는지 애매하기만 하다
쓰다 귀가길 시커먼 어둠이 뒤따라 오고 있어서 더 쓰다

「드로잉」 중에서

그의 임박한 죽음을 바라보며, <쓰다>라는 한 마디만을 내뱉을 수 밖에 없는 타자의 죽음을 통한 생에 대한 감각적 인식은 덤덤한 것 같지만, 결코 그렇지 않다. 타자에게 다가서는 죽음을 바라보며, 소멸되는 생명에 대한 안타까움이 외마디를 남기고 있다. 외마디의 아픔은 그만큼 더 깊은 생명에 대한 사유를 내장하고 있는 것이다. 박응석 시인이 죽음을 통해 생명의식을 드러내고 있다면, 이상개 시인은 「불씨」를 통해 생명의식을 엿보인다.

나는 잿더미 속
불씨 같은 사람
때가 오면 살며시
기지개를 켜고 일어나
활활 타오를
잉걸불 불씨

「불씨」

생명의 특징은 끝임없는 지속성에 있다. 잿더미 속 불씨는 불씨가 사라진 듯 하지만, 사라지지 않고 그 불의 생명을 이어가는 씨가 된다. 불씨는 불의 생명을 이어가는 힘이며 근원이다. 불씨만 존재한다면, 불은 꺼지지 않고 그 존재를 이어갈 수 있다. 활활 다시 타오를 수

있는 근원을 지니고 있는 셈이다. 다 사그라져 겉으로는 생명이 다한 것 같지만, 씨만 남아 있다면, 다시 그 생명은 살아날 수 있다. 생명의 상징처럼 여겨지는 불씨를 노래하고 있음을 통해 시인의 생명의식을 엿보게 된다.

자연의 생명성을 잘 보여주는 대표적인 대상이 나무이다. 나무의 이미지가 인간을 닮아 있어, 시인들은 이를 시적 대상으로 곧잘 등장시킨다. 그러나 시인들이 선택하는 나무는 다양하고, 그 의미부여도 사뭇 다르다. 윤상운 시인은 「잘 휘어진 소나무」를 통해 그의 독특한 생명의식을 내보인다.

가야산이나 속리산의 기품 있는 소나무들
팔 벌려 안고 있으면
하늘 아래 사는 모습 치고
잘 휘어진 소나무만한 게 어디 있을까
하늘이 주는 대로 견디며
안으로 홀로 삭인
저 휘어진 시간에 담긴 고요
눈 감고 더듬어 가면
허공에 맴도는 은은한 향기
언제부턴가 산이 소나무를 데리고
내 가슴에 자리 잡았다
아무도 모르게 나의 영혼은 소나무를 닮아
하늘을 향해 조금씩 휘고 있다.
하늘과 땅의 조화의 지점을 찾아
허공에 새긴
고뇌 속에 태어난 지울 수 없는 선형(線形)

「잘 휘어진 소나무」

시인이 닮고자 하는 잘 휘어진 소나무의 모습이 생겨나기까지는 <하늘이 주는 대로 견디며>, <안으로 홀로 삭인> 시간의 나이테가 필요했다. 이는 소나무가 지닌 생명력이며 자연이 주는 생성력이다. 이런 모습으로 자리하고 있는 소나무를 시인이 닮아가고자 한다. 여기에 시인의 생명의식이 투영되어 있다. 휘어진 소나무로 표출된 생명력은 쉽게 형성된 것이 아니라, 하늘과 땅의 조화의 지점을 찾아 선형을 이루었다는 점에서 생명의 또 다른 의미를 읽게 된다. 즉 생명의 본질은 하늘이나 땅 어느 한 세계로의 기울어짐에 있는 것이 아니라, 두 극단의 세계가 만나 조화를 이루는 곳에 있음을 노래하고 있다. 생명은 두 극단의 세계가 갈등하고 충돌하는 고뇌의 시간을 필요로 한다는 것이다. 고통의 시간은 아름다운 생명을 탄생시키는 전제가 되는 셈이다.

자연 속에서 자란 소나무의 생명성도 중요하지만, 자연과 우주를 감각할 수 있는 삶의 공간이 있다면, 그곳 역시 자연의 생명을 감각할 수 있는 곳이다. 조의홍의 「서투른 기록 · 92」가 그런 공간을 떠올리게 한다.

> 별들이 많다는 운현리에 가면 나무들이 바람에 눕는 일, 햇빛 속으로 새들이 날아가는 일, 물이 흘러 바다에 닿는 일을 알아 봐야지. 또 내 메모 속에 아직 잠들지 못한 겨울 흰 눈 속으로 새파란 달빛 쏟아지는 세상 이야기를 알 수 있을까. 밤이 깊어 운현리 별들이 사라지기 전에 운현리에 가서 이 일들을 털어 놓을 수 있을까.
>
> 「서투른 기록 · 92」

별들이 많다는 운현리 공간은 아직 문명의 그늘이 비켜 서 있는 공간으로 노래된다. 자연이 그대로 살아 숨쉬는 공간이기에, 그 자연의 생명과 접할 수 있는 장소로 제시된다. 이러한 구체적 공간으로 신진 시인은 「정삼자 여사의 마당 깊은 집」을 노래한다.

> 수산리 반마을 언덕빼기 작고 낡은 초가지붕 흙벽돌집이 우리 집이었지. 마당이라 해야 있으나 마나 해서 거적 하나 깔고 짚단 쌓아 놓으면 툇마루며 안방이 맨발에 통했지. 동네 마실이라도 갈라치면 쐐기풀에 다리 베면서, 휘휘 휘추리 흔들어 아래로 독사 쫓고 위로 땡벌 쫓았지. 그래도 어째 맨날 웃고 살았나 몰라
>
> 「정삼자 여사의 마당 깊은 집」 중에서

문명화된 삶은 아니지만, 자연과 인간이 크게 분리되지 않고 함께 어우러져 살아가고 있는 삶의 정경을 엿보게 한다. 그런 삶 속에서도 매일 웃고 살 수 있었던 이유는 무엇인가? 인간과 인간 그리고 자연과 인간 사이에 갈등이나 부조화가 크게 없었기 때문이다. 사람이 사람을 수단화하고, 사람이 자연을 수단화하면서 조화로운 관계는 상실되고, 그 이후로 자연성은 소멸되었다. 이런 자연성의 소멸은 문명화의 강도만큼 인간의 삶을 부자연스럽게 만들고, 인간 삶을 반생명적인 상태로 몰아왔다. 시인이 잃어버린 자연성을 노래하고 있다는 것은 바로 이러한 생명의식의 발현인 것이다. 또 다른 차원에서 생명성을 확인하는 공간이 유명선 시인의「자갈치」이다.

땀내 헝크러진 고기비늘처럼
아지매들의 외침이 삶의 절정이다
살기 위한 욕망이 온통 절규가 되어
민중의 외침이 되어
생명의 터전을 키우는 시장터
눈물도 메말라버린 세상을 뚫고
억척같은 터널을 지나온 긴 세월동안
이젠 우릴보고 남정네라 불러도 좋다
모두들 삶에 도통한 도사처럼
넉넉한 마음을 간직한 자연산 부산 아지매
'오이소, 보이소, 사이소' 펄럭이는 깃발처럼
힘겨운 날 살고 싶은 희망을 실어다주는
-메루치 팔딱 뛰는 부산항구 제1 번지-
이곳이 자갈치다.

「자갈치」

생존을 위해 일하는 자갈치 시장, 그곳은 살아 있는 사람냄새가 풍기는 곳이며, 생명의 가장 현실적인 모습들이 넘쳐나는 공간이다. 인간이 살기 위해 살아 펄뜩이는 생명을 팔아야 하는 시장이기 때문이다. 이렇게 생명이 생동하는 공간이기에 <힘겨운 날 살고 싶은 희망을 실어다주는> 촉매제가 되기도 한다.

일상 속에서 만나는 전쟁은 인간의 생명을 가장 직접적이고 생생하게 인식하는 매개이다. 죽음의 경험은 그것이 직접적이든 간접적이든 생명의 본질을 새롭게 돌아보게 만들기 때문이다. 서규정 시인의 「에덴 그쪽」은 죽음으로 이어지는 전쟁의 소식이 인간의 생명을 다시금 자각하게 만든다.

반이다 반, 악인가 하면 독이여서
내 속을 뒤집어 놓고 떠난 원수도
자꾸 눈에 밟혀 절반은 용서가 되는데
달이 가끈 그쪽의 해는 정말 두 쪽일까
가자지구에선 어린 아이도 폭탄에 맞아 죽고
무차별포화 피 냄새까지 배달되는
뉴스 화면을 한쪽 눈은 켜고 한쪽은 감고 읽는
「에덴 그쪽」

인류 역사에 존재했던 많은 전쟁이 평화를 내세운 것이었지만, 전쟁 그 자체는 결코 선일 수 없었다. 평화를 위한 전쟁이지만 전쟁은 죽음과 전쟁의 부산물을 남기기 때문이다. 특히 인간생명의 무참한 학살은 전쟁의 비극성을 인식시켜왔다. 전쟁을 통해 생명의 존재를 또 다른 차원에서 인식하게 된 것이다.

생명의 본질 중 또 다른 하나의 양태는 자유성에 있다. 구속이나 규제는 생명을 제대로 성장시키지 못하기 때문이다. 기계적인 규격 속에 묶이거나 제도 속에 갇힐 때, 생명의 활동은 위축된다. 그러므로 시인들의 자유로운 삶에 대한 구가는 생명의식과 서로 맥을 같이 한다. 조풍호 시인의 「조방 앞」은 이러한 생명의식의 일단을 엿보인다.

8시간 노동제를 실시하라! 찌렁찌렁했던 외침이 시민회관, 범일전

화국, 행복예식장, 케이티전화국, 수 웨딩홀, 주춧돌들 밑에 깔린 지
반 백년이 더 지나서도 살아 있는 공장 앞.

「조방 앞」 중에서

제대로 쉬지도 못하고 오직 노동에 시달려야 했던 옛 조선방직공장의 노동자의 노동자유에 대한 외침이 아직까지도 살아 있다고 시인은 노래한다. 이는 그만큼 시인 자신이 지녔던 자유 정신에 대한 희구가 강했음을 말한다. 이 자유정신은 시인이 지닌 생명의식이다. 자유정신은 이렇게 권리를 주장함으로써 표출되기도 하지만, 갇힘 자체를 인식함으로써 자유를 새롭게 인식하게 되기도 한다. 전홍준의 「동물원에서」가 이런 경우이다.

원숭이가 바라본다

나는 밖에서 보고
놈은 안에서 본다

자유를 들먹이며
바나나를 던져준다

깨끗이 먹어치운 녀석이
슬픈 눈으로 바라본다

뒤돌아 본다
아무도 없다

아,

나도 회색도시의 우리에 갇힌
한 마리 원숭이!

「동물원에서」

동물원에 갇힌 원숭이를 바라보며, 자유를 떠올린다. 그러나 결국 시인이 노래하고자 하는 바는 자신의 존재 역시 원숭이와 같이 갇힌 신세라는 점의 인식이다. 현대도시 문명 속에 살고 있는 모든 자들은 다 회색도시의 우리에 갇힌 자라는 것이다. 갇힘을 인식함으로써 자유를 새롭게 깨닫게 된 것이다. 갇힘을 통해 자유를, 자유를 통해 새로운 세계로 나아가려는 생명의식을 보여주고 있다.

봄은 생명의 시작을 알리는 전령사처럼 자리하고 있다. 그래서 봄은 생명의 원형처럼 각인되어 있다. 지운경의 「아름답고 잔인한 봄날」은 그러한 계절의 생명성을 떠올린다. 특별히 <생의 절정에서 스스로 산화해버리는> 동백을 노래함으로써, 생명의 피고 짐을 통해 봄의 아름다움과 잔인함의 양면성을 인식하게 한다. 꽃의 피어남은 아름답지만 소멸은 그렇지 못함을 통해 생명의 생성과 소멸이 주는 의미를 떠올린다. 생명의 본질의 하나가 생성과 소멸이기에 생명이 생성된 근원에 대한 의식은 언제나 생명의식의 한 켠에 자리하고 있다. 그 근원의 하나가 고향의식이다. 배기환 시인의 「해변공원」에서 이런 의식과 만난다.

멀쩡한 바다 한 귀퉁이 야금야금 뜯어 먹고
세상에 태어난 해변공원은 원래 바다가 조상이고

바다가 고향이고 바다가 그의 호적 등본이었다
지금 초조하게 참수형을 기다리며 수족관에 대기 중인
저 가엾은 어족魚族들은 모천을 찾아 안식에 드는
연어들처럼 고향과 조상을 찾아 온 셈이다
저네들도 이제 뼈를 묻기 위해 결국
그들의 고향으로 귀소歸巢한 것이다

「해변공원」 중에서

지금은 해변공원으로 변했지만, 원래 이 공간은 바다였음을 노래하고 있다. 그래서 <원래 바다가 조상이고 바다가 고향이고 바다가 그의 호적등본이었다>고 그 원래성을 강조하고 있다. 해변공원뿐만 아니라 수족관에 갇혀있는 어족들 역시 그들의 고향과 조상을 찾아 귀소한 것이라고 노래한다. 이러한 귀소본능에 대한 특별한 인식은 근원에 대한 인식으로써 생성의 원 시공간으로 회귀하고자 하는 생명의식의 발현으로 보인다.

일상에서 만나는 가장 흔하면서도 귀중한 생명력의 하나는 사랑이다. 사랑은 모든 살아있는 것들을 움직이게 하고 변화시키는 가장 강력한 힘이기 때문이다. 그 사랑의 힘이 원무현 시인의 「물결」에서 감각된다.

마디를 가진 대나무는 위로 흐르는 물결을 가지고 있다
마디가 없는 수목도 물결을 가지고 있다
바람이 불 때 푸른 잎사귀가 강물처럼 반짝이는 것은
발아에서부터 백년 이백년

나무의 몸속에 세월의 물결이 흐르기 때문이다
암수가 한 몸 되어 지붕을 덮고 있는 기왓장에도 물결은 있다
신라 땅 경주의 흙으로 구운 저 기왓장은
굳이 손이 아닌 눈으로만 쓰다듬어도
달빛 속에서 사랑을 나누던
아사달 아사녀 뜨거운 숨결이 만져진다
그 숨결, 천년을 넘어 예까지 흘려보낸 물결이 내 안에 밀려온다
열손가락 끄트머리마다 일어나는 파문이 저릿저릿하다

「물결」

대나무가 위로 향해 생명을 펼쳐나갈 수 있는 힘은 대나무 위로 흐르는 물결이 있기 때문이라고 노래한다. 그러므로 시인이 노래하는 이 물결은 모든 수목을 생장시키는 생명력이다. 그런데 이 물결은 수목에만 한정되어 있는 것이 아니라, 암수가 한 몸 되어 지붕을 덮고 있는 기왓장에도 흐른다고 노래한다. 기왓장에서 물결을 감각할 수 있는 것은 아사달 아사녀의 뜨거운 사랑을 숨결로 느낄 수 있기 때문이다. 숨결과 물결이 하나의 맥으로 이어지면서 생명의 물결은 사랑의 숨결로 전환되고 있다. 결국 물결은 숨결로 생명은 사랑으로 전환됨으로써 사랑의 노래는 생명의 노래가 되고 있다. 그 사랑을 열손가락 끄트머리마다에서 감각함으로써 사랑은 관념이 아니라 역동적인 힘임을 내보인다. 강문출 시인은 이런 사랑의 힘을 「난로 심지 돋우는 소리를 듣다」에서 난로의 열기가 아니라, 사람의 열기를 통해 감각하고 있다.

4. 여성들이 감각하는 생명의식

시에는 시 자체가 지니는 생명력이 있다. 살아 있는 시의 특징이다. 시가 살아 움직일 때, 소위 시의 생명력이 존재한다. 그러면 시 자체의 생명력은 어디서 오는 것일까? 결국 언어를 어떻게 부리느냐의 문제이다. 시적 대상을 어떻게 언어로 살아 움직이는 구체적 실체로 살려내느냐 하는 문제이다. 언어에 대한 남다른 감각과 배치의 솜씨가 시의 분위기를 살아 있는 한 생명체로 승화시킨다. 이러한 시의 생명력을 송유미 시인의 「된장찌개 속에 넣어서 끓인 말」에서 확인할 수 있다.

> 말을 한다는 것, 시를 쓴다는 것, 단어를 고른다는 것, 편지를 쓴다는 것, 수사를 한다는 것, 형용을 한다는 것 등 사전에 담긴 말을 어떻게 요리하느냐가 될 것이다. 동사를 찾으면 말은 달린다. 형용사를 찾으면 꽃이 핀다. 페이지를 넘기면 바다가 넘실댄다. 빈 의자에 앉으면 누가 곁에 와서 말을 건넨다. 우왕좌왕 하다보면 내가 할 말을 잃어버린다. 멀리 달아난 내 유년의 말들이 고무줄뛰기를 한다. 땅빼앗기를 한다. 관형사를 찾으면 강물에 떠내려가는 지붕들, 돼지들, 의자, 신발짝… 그 시뻘건 흙탕물 속으로 세상의 말이 콸콸 쏟아진다. 진달래꽃길 걷다보면 소월을 만나 영변 약산까지 걷는다. 미당을 만나 이야기하다보면 나는 선덕여왕이 된다. 오래도록 쓰지 않고 남겨 둔 말을 찾는다. 빗살무늬 동경, 토우, 고분, 독무덤, 풍로, 숯불, 참빗, 장독, 채송화, 솜이불 … 깊은 무덤 속에 잠자고 있다. 명사인 그대, 당신, 어머니, 아버지, 할아버지, 아이들, 남편, 며느리… 글자 맞추기 같은 낱말들을 맞추다가 보글보글 이 하루 된장찌개 속에 보글보글 …
>
> 「된장찌개 속에 넣어서 끓인 말」

낱말을 맞추어 보글보글 끓는 된장찌개를 만들 수 있다면, 그 시는 살아 있는 시가 된다. 살아 움직이는 역동성을 내비치는 시로서의 모습을 충분히 느낄 수 있기 때문이다. 그러나 이렇게 생명이 약동하는 시를 만드는 일이 어찌 그리 쉬운 일이랴. 그래도 이를 포기하지 않고 부단히 시도하는 숙명의 존재가 시인임을 어찌하랴. 송유미 시인이 보여주는 언어에 대한 감각을 통한 시의 생명감과 비슷한 차원에서 시적 감각을 통해 시 자체의 생명감을 건져올리고 있는 시인이 송진이다.

> 나 여기서 만나기로 한 애인 있었으면 좋겠네 햇살이 억새의 목에 보랏빛 머플러 감싸주듯 나도 그렇게 따뜻한 엄지손가락 있었으면 좋겠네 풀벌레 뛰어다니는 언덕, 무명 머리카락 어루만져주는 바람 그대가 나의 애인인가 무덤 속에서 흘러나오는 나무 향기 그대를 따라 걷는다 바람의 창과 창 사이 배고픈 낮달 보인다 투명한 지문 노출되는 정오 나는 햇살갑옷 입은 애인 기다리며 세 귀 달린 물항아리를 인다
>
> 「노출박물관」

시적 대상을 드러내는 데 사용되는 감각적 표현은 시적 생명을 느끼게 하는 중요한 방식이다. 감각적 표현이 실질적이고 구체적인 생동감을 전달하는 길이기 때문이다. 억새의 목을 감싸주는 햇살, 머리카락 만져주는 바람, 무덤 속에서 흘러나오는 나무 향기 등의 감각적 표현으로 형성되는 이미지는 역동적 상태를 빚어냄으로써 시에 생명력을 더해주고 있다.

생태계의 생명의 유지는 먹이사슬이라는 자연의 또 다른 질서 때문이다. 먹고 먹히는 생태계의 먹이사슬은 겉으로는 비생명적인 것 같지만, 그 실질은 생명적이다. 먹고 먹히는 관계성 속에서 생명의 그물이 형성되어 생태계의 질서가 형성된다. 한 생명의 먹힘을 통해 또 다른 생명은 생명체계를 이어가기 때문이다. 권정일 시인은 「사냥」을 통해 동물들의 이러한 생명질서를 보여준다.

> 사자는 지금 혈안이다 먼데서 무리지어 오는 희미한 피 냄새를 맡았다 초원의 크다란 수염을 세우고 무차별 달린다 우수수 죽음을 건너야 하는 얼룩말의 순한 슬픔은 사바나를 벗어나지 못한다 之之之 혼선인 얼룩말과 격정에 이른 사자 사이, 야생의 배후는 안광이다 얼룩이 점점 어두워지는 얼룩말은 언제나 척박한 곳으로 몸을 가둔다
>
> 사자후,
> 단지 사바나 끝까지 가지는 않는다
>
> 「사냥」

사자가 자신의 생존을 위해 얼룩말을 사냥하는 광경을 이미지화해서 보여주는 장면이다. 자신의 삶을 위해 타자의 생명을 탐해야 하는 동물세계의 양육강식의 논리는 자연 속에서는 분명 하나의 질서이다. 그 질서 속에서 생명이 존재하는 또 다른 한 양상을 본다. 야생의 동물이 지닌 생명력은 먹이사슬로도 엿볼 수 있지만, 그러한 야생의 동물성을 가슴에 간직함으로써 또 다른 생명력을 노래하기도 한다. 한창옥 시인의 「내 안의 표범」이 그러한 경우이다.

그래요 .... 그래요
내 안에 표범이 들어왔어요
이슬같은 눈빛의 표범
....
태고적 생명 아름다운 태아 같아요
머리털에 배인 야생의 그리움이
눈물로 번져나고 있어요

「내 안의 표범」 중에서

삶이란 터에 뿌리를 내리고 사는 것이다. 소위 주변인들은 이 터잡기가 그렇게 쉽지 않다. 늘 밀리는 삶에 익숙하기 때문이다. 그렇다고 이들이 생에의 의욕까지 상실한 것은 아니다. 오히려 이들이 지닌 삶에 대한 생명력은 남다르다. 그 생명력을 최정란 시인의 「밀려나다」에서 확인한다.

도시의 접경이지만 도시 소속은 아니다
구부정한 어깨 위에 색이 바랜
구겨진 종이 같은 표정을 짓는 마을
푸르스름한 하현 달빛이나
전구가 나간 가로등 아래로 이따금씩
이삿짐인지 가출보따리 인지 잘 구별되지 않는
단출한 차림새가 소리없이 들어온다
마을로 스며든 사람들은
주민등록 전입신고를 꺼린다
언제라도 떠날 준비가 되어있어
뿌리내릴 소속감이 없고

굳이 소속이라면 생이 소속이다
오래 있지 않을 것처럼
아주 잠시만 머무를 것처럼 말하지만
마을은 턱뼈가 매우 완강하여
한 번 마을의 입 안으로 밀려들어온 사람들을
쉽게 놓아주지 않는다
다행히 마을 사람들은 생명력이 끈질기다
급소를 물려 흔들리다 패대기쳐진
생의 예방접종으로 면역성을 키웠다

「밀려나다」

도시로부터 밀려나, 도시주변부에서 삶의 터를 잡고 살아가는 사람들의 생에 대한 생명력을 보여준다. 언제라도 떠날 준비가 되어 있지만, 쉽게 떠날 수는 없는 이들의 생이 여실히 들여다보이는 듯하다. 밀리고 밀리면서, 생의 예방접종을 맞고, 면역성을 키워 끈질긴 생명력을 소유한 이들의 삶의 생명력을 만난다.

생태학적 생명의식의 한 특징은 인간과 자연의 경계가 허물어지고, 인간 속에 자연이 자연 속에 인간이 들앉아 서로 하나의 관계를 형성한다는 점이다. 유지소 시인의「왼돌이달팽이」에서 이러한 생명의식의 일단을 볼 수 있다.

아버지 무덤가에서 잡풀을 뽑던 둘째 올케가 말했습니다 아버님 술안주 하시라고 여기 더덕이 나와 있어! 생전에 술을 즐기시던 아버지 늘그막엔 술의 힘을 빌려 농사를 지으신 아버지 그러다 결국 술병으로 세상을 떠나신 아버지 우리는 모두 더덕을 좋아했지만 아무도 그것을 탐내지 않았습니다 아버지의 술안주는 아버지의 무덤 쪽으로 덩굴을 뻗으며 잘 자랐습니다 어느날 왼돌이달팽이 한 마리가 더덕 덩굴을 타고 올랐습니다 라디오 안테나 같은 두 눈으로 더듬더듬 우리를 더듬었습니다 나는 아무래도 그것이 죽은 아버지의 귓속에서 빠져나온 달팽이 같았습니다 언제나 대문 쪽으로 활짝 열려있던 아버지의 왼쪽 귀 외출에서 돌아온 우리가 아버지! 부르면 아버지보다 빠르게 몸을 떨던 왼쪽 귓속의 달팽이 나는 아무래도 그것이 아버지! 라는 말을 찾아나온 달팽이 같았습니다

「왼돌이달팽이」

아버지의 생명은 생명력이 다해 무덤에 묻혀 있지만, 그 아버지의 실체는 흰돌이달팽이를 통해 전달되고 있다. 뿐만 아니라 아버지가 살아생전 좋아하시던 더덕 역시 아버지의 실체를 구체화 해주는 매개로 작용한다. 주검의 상태에 있는 인간과 더덕과 왼돌이달팽이가 서로 상관관계를 맺는 사유를 통해 죽음과 생명의 경계가 허물어지고 인간과 자연의 경계 역시 소멸되고 있다. 이러한 경계 허물기는 인간과 자연이 서로 스며들어 하나의 관계를 형성하는 근본적 생태 사유의 결과이다. 죽음은 이렇게 삶을 새롭게 사유하게 만드는 또 다른 생명의식의 한 양상이다. 이러한 모습을 박옥위 시인의 「모시나비 날다 -시누님을 보내다」에서 만난다.

한 필지 명(命)도 제 것이 아니라고
모시나비 깃을 접고 먼 산보는 봄 저녁
초연히 감다 뜬 눈에 한생이 얼비친다

속울음 파르스럼 강물에 띄워놓고
설움도 희게 바래 낮달처럼 띄워두고
윤기도 다 반납하고 돌아누운 저 기별

분홍빛 젊은 날은 근심조차 꽃이더니
깃 펼쳐 날아보던 하늘도 벗어놓고
초췌한 한 벌의 남루 등신(等身)으로 누울 것을

사뿐히 나래 치며 오던 길을 돌아가듯
빌어 올린 하늘 길을 모시나비 날아간다
복사꽃 고운 봄철도 무거운 듯 다 벗고.

「모시나비 날다 -시누님을 보내다」

죽음은 이생의 삶을 돌아보게 하며, 삶이 무엇인지를 다시금 성찰하게 만든다. 자신이 자신의 죽음을 경험할 수는 없지만, 타자의 죽음을 바라보면서 나 자신의 삶을 새롭게 다시 한번 건져올린다. 죽음이 단순히 죽음으로 끝나지 않고 생명의식으로 이어지는 이유가 여기에 있다. 타자를 통한 죽음의 간접적 경험이 생에 대한 근원적 성찰의 계기를 마련하고 있는 것이다. 이러한 죽음의 경험이 아비와 아들 사이에서 빚어졌을 때, 그 성찰의 깊이는 더욱 깊고 아프다. 이런 모습을 류정희 시인의 「호야 생각」에서 확인해 볼 수 있다.

종일 그늘 베고 누웠던 녀석
닭장 가리키며
아부지 닭 한 마리 잡아 묵읍시다

돈 벌어 잡아 묵어
씨발
아부지 나 마 탁 죽어버릴라요
생머리 벅거지는 삼복
녀석은 죽음의 생수를 마셔 버렸다

아비의 사랑은 독이었다
농사 팔아가며 공부시킨 뼈 아픈 삶이
죽음이 되어 버렸다

온 밤 돌고 돌아 울음이 되어버린 아비
운명이 버린 생선 토막같이 끊어진 곡을 한다
왜 그랬을까 왜 그랬을까
새벽마다 홰 치는 닭울음 소리

몸을 태우는 사랑에도
접근금지가 있다는 걸
아비는 후회를 한다

「호야 생각」

아들을 먼저 보낸 아비의 뼈 아픈 슬픔과 회한이 한 편의 서사로 기록되어 있다. 맺힌 사연을 가진 죽음인 경우, 그 죽음의 의미는 또 다른 차원에서 남은 자의 삶을 죄어오고 고민하게 한다. 아들을 먼저 보낸 아비의 후회가 그의 생을 어떻게 펼쳐나갈지는 쉽게 상상할 수 있다. 죽음은 이렇게 삶을 다양한 형태로 전환시키는 계기를 마련한다. 죽음이 생명의식으로 이어져 있다. 생과 사가 따로 분리될 수 없는 이유이다.

지금까지 부산 지역 시인들의 시편에서 확인할 수 있는 다양한 생명의식을 살펴보았다. 생명현상은 끊임없이 생성하고 소멸되는 과정을 거치면서, 변화무상한 양상을 보이기에, 그 자체는 쉽게 규명할 수 있는 성질이 아니다. 이런 생명의 특성 때문에 시인들이 표출하는 생명의식의 양상도 다양한 모습을 띨 수밖에 없다. 또한 시인들에게 있어서는 시작 자체가 시인의 존재성을 드러내는 생명의식의 한 모습일 수 있기에 그 양상은 더욱 복잡해질 수밖에 없다. 이런 다양한 생명의 양상들이 여기서 논의된 작품들을 통해 다 드러난 것은 아니지만, 어느 정도의 모습은 조감해볼 수 있었다는 점이 이 시집을 읽는 자들이 간취할 수 있는 작은 몫이 될 것이다.

소멸의 시간에 떠올리는 생성의 생명의식

생명의 본질을 한 마디로 규정할 수는 없다. 생물학적인 차원만 두고 보더라도 그 본질이 상당히 규명되었다고 하지만, 아직 그 본질을 다 해명하기에는 난망한 것이 현실이다. 생명체는 그 생명을 이어가려는 생존의 본능을 지니고 있지만, 지상에 존재하는 생명체는 구르는 시간의 바퀴 속에 매몰되면서, 소멸의 과정을 겪는다. 그 소멸의 원형적 이미지를 지닌 계절이 가을이다. 봄에 생성된 생명체들, 특히 일년생의 삶을 운명으로 타고난 생명체들인 경우, 가을은 한 해를 마무리하면서 소멸의 과정을 정직하게 드러내 보인다. 그런데 이 가을이 주는 소멸은 겨울로 이어지면서, 죽음의 과정을 거치는 것 같지만, 또 다른 봄을 맞는다는 점에서 소멸 자체로 끝나는 것이 아님을 자연의 생명순환 고리는 우리에게 각인 시켜주고 있다. 이러한 일상의 경험은 일년생의 삶에서 만의 문제가 아니라, 생명을 지닌 모든 존재들의 삶의 과정으로 일반화 되면서 순환하는 원형적 이미지로 자리하고 있다. 즉 사계절의 순환하는 원형적 이미지는 모든 생명체의 탄생과 죽음에 이르는 과정과 맞물려 있다. 이런 측면에서 2009년 가을호에 발표된 작품들을 대상으로 생명의 이러한 소멸 현상을 다루고 있는 몇 작품의 의미를 되새김질 해보고자 한다.

시에서는 생명의 생성과 소멸은 언제나 시간의 흐름 속에서 그 이미지가 부각된다. 그 순환하는 시간 중 가장 일상적인 시간대가 하루의 시간대이다. 정진규의 「律呂여」는 하루 중 저녁 시간대의 이미지를 구체적이고도 감각적으로 보여준다.

> 저녁이 오는 시간은 밝음에서 어두움으로 가는 땅거미의 步法이 가장 분명하다 피리소리를 내며 윤곽을 긋는 시간의 손을 보여준다 律呂여, 피리를 부는 그대 손가락이 눈에 밟힐 것이다 한 그루 나무의 그 한 그루는 물론, 이파리들의 가장자리에 고이는, 번지는 그런 몸의 발가락들을 보여 줄 것이다 큰 나무는 물론 작은 풀잎이 오늘 피운 꽃잎들의 다무는 입술에도 그 보폭과 걸음새를 보여줄 것이다 아니그런가 한 그루 느티여, 질경이풀이여, 제일 분명한 것은 안산 저녁 능선일 것이다 거기 서 있는 나무들의 키가 비로소 하루치 완성의 키를 얻는다 몸을 얻는다 모든 완성의 내부에는 소리가 흐른다 저녁은 완성의 시간이다 어두움의 律呂여
>
> 정진규의 「律呂여」(≪신생≫, 가을호)

가을의 원형적인 이미지를 하루 시간에 빗댄다면, 어느 지점쯤으로 산정해볼 수 있을까? 아마 늦은 오후나 저녁때쯤으로 상정해볼 수 있을 것이다. 시인이 노래하고 있듯이 밝음에서 어두움이 밀려오는 시간대를 늦가을로 잡아보아도 무방할 것이다. 지금 정 시인은 그 시

간대를 예민한 감각으로 감지하면서, 그 시간의 흐름을 율려로 규정한다. 율려란 무엇인가? 이는 우주와 인간의 관계를 표현하는 동양의 음악 혹은 우주의 절기의 변화를 표현하는 음악이다[93]. 다시 말해 12율려는 동양적 음악의 질서이자 우주의 질서인 것이다. 그 질서 중 시인은 하루를 마감해야 하는 저녁 시간대의 율려에 관심하고 있다. 그 시간대를 감각하는 매개로 등장시킨 것이 우선은 피리이다. 음악은 본질상 시간예술이기에 땅거미가 지는 시간을 소리로 감각하고 있는 것이다. 피리소리만 이 시간대를 들려주는 것이 아니라, 한 그루의 나무, 그 나뭇잎들, 작은 풀잎, 꽃잎 등 모든 주체들이 다 이 시간대를 보여준다고 노래한다. 우주의 시간대로부터 모든 존재는 자유로울 수 없기 때문이다. 그리고 제일 분명한 것은 <안산의 저녁 능선>임을 주목한다. 어둠이 깃드는 시간의 흐름은 개개의 존재를 어둠 속에 묻어버리기에 어둠에 묻힐수록 가장 확실하게 눈으로 확인할 수 있는 대상은 능선일 수밖에 없다. 그런데 독자가 관심을 가져

---

93) 12율은 12개의 자연 음반으로 이루어진 황종, 대려, 태주, 협종, 고선, 중려, 유빈, 임종, 이칙, 남려, 무역, 응종 등을 말하는데, 악보상의 표기에는 앞의 글자인 황, 대, 태, 협, 고, 중, 유, 임, 이, 남, 무, 응 등만 사용한다. 이들 가운데 홀수에 해당하는 황종, 태주, 고선, 유빈, 이칙, 무역 등은 양에 속한다하여 양율 혹은 율, 짝수에 해당하는 대려, 협종, 중려, 임종, 남려 , 응종 등은 음에 속한다하여 음려 또는 려라 칭하는데, 각각 여섯 율로 구분되므로 6율 6려, 또는 줄여서 율려라 칭한다. 따라서 율려란 음양으로 이루어진 6율 6려의 간칭이고, 12율이란 이들의 합칭한 명칭이라 볼 수 있다. 이러한 12율의 의미는 그 자체가 가지고 있는 음양의 속성 외에 12지나 사계 등과 연계됨으로써 상호불가분의 속성과 기능을 갖게 되었음을 알 수 있다. 정화순, 「율려와 한국음악」, 오늘의 동양사상 제4호, 2001, p,322, p, 326참조. 신철하, 「생태시학으로서의 생명과 율려」, 어문연구, 127권, 2005, p,251 참조

야 할 부분은 바로 이 지점이다. 눈으로 확실히 확인할 수 있는 능선과 함께 거기에 서 있는 나무들의 키가 하루치 완성의 키를 얻는다는 언표이다. 낮의 밝음이 다 하고 어둠에 묻혀드는 저녁이 소멸이나 끝이 아니라, 완성의 시간이란 시인의 세계인식이다. 저녁이 밝음의 입장에서 보면, 밝음의 소멸이고 끝이지만, 그것은 완성의 시간이며 어두움의 율려가 된다는 우주의 시간인식이 드러나고 있다. 양陽의 시간이 다한다는 것은 양의 완성이며 음陰의 시간의 시작이란 점에서 또 다른 시간의 생성이란 것이다. 소멸은 소멸로 끝나는 것이 아니라, 새로운 차원의 생성이 시작된다는 우주의 생명원리를 읽게 한다. 하루 낮 시간의 마감이 지니는 이러한 생명의 원리는 김명인의 「쌍가락지」에서도 동일한 원리로 작용하고 있음을 본다.

그가 거두는 약속일까, 서쪽까지 걸어간 해가
어느새 테두리를 이울며 지고 있다
가운데를 뻥 뚫어 주홍빛 살결로 채운
가락지, 한 짝을 어느 하늘에서 잃어버렸을까
빛살을 펼쳐들고 수평선 아래로 잠겨든다

한 번도 디딘 적이 없는 저기 허구렁에
그가 뿌려놓은 또 다른 내일이 있다는 것일까
벙글어진 하늘의 목화밭
목화 따러 간 사람들은 돌아오지 않았는데
붉은 병을 던진 듯 활활활 송이송이 불타고 있다

나는, 솟아나고 가라앉으며 12억 광년 먼 회로를 따라
약속에 이끌려서 여기까지 왔다
억만년 전에 찢겨버린 흰 구름
푸른 물결로 떠밀리면서
이 모래밭에 착근하려던 한 알갱이 모래,
모든 소멸은 일몰로 간다, 다시 내장되거나
캄캄하게 태어나는 빛!

헤어지지 말아요!
해의 누이 달이 속삭이는 소리
약속을, 동쪽 끝에 걸어두었는데 어느새
혈육으로도 깁지 못하는 저녁이 왔다
이 절망은 테두리뿐인 가락지처럼 속이 환하다!

김명인의 「쌍가락지」(≪시인세계≫, 가을호)

일몰의 순간에 보이는 해가 만든 가락지 모양의 테두리에 관심하고 있다. 그 테두리를 가락지로 인식하며, 우리의 삶을 지탱하고 있는 힘인 약속을 떠올린다. 그런데 이 일몰은 일회적인 것이 아니라, 지속되어 온 것이라는 점에서 순환적인 우주의 원리에 토대하고 있다. 즉 솟아나고 가라앉는 생성과 소멸의 순환성은 하나의 주요한 우주적 생명원리로 작용하고 있음을 내비친다. 그래서 시인은 <모든 소멸은 일몰로 간다, 다시 내장되거나 캄캄하게 태어나는 빛!>이라고 노래한다. 일몰로 끝나지 않고, 다시 태어나는 빛으로 재생됨을 강조한다. 감탄부호를 사용할 정도로 강한 어조로 분위기를 고조시키는 이유는 무엇인가? 이렇게 강한 재생의 확신을 다짐하는 것은 일

출하는 동쪽에 걸어두었던 약속이 벌써 일몰하는 서쪽으로 와버렸다는 절망감을 느끼지만, 그 절망을 극복할 수 있는 확신 때문이기도 하다. 이 절망감은 어떤 형태로든 극복해 가야 할 인간의 보편적인 숙제이다. 일몰은 인간 개개인의 삶의 과정에서 만나는 소멸되어가는 모든 것들의 필연적인 운명이다. 이 절망적인 운명을 받아들일 수 있는 힘은 일몰이 소멸이 아니라, 생성의 단계로 나아가는 하나의 과정이란 인식을 할 때만 솟아날 수 있다. 시인이 이 시의 마지막 부분에서, 일몰의 순간에 절망을 경험하지만, 그 절망이 <테두리뿐인 가락지처럼 속이 환하다!> 는 밝고 긍정적인 이미지로 맺음 할 수 있는 것은 일몰이 소멸이 아니라, 생성으로 이어지는 한 과정임을 확신하고 있기 때문이다.

위의 두 시편은 하루 시간을 중심으로 소멸과 생성의 우주적 생명원리를 독자들에게 선사하고 있다면, 장석주의 「나의 한 때는 푸르렀다」는 금생(今生)을 대상으로 하고 있다.

> 소나무는 굽고
> 솔잎은 푸르렀다.
> 기차는 지나갔다.
> 어느덧 집은 낡았다.
> 금생(今生)은 영영 저물어도
> 나의 한 때는 푸르리라.
>
> 장석주의 「나의 한 때는 푸르렀다」(≪유심≫, 9/10호)

기차가 지나갔다는 언표는 시간의 흐름을 상징한다. 세월의 흐름은 소나무를 굽게 만들었지만, 그 소나무의 솔잎은 푸르름을 유지하고 있음을 노래한다. 세월의 흐름은 집도 낡게 만드는 소멸을 가져왔다. 그래서 금생은 저물어 가는 소멸을 어쩔 수가 없다. 그런데 시인은 그러한 소멸 속에서도 나의 한 때는 푸르리라는 꿈을 저버리지 않는다. 이러한 의지는 시간이 지나면, 소나무가 굽기는 하지만 솔잎은 여전히 푸르렀다는 사실과 대비되면서 그 강도를 더해가고 있다. 소멸하면서도 소멸되지 않고 오히려 생성되는 생명적 요소가 역설적으로 존재함을 노래하고 있다. 이렇게 위의 세 편이 자연 현상을 대상으로 소멸과 생성을 통한 생명의식을 노래하고 있다면, 신정민의 「천잠 天蠶」은 한 인간의 삶을 중심으로, 소멸을 통한 새로운 생성의 시간대를 노래하고 있다.

온 몸에 깁스를 한 늙은 여자가 누워있다

5령쯤 되었을까

계집아이에서 처녀로, 처녀에서 아내로, 어머니로, 할머니로

그녀가 벗어낸 이름대로라면
지금쯤 다섯 번째 잠을 자고 있는 중

거뭇거뭇 검버섯과
성기고 희끗한 머리카락은

그녀가 늙은 여자로 변태할 때마다 얻은 뜨거운 흔적

미음을 받아먹는 입 속이 캄캄하다
농익은 오디 빛깔
혼자되어 자식 셋 키우느라 애가 탄 속
오물오물 곡기 넘기는 소리가
깊은 밤 싸락눈 내리는 소리처럼 멀다

그녀가 어딜 가든 따라다닌 기억들
온몸을 감고 있다
얼마나 더 기다려야 빠져나올 수 있을까
날개에 커다란 눈을 달고 있는 누에나방
좁은 병실 구석에 매달려 있다

신정민의 「천잠 天蠶」(≪시와 사상≫, 가을호)

인간의 나이를 두고 가을을 몇 살 정도로 규정할 수 있을까? 신정민의 「천잠」에 나타나는 늙은 여자를 늦가을의 인생으로 보고 싶다. 겨울로 치부해볼 수도 있지만, 병원에 입원한 늙은 여자가 지닌 소멸의 이미지를 생각한다면, 늦가을 이후의 인생 삶으로 잡아도 무방할 것 같다. 다섯 잠을 잔 누에에 비유되고 있는 늙은 여자의 이미지는 서로 상당히 닮아 있다. 그런데 시인의 관심은 늙은 여자의 죽음이나 고통보다는 다섯 잠을 잔 누에가 새롭게 자신의 모습을 변화시키듯 그렇게 변화되기만을 고대하고 있다는 점이다. 늙은 여자의 몸은 육체적으로 소멸되어 갈 수밖에 없지만, 그의 현재의 모습에서 다섯 잠을 잔 누에를 떠올림으로써 새롭게 생성될 세계를 염원하고 있다는 점이다. 다섯 잠을 잔 누에가 누에고치 집을 지어 새롭게 태어나듯 병실에 누운 늙은이의 삶도 그렇게 전환되기를 소망하고 있는 것이다. 이러한 늙은이들을 대상으로 한 생명의식은 류정희의 「풍경」에서도 나타난다.

> 몸부림쳐도 삶이 풍경으로
> 바뀌는 노인 병동
> 길바닥 같은 삭은 침대 위에
> 자정의 마른뼈 누워 있다
> 십오촉 불빛이 흰벽을 색칠한다
> 살면서 못 버린 눈물도 색칠한다
> 주삿바늘 같은 시간들이 병실에
> 가득 차도 아프지 않다
> 너덜거리는 발걸음 한 발짝
> 가파른 생일수록 아름다운 풍경
> 풍경은 죽음을 꽃길로 열어 준다
> 암초에 부딪혔던 길이
> 이 밤 파도소리로 적막을 지우고 있다

류정희의 「풍경」(≪부산시인≫, 가을호)

노인병동에서 죽음을 기다리며, 고단한 시간을 보내고 있는 노인들의 군상이 풍경으로 제시되고 있다. 이들이 연출하는 풍경은 그것 자체로만 본다면, 참으로 부정적이고 암울한 분위기로 묘사될 수밖에 없다. 그런데 시인의 눈에 비친 풍경은 결코 그렇지만은 않다. <가파른 생일수록 아름다운 풍경>이라고 노래하고 있으며, 나아가 이

<풍경은 죽음을 꽃길로 열어준다>고 노래함으로써 긍정적이고 밝은 전망을 견지하고 있다. 이는 노인병동에서 생을 소멸당하고 있는 늙은이들을 소멸해 가는 대상으로만 바라본 것이 아니라, 죽음 너머의 새로운 생성의 세계를 상정하고 있음을 의미한다.

늙은이들에게 주어지는 이미지는 보통 죽음에서 멀어지기가 힘들다. 그러나 이 늙음이 오히려 영적으로는 새로운 차원의 세계를 보여주기도 한다. 이승욱의 「주름 깊은 늙은 할미」에서 이러한 모습을 읽어낼 수 있다.

> 양지바른 비탈에
> 한 평 반짜리 상추밭
> 주인은 없고 포릇포릇
> 어린 가을 상추가 햇볕에 부시네
>
> 저 밭의 주인 본 적 없으니
> 신선이 일군 것이라 짐작할 수밖에 없네
> 더러는 이루지 못한 인간의 꿈이 그리워
> 상추 뜯어먹고 살고 싶은
> 신선도 있을 것 …
>
> 어제 나, 그 신선을 햇볕 알알한
> 양지쪽 그 산비탈에서 힐끗 마주쳤는데
> 아이 - 딱하기도 해라,
> 겨우 사람의 몸으로 나토얀 얼굴이
> 주름 깊은 늙은 할미였더라

그 때 그 할미의 손에 닿는
신선초 상추가 얄궂게도 포릇포릇 빛났더라

이승욱의 「주름 깊은 늙은 할미」(≪시와 문화≫, 가을호)

상추밭의 주인인 할미의 이미지는 늙은 할미가 일차적이다. 그것도 주름 깊은 늙은 할미라는 점에서 생성의 이미지와는 거리가 멀다. 오히려 소멸과 죽음의 이미지를 쉽게 떠올릴 수밖에 없다. 그런데 그 할미를 만나 확인하는 실제적인 이미지는 주름 깊은 늙은 할미에서 생동하는 주체로 전환하고 있다. 그 전환의 매개는 신선초 상추가 포릇포릇 빛났다는 사실에 있다. 생명을 지닌 상추에 의해 늙은 할미가 생동하는 주체로 바뀌고 있다. 소멸되어가는 늙은 할미가 활발한 생명의 주체가 되고 있다는 것이다. 그래서 주름 깊은 늙은 할미는 신선초 상추를 빛나게 만드는 생성의 주체가 되고 있다. 가을이란 계절 자체에 관심함으로써 소멸과 생성의 생명의식을 보여주는 시편들이 있다.

가을에는
나무 한 그루 바라보는 일이
어디서도 채울 수 없는
허기를 채우는 일

내 삶의 드락에 타오르는
그리움투성이 저 붉은 나무
가을에는

좀처럼 숨을 데가 없네

여름내 묶었던 머리를 풀고 나니
세상의 모든 것들이
말을 걸어오고

내 습작의 흔적들이
더러는 사라지고
더러는 누군가의 책갈피 속에
단풍처럼 곱게 끼워지고

최옥의 「아, 가을이여」(≪부산시인≫, 가을호)

가을은 풍성한 결실의 이미지를 지니고 있다. 그러나 그 풍성한 채움은 비움으로써 가능하다는 역설을 지니고 있다. 가을의 나무는 여름날까지 가지에 무성하게 채웠던 잎들을 다 벗어 던지고, 나목이 되어가는 시간이다. 그래서 <그리움투성이 저 붉은 나무>가 가을에는 숨을 데가 없어진다. 뿐만 아니라. 여름 내 묶었던 머리를 풀어주는 계절이다. 풀고 나니, 세상의 모든 것들이 말을 걸어오는 세계를 경험한다. 자기 세계에 고착되어 고집하던 세계를 포기하고 열어갈 때, 세상의 모든 것들이 건네는 말을 들을 수 있게 된다. 이는 시인의 시 창작과정에서도 같은 현상으로 나타난다. 습작 중 사라지는 것들이 있을 때, 남겨지는 것도 있음을 경험으로 고백하고 있다. 소멸되는 것과 함께 생성되어 남겨지는 것이 있음을 노래하고 있다. 가을은 우리에게 이러한 양면의 세계를 경험하게 한다. 이는 겨울이 죽음의 계절이기에, 죽음을 극복하기 위한 생명의 자기 본능적인 발로며, 자연스런 우주적 질서인 것이다.

지금까지 올 가을에 발표된 몇 시편들을 통해, 그 시편들 속에서 확인할 수 있는 소멸과 생성의 생명의식을 추적해 보았다. 모든 생명체는 우주의 질서 속에서 태어나 성장하지만 , 결국 소멸의 과정을 통해 죽음에 이르는 자연의 이법에서 벗어나지 못한다. 그러나 시인들의 작품에서 확인할 수 있는 것은 가을이란 계절이 지닌 소멸의 원형적 이미지 자체에만 고착되어 있는 것이 아니라, 소멸을 넘어서 또 다른 생성의 세계를 꿈꾸고 있음도 확인할 수 있었다. 이는 시인들만의 시적 욕망이 아니라, 생명을 지닌 모든 주체들이 갈구하는 보편적인 욕망이리라. 살아 있는 모든 주체들은 태어날 때부터 영원한 생명체로 존재하기를 욕망하기에.

2000년대 시에 나타난 죽음과 생명의식

죽음에 대한 담론은 삶을 다룬 담론 이상으로 복잡다기하다. 인류가 남겨놓은 죽음에 대한 사유가 결코 만만하지 않기 때문이다. 그 사유가 철학적 차원이든 종교적 차원이든 죽음과 연관된 다양한 문화와 관습을 형성해왔다. 죽음을 직접 경험하는 주체들이 경험하는 죽음의 의미를 우리가 다 헤아릴 수는 없지만, 죽음을 바라보는 자들이 사유하는 죽음의 의미는 다양하다. 산자들이 죽음을 간접 경험하면서, 떠올리는 죽음의 의미는 삶에 대한 또 다른 의미부여로 되돌아온다. 죽음이 삶의 의미를 더욱 새로운 차원으로 끌어올린다는 말이다. 그래서 죽음은 죽음만의 문제가 아니라, 삶의 문제 즉 생명의 문제와 직결되어 있는 것이다. 생명론에서 죽음론이 함께 논의되어야 하는 이유가 여기에 있다. 그래서 여기서는 죽음을 다루고 있는 2000년대 몇 편의 시를 통해, 그들의 시에 나타난 생명의식을 살펴보려고 한다.

일상적으로 죽음에 대한 인식은, 죽음은 모든 것을 무화시킨다는 점이다. 즉 죽음은 생이 소멸되어 사라지는 것을 의미한다. 그래서 죽음에 대한 불안과 공포가 생겨난다. 그런데 죽음이 삶에 대해 의미를 가지는 것은 죽음이 소멸이 아니고, 새로운 생성의 단계가 될 수 있다는 인식으로부터 비롯된다. 시인들이 노래하는 죽음 중 이렇게 새로운 생성의 과정을 내보이는 시편이 있다. 다음 시편처럼 지상에 존재하는 모든 생물체는 죽어서 지구의 에너지원이 된다는 사고는 죽음을 죽음으로만 인식하고 있는 차원을 넘어서 있다.

> 동물이든 기계든
> 산 자는 무언가 먹어야 움직인다.
> 먹이 곧 에너지임으로…
> 빵은 밀로, 석탄은 식물로, 석유는 수상 생물로 만든
> 연료.
> 그 연료로 엔진을 돌리고
> 선박은 대양을,
> 자동차는 도로를 질주한다.
> 아, 기계들은 살아 있다.
> 생명을 먹지 않고서는 움직일 수 없는
> 또 다른 한 생명.
>
> 우주를 건너는 지구의 에너지는
> 어디서 얻는 것일까.
> 거대한 그 식욕,
> 지상의 모든 살아 있는 것들은 죽어
> 그의 에너지가 된다.
>
> 오세영의 「매장(埋葬)」

지상에 존재하는 모든 생명체는 죽어서 지구의 에너지원이 된다는 시적 인식은 죽음을 소멸로만 생각하는 차원이 아니다. 지구를 또 다른 하나의 큰 생명체로 봄으로써 지구에 존재하다가 죽음을 맞는 개별 생명체는 소멸이 아니라, 지구를 움직이는 생명원으로 전환되고 있다고 노래한다. 이러한 시적 인식은 살아 있는 생명체의 죽음은 모든 것이 무화되는 것이 아니라, 또 다른 생명의 에너지원이 된다는 것을 말한다. 삶과 죽음의 경계를 허물면서, 소멸이 생성의 단계로 이어져 나감을 의미한다. 한 생명 개체는 다른 생명 개체의 생명원으로 전환되면서 지구란 한 생명을 유지하고 있음을 말한다. 지구 위에 존재하는 생명체들에 대한 이런 인식은 근원적으로는 장회익의 온생명론과 맞닿아 있다고 할 수 있다.

장회익은 이 지구상에는 태양과 지구 사이에 형성되는 지속적 자유에너지 흐름을 바탕으로 대략 35억년 전에 하나의 생명이 형성되었으며, 이것이 지속적인 성장과정을 거쳐 오늘에 이르게 되었다고 본다. 지구-태양 사이에 나타난 이 생명은 우주 내에 가능한 여타 생명과는 무관하게 그 자체로서 하나의 독립된 실체를 이루고 있으며 이것이 우리가 보는 지구상의 생명이란 것이다. 이런 생명 개념은 그 내포에서뿐 아니라 그 외연에서도 기존의 생명개념과 상당한 차이를 가질 수 있다. 장회익은 이 개념을 기존의 생명개념과 구분하여 '온생명'으로 명명하고 있다. 일단 온생명의 개념을 이렇게 규정하고 나면, 기존의 생명개념을 대표하는 개체생명들이 매우 의존적인 존재임이 드러난다. 개체생명의 의존성을 부정할 수는 없지만, 온생명 안에서 개체생명이 지니는 중요성도 결코 간과할 수 없다.

개체생명들이 가지는 가장 중요한 기능이 바로 자체의 생존유지 기간 이내에 자신과 대등한 개체생명을 평균 하나 이상 형성해 낸다는 점이다. 이를 통해 궁극적으로 온생명 전체의 질서 그리고 그 정체성을 유지해 간다는 것이다. 그런데 흥미로운 점은 이러한 개체생명들이 모두 동일 수준의 내적 구조를 가지는 것이 아니라, 매우 복잡한 다층적 존재 양상을 지닌다는 사실이다. 그런데 한 개체생명의 입장에서 살펴보면, 이 개체생명의 생존은 필연적으로 온생명의 생존과 함께 이루어지는 것이며, 자신의 생존이 자신을 제외한 온생명의 나머지 부분에 결정적으로 의존하는 것이 된다. 그러므로 하나의 개체생명 입장에서 볼 때, 자신의 생존에 결정적인 영향을 미치는 온생명의 이 나머지 부분이라는 것이 특별한 의미를 지닌다고 보고, 이를 '보생명'이라 명명한다. 즉 한 개체생명을 기준으로 했을 때, 온생명에서 이 개체생명을 제외한 나머지 부분을 이 개체생명의 '보생명'이란 것이다.

그런데 온생명과 개체생명 그리고 보생명은 서로 독립된 개체로서 자신의 생존을 유지함과 동시에 더불어 함께 협동하는 관계 속에 놓여있다는 점이다. 온생명의 관점을 취하게 되면, 자연의 본원적 질서는 기본적으로 경쟁이 아닌 협동으로 이해할 수 있게 된다. 동종의 개체들은 협동을 통해 한층 높은 차원의 상위 개체를 형성하며 이러한 상위 개체들은 다시 그들 사이의 새로운 협동을 통해 한층 더 높은 상위 개체를 형성해나가면서 최종적으로는 하나의 생존단위인 온

생명에 이르게 되는 것이다. 이와 동시에 타종의 개체생명들은 서로가 서로의 생존을 지탱해주는 생태적인 연계로 묶여 있음으로써 전체적으로 온생명 안에서의 분화된 기능을 담당한다는 것이다.(장회익, 『삶과 온생명』, 솔, 2004, p,188-192 참조) 오세영 시인이「매장」에서 <우주를 건너는 지구의 에너지는 지상의 모든 살아 있는 것들이 죽어서 얻어지는 것>이라는 노래는 지구를 하나의 온생명으로 바라보는 관점에서만 가능한 것이다.

이렇게 생명의 연결고리에 대한 시적 상상력은 죽음을 죽음 자체로만의 문제로 생각하는 선을 넘어서 있다. 그러므로 지구상에서 생명을 가진 생명체 중 가장 중심에 놓여 있다는 인간의 죽음 역시 인간 밖의 자연과 특별히 구분되어 의미부여가 이루어지지 않는다. 자연 속의 다른 대상과 똑 같은 선에서 자연의 일부로 인식된다. 죽음이란 자연 속으로 돌아가는 것이다. 죽음은 인위적인 것이 아니라, 자연의 일부가 되어가는 과정이다. 그래서 이동호 시인이「하관」에서 보이는 할머니의 주검을 안장하는 모습은 자연 속에 자연스럽게 자리하는 풍경으로 다가선다.

가을 내내
단풍나무가 붉은 글씨로 빽빽하게
잎사귀에 적어 놓은 그것들이
부음이었을 줄은 몰랐다
옥토를 덮고 누우신 할머니
머리맡을 지키고 있는 상수리나무

창백한 표정으로 허리를 굽히고 선
저 너도밤나무
완전히 닫히지 않은 봉분封墳의 문지방
상복 입을 겨를도 없이
급히 건너오는 청솔 나무
그 발아래 몸 가누지 못하고
휘청거리는 이름 모를 풀들
그 사이 더 이상 참지 못하고
먼저 울음을 터트리는 불상한 멧새여
슬퍼하지 말아라
임종이란 저렇듯 편안한
풍경이다

이동호의 「하관」

한 인간의 임종을 자연 속에 자리하는 편안한 풍경으로 노래할 수 있다는 것은 죽음을 순리로 받아들이는 결과이다. 즉 인간의 죽음은 자연의 일부로 다시 돌아가는 것이 순리임을 전제로 한다. 인간이 흙으로부터 왔기에 생이 끝나면, 결국 다시 흙으로 돌아가 자연의 일부가 되어간다는 가장 보편적인 죽음에 대한 관념의 구체화이다.

이러한 죽음의 인식을 어떻게 바라볼 것인가? 즉 할머니의 무덤 주위에 존재하는 단풍나무, 상수리 나무, 너도밤나무, 풀, 그리고 멧새 등이 각기 자기 모습 그대로 존재하면서, 할머니의 죽음에 반응하며, 연출해내는 편안한 풍경을 그려낼 수 있는 근원적 사유는 어디로부터 비롯되는가? 할머니의 주검이 존재하는 무덤 주위에 산재해 있는 자연의 대상들은 제각기 할머니의 죽음에 반응하는 모습을 보인다. 붉은 단풍나무의 잎사귀는 할머니의 부음으로, 상수리나무는 할머니의 머리맡을 지키고, 너도밤나무는 창백한 표정으로 허리를 굽히고, 청솔나무는 급히 건너오고, 이름 모를 풀들은 휘청거리고, 멧새는 울음을 터트리고 있다. 이렇게 모든 존재들이 다 할머니의 죽음에 반응하고 있지만, 이 존재들이 지닌 다양한 차이성은 그대로 존재하고 있다. 할머니의 죽음 역시 그러한 대상의 하나일 뿐, 그 이상도 이하도 아니다. 이러한 세계의 인식은 장자의 세계관에서 멀지 않아 보인다. 장자의 세계관에서, 도(道)란 길로 상징되는 세계의 항상적인 질서를 말하는데, 그 질서는 만물이라고 불리는 그 안의 다양한 차이성들이 엮어내는 결과일 뿐이지, 시간적으로나 논리적으로 선재하면서 세계내의 사태들을 규제하는 실체가 아니라고 보기 때문이다. 장자의 관점에서 볼 때, 세계는 무수한 차이성을 허용하는 세계이다. 『장자』<제물론>의 첫머리에 나오는 '바람의 대합창'(天籟)은 바로 그런 차이성들이 자기 원인적으로 어우러져 연출해내는 세계의 화해적 질서를 잘 묘사하고 있는 대표적인 은유이다.(박원재, 「죽음은 삶과 평등하다」, 『철학, 죽음을 말하다』, 산해, 2005, P,303)

이러한 세계인식은 삶과 죽음에 대한 생각에 있어서도 마찬가지다. 우리는 일반적으로 죽음을 두려워하며, 혐오하며, 부정하려고 한다. 이는 죽음은 무에 이르는 길이며, 죽음은 자아가 소멸되는 것으로 보기 때문이다. 그러나 장자의 죽음과 삶에 대한 태도는 이 두 세계를 똑같이 받아들이라는 입장이다. 삶과 죽음은 똑같이 세계 진행의 한 과정일 뿐이라는 것이다. 그래서 죽음을 슬퍼할 필요가 없으며, 죽음을 삶과 똑같은 입장에서 받아들임으로써 삶의 진정한 해방을 성취할 수 있다고 본다. <임종을 저렇듯 편안한 풍경>으로 노래할 수 있는 것은 할머니의 죽음을 자연물에 투사시켜버린 결과도 있지만, 장자적 죽음관이 얼마 정도 작용한 결과도 무시할 수 없는 것 같다.

이렇게 죽음이란 생이 소멸되어 끝나는 것이 아니라, 세계 진행의 한 과정일 뿐이라는 사실을 상징적으로 보여주는 것이 김수우 시인의 「수목장」이다. 시인은 죽음을 역에서 기차를 갈아타는 것이나 마찬가지라고 노래한다.

그녀는 기차를 갈아탄다
한 줌 뼛가루로
굴참나무 밑에 하얗게 뿌려진다
보풀 많던 어머니라는 이름, 흙뿌리가 된다
팔십 년을 세운 몸의 사원을 헐고
다시 팔십 년을 큰 키나무로 꾸리시려나
옆구리로 싯달타를 낳은 마야부인처럼
옆으로만 누워 꿈을 꾸던 여자 여자
매운 슬픔, 맹물로 삼켰듯
크고작은 빗방울, 잎으로 잎으로 게워낼 거다
살아 생전 한 번도 내비치지 않았던
사슴 속 아라비아해
붉은 열매로 출렁출렁 매달릴 거다
껍질 무거웠던 한 겹 생애

헝겊바람처럼 가볍게 가볍게 풀어놓으며
치익포옥 치익포옥
다음 역까지 흔들흔들 갈 게다
마중 나온 옹이들 손잡으며
그 여자, 기차를 갈아탄다
굴참나무라는 푸른 환승역

김수우의 「수목장 樹木葬」

어머니의 주검을 마무리하기 위해 그녀의 유골을 굴참나무 밑에 뿌리는 수목장 의식을 두고, 시인은 그녀가 기차를 갈아탄다고 노래한다. 그녀의 죽음을 굴참나무라는 푸른 환승역에서 기차를 갈아타고, 또 다른 새로운 곳을 향해 여행을 시작하는 것으로 인식하고 있다. 삶과 죽음의 과정을 기차역 갈아타는 행위에 비견하고 있다는 것은 죽음의 의미를 끝이나 소멸의 차원에서 이해하는 것이 아니다. 기차역이 가진 일차적인 의미처럼 삶과 죽음이 연속선상에 놓여있다는 것이다. 어머니의 지난 팔십년의 세월을 뒤로 하고, 이제 새로운 팔십년은 큰 키 나무로 살아가려고 한다. 그래서 다시 나무로 자라는 이 팔십년 동안 나무의 잎으로, 열매로 그 동안의 삶을 새롭게 펼쳐 나갈 것이라고 노래한다. 여기서 죽음을 바라보는 시인의 확실한 입장이 드러난다. 삶이 끝나는 이생을 끝으로 보지 않고, 한 인간의 생이 또다른 차원으로 계속 이어져 나감을 말한다. 죽음을 서러워해야 할 이유가 없음을 여기서 발견하게 된다. 이러한 죽음의 이해 차원은 살고 죽는 것이 별 게 아님을 깨닫는 차원으로 나아간다. 유홍준의 「

상여를 멨던 느낌」은 이런 마음을 읽게 한다.

상여를 메면 기분이 좋았지
상여를 메려고
목장갑을 끼면 기분이 정말로 좋았지

나도 이제 어른이라는 생각, 나도 이제 어엿한 장골이라는 생각
나도 이제 비로소 한몫한다는 생각

이것이 바로 우쭐, 하는 것이라는 생각

상여를 멘다는 것은
이쪽저쪽 편을 갈라
흰 목수건 목에 걸고 흰 장갑 끼고 하얀 광목줄을 잡으면

이것은 마치 운동경기라도 하려는 것 같다는 생각
한 사람의 주검의 무게는
둘이 메도 똑같고 열이 메도 똑같다는 말
그 말을
실감하는 것이라는 생각

어서어서 이 주검을 운반하고 돌아가야겠다고
광목줄이 어깨를 짓누르는 언덕빼기로 올라가는 것은
주검도 짐이라고
은근슬쩍 한 푼이라도 더 노잣돈을 뜯어내려고 장난을 걸어보는 것은

사는 게 별 게 아니고 목숨이 별 게 아니고

죽음이 별 게 아니고
그냥 모든 게 별 게 아니라고 느껴보는 것은

유홍준의 「상여를 멨던 느낌」

죽음의 의미는 주검을 운구하는 장례식을 통해서 실감하는 경우가 많다. 그것은 생을 마감하는 마지막 지상에서의 의식이면서 망자를 저승의 세계로 입사시키는 진지한 의식이기 때문이다. 그래서 망자를 지상에서 보내는 마지막 의식인 상여를 메고 장지로 향하는 과정은 여러 가지 의미를 갖는다. 주검을 운반한다는 점에서 죽음의 이미지가 미치는 죽음의식에서 완전히 벗어날 수 없음과 동시에 타자의 죽음을 처리함으로써 산자의 생의 의욕과 삶의 의미를 다시 새롭게 깨우치게 된다.

시적 화자가 상여 메는 일을 통해 새롭게 깨달은 것은 두 가지다. 첫째는 상여를 메는 일은 아이들에게 허락되지 않기에, 상여를 메는 일을 한다는 것은 이제 어른이 되었다는 생각을 하게 한 것과 둘째는 주검을 운반하면서, 장난을 치는 과정을 통해 사는 것과 죽는 것이 별 것 아니라는 깨달음이다. 전자의 깨달음이 육체적 성장의 표지가 된다면, 후자의 깨달음은 정신적 차원의 깨달음이라 할 수 있다. 이 둘의 깨달음이 다 의미가 있지만, 시인의 관심은 후자에 가 있는 듯하다. 시인은 주검을 운반하는 상여 메는 경험을 통해 <사는 게 별 게 아니고 목숨이 별 게 아니고 죽음이 별 게 아니고 그냥 모든 게 별게 아니라는> 사실의 깨달음을 노래하고 있다. 이러한 깨달음은 근본적으로 삶에 대한 집착으로부터 자유로워질 때 가능한 것이다. 이렇게 죽음을 통해 삶이 별 것 아니거나 죽음을 두려워해야 할 필요가 없다는 사실을 인식하기도 한다.

이러한 죽음에 대한 노래는 죽음을 무로 나아가는 과정으로 해석하거나 아니면 다른 존재로 나아가는 과정으로 해석하는 철학적 · 종교적 전통에서 비롯된다. 세계 내에 존재하던 것들이 없어지거나 사라지는 현상을 '존재와 무'라는 양자택일의 관점에서 존재론적으로 해석하는 죽음의 노래도 의미가 있지만 레비나스는 이러한 죽음론에 대해 비판적인 입장을 보인다. 그는 '존재와 무' 라는 이원론적 범주하에서 죽음을 무화, 사라짐, 떠남 따위로 해석하는 것은 죽음을 타자와의 관계와 분리하여 사유할 뿐만 아니라, 죽음을 '더 -이상 -존재하지 -않음'이라는 부정적인 것으로 간주함으로써 원한과 살해 감정에 이르게 하기 때문에 특히 위험한 해석이라고 말한다.(안상헌, 「죽음은 언제나 타자의 죽음이다」,『철학, 죽음을 말하다』, 산해, 2005, p,243) 죽으면 모든 것이 끝장이라든가 죽은 사람은 말이 없다는 따위의 일상적인 죽음에 대한 인식은 죽음을 단순히 무화로 간주하는 의식의 표현이다. 그런데 이러한 의식을 레비나스는 존재의 세계에서 해결 불가능한 모든 문제를 죽임 또는 죽음을 수단으로 해결하려는 타인이나 자신에 대한 살해 감정에 다름 아니라고 분석한다. 이는 유대인 대학살이나 이라크 전쟁과 테러, 증거인멸을 위한 살인, 삶의 고통으로부터 벗어나기 위한 자기살해 및 타자살해 따위에서 쉽게 찾아볼 수 있다고 본다. 이러한 주장의 이면에는 죽음에 대한 사유에서 타자에 대한 윤리적 고려가 결여되면 필연적으로 타자에 대한 존재론적 폭력으로 나아가게 된다는 점이 개재되어 있는 것이다. 이런 관점에서 레비나스는 죽음을 '존재와 무'라는 딜레마로 환원하는 것은 전도된 독단이라고 말한다.(안상헌, 같은 글)

그의 죽음론의 핵심은 죽음의 절대적 타자성을 인정해야 한다는 것이다. 죽음은 경험도, 지식도, 앞질러 취함도 불가능한 미스터리이자 스캔들로 본다. 그래서 그는 죽음의 이러한 절대적 타자성을 가리켜 '수수께기이자 순수한 의문부호'라고 명명한다. 이러한 죽음의 절대적 타자성 때문에 인간은 죽음의 위협과 두려움에 직면하게 된다는 것이다. 죽음의 이러한 특성 때문에 타자의 죽음은 나의 죽음에 앞서는 철학의 시원이자 철학의 가능조건이며, 살아남은 자들로 하여금 윤리적 자각, 즉 존재론적 겸손이라는 기적을 불러일으키는 계기를 마련한다는 것이다.

타자의 죽음은 단순히 경험이나 지식으로 환원될 수 있는 것이 아니며, 타자의 죽음으로부터 우리가 받는 정서적 영향은 비현재에 의한 현재에의 영향이며, 어떤 친밀한 것보다 더 친밀한 것이며 어떤 선험적인 것보다 더 오래된 후험적인 것이다. 이런 점에서 레비나스는 타자의 죽음에 대한 예외적 관계는 지식의 관계가 아니라 순전히 정서적인 관계, 정서적인 동요, 미지의 것 앞에서의 흔들림으로 본다. 그래서 이러한 정서는 표상을 만들어내는 정서가 아니라 미지의 것 안에서 타자에 대한 응답과 책임으로 나타날 수밖에 없다는 것이다. 즉 모든 죽음에서 이웃의 가까움이 보이며 살아남은 자의 책임이 보인다는 것이다. 다시 말해 이웃의 가까움은 타자에 대한 책임이라는 형태로 나에게 동요를 불러일으킨다는 것이다. 그래서 우리는 존재의 세계 안에서 살아남아야 하기 때문에 일상적으로는 타자의 존재에 대한 관심을 망각하고 살아가지만, 우리의 이웃인 타자의 죽음은 나로 하여금 타자에 대해 결코 무관심할 수 없게 만들며 나를 타자로 이끌 수밖에 없다. 이런 연유로 우리는 타자의 죽음을 통해 비로소 나 자신의 죽음을 넘어서게 되며, 타자를 위한 죽음까지도 가능하게 된다는 것이다. 레비나스는 이로부터 새로운 인간학인 타자의 휴머니즘을 정립하고 있다.(안상헌, 같은 글)

그러면 인간이 짐승의 죽음에 대해 가지는 기본적인 책임은 어떠해야 할까? 이는 생명을 가진 모든 존재에 대한 인간의 태도를 의미하기도 한다. 이응인 시인의 「어떤 장례」가 그 한 모습을 내비친다.

> 시골 노인네와 여행객 몇을 태운 버스가 길 한가운데 멈추었다.
> 들짐승 한 마리가 등을 돌리고 누워 있다.
> 두 노인이 느릿느릿 내리더니 짐승 앞에 무릎을 꿇었다.
> 여행객들이 슬쩍 시계를 본다.
> 좀 있으려니 조심스레 그 놈을 안아다 길 가 부드럽고 평평한 땅에 다 뉘었다.
> 들짐승은 곤히 잠든 듯했다.
>
> 이들이 버스로 돌아온 것은 두어 시간 뒤였다.
>
> 이응인의 「어떤 장례」

차에 치여 죽은 들짐승에 대한 두 노인의 태도가 돋보이는 장면이다. 죽은 들짐승 앞에 예를 표하고, 이를 묻고 온 시간이 두 시간이나 걸렸다는 짧은 이야기시이다. 죽은 들짐승을 그냥 그대로 두고 지나칠 수도 있지만, 그것을 수습하고 장례까지 치르는 과정 속에 내재되어 있는, 주목할 만한 사항은 들짐승이란 타자의 생명에 대한 윤리적 자각이다. 인간의 생명만 중요한 것이 아니라, 지상에 존재하는 모든 생명을 가진 주체들의 생명 역시 중요한 것임을 노래하고 있다. 인간이 죽음 이후에 관습화된 절차에 따라 장례를 치르듯, 들짐승 역시 똑 같은 생명체로서 그러한 의식을 거처 평안하게 안장해 주어야 한다는 의식의 발현이 선명하게 드러나 있다. 이러한 시골 노인네들의 행위 속에는 모든 생명은 윤회한다는 불교적인 연기설이 근원적으로 작용한 면도 무시할 수 없지만, 한 들짐승의 죽음을 타자의 죽음으로 바라보는 시선이 더 강하게 작용한 때문이다. 이러한 타자의 죽음에 대한 인식은 살아 있는 인간의 현실적 삶을 되돌아보게 만든다. 모든 생명체의 죽음을 이렇게 타자의 죽음으로 인식하게 되면, 생명의 존귀함을 다시한번 느끼게 하는 계기가 될 수밖에 없다.

들짐승의 죽음을 타자로 바라봄으로써 생명에 대한 존귀성을 인식하기도 하지만, 한 인간의 죽음을 이런 관점에서 바라봄으로써 죽음이 산 자에게 어느 정도 정서적으로 영향을 주고 있는지를 새롭게 인식케 하는 시편이 안도현의 「조문(弔文)」이다.

　　뒷집 조성오 할아버지가 겨울에 돌아가셨다

감나무 두 그루 딸린 빈집만 남겨두고 돌아가셨다

살아서 눈 어두운 동네 노인들 편지 읽어주고 먼저 떠난 이들 묏자리도 더러 봐주고 추석 가까워지면 동네 초입의 풀 환하게 베고 물꼬 싸움 나면 양쪽 불러다 누가 잘 했는지 잘못했는지 심판봐주던

이 동네의 길이었다, 할아버지는
슬프도록 야문 길이었다

돌아가셨을 때 문상도 못한 나는 마루 끝에 앉아, 할아버지네 고추밭으로 올라가는 비탈, 오래 보고 있다

지게 지고 하루에도 몇 번씩 할아버지가 오르내릴 때
풀들은 옆으로 슬쩍 비켜앉아 지그재그로 길을 터주곤 했다

비탈에 납작하게 달라붙어 있던 그 길은 여름 내내
바지 걷어붙인 할아버지 정강이에 볼록하게 돋던 핏줄 같이 파르스름했다

그런데 할아버지가 돌아가시고
그 비탈길을 힘겹게 밟고 올라가던
느린 발소리와 끙, 하던 안간힘까지 돌아가시고 나자
그만

길도 돌아가시고 말았다

풀들이 우북하게 수의를 해 입힌 길,
지금은 길이라고 할 수 없는 길 위로
조의를 표하듯 산그늘이 엎드려 절하는 저녁이다

안도현의 「조문(弔文)」

우리는 죽은 자 자신에게서 죽음이 무엇을 의미하는지 결코 알 수 없다. 산 자에게는 고인의 사라짐, 떠남만 남겨져 있으며, 나의 인간성의 개시 즉 그 죽음에 대한 감정적 반응은 타자의 죽음에 가까이 다가감에서 비롯된다. 이렇듯 이웃의 죽음을 통해 나의 인간적 자아가 그 죽음에 감정적으로 반응함으로써 죽음에 대한 반응이 드러난다.

마을의 길처럼 존재했던 조성오 할아버지의 죽음에 대한 시인의 태도는 우선 시 제목에 나타난 그대로 「조문」의 예를 갖추는 데서 시작된다. 그런데 이 시에서 관심을 갖는 것은 조성오 할아버지란 타자의 죽음에 대해서 시인이 어떠한 감정적 반응을 하고 있느냐 하는 점이다. 레비나스의 말대로라면, 죽음은 절대적 타자로서 살아남은 자가 죄책감을 느끼게 만드는 그런 타자이다. 시인은 일차적으로 조성오 할아버지를 그런 타자로 인식하는 모습을 내보인다. 할아버지가 살아생전 동네에서 어떤 존재였는가 하는 점을 회상하면서, <돌아가셨을 때 문상도 못한> 자신을 자책하고 있기 때문이다.

그러나 시인의 윤리적 감정 반응의 정도는 여기에서 끝나지 않는다. 할아버지의 죽음은 그가 평소에 다니던 모든 길의 죽음으로 동일시되고 있기 때문이다. 즉 할아버지의 죽음에 대해 문상을 하지 못한 점에 대한 죄책감을 노래하는 차원이 아니라, 할아버지의 죽음이 그가 생전에 다녔던 길이란 모든 공간의 죽음까지 몰고 왔음을 노래하고 있다. 나아가 할아버지의 상징물인 길 위로 산그늘이 내린 것을 엎드려 절하는 조의로 형상화하는 시인의 의식은 타자의 죽음에 대한 윤리적 반응이라고 할 수 있다. 이렇듯 타자의 죽음에 대한 반응을 통해 우리는 비로소 인간적, 윤리적 자아가 된다. 이것이 죽음을 절대적 타자로 인식할 때 얻게 되는 윤리적 실마리라고 할 수 있다. 이런 측면에서 시인들이 노래하는 타자의 죽음들은 나의 죽음에 앞서는 가장 근원적인 첫 번째 죽음이 될 수 있다.

제 3 부

이성선 시인의 생명의식
-우주적 생명을 위한 노래

1.

이성선 시인께,

이곳 남쪽은 벌써 봄 소식에 들떠 있는데, 그곳 강원도는 여전히 산골에 눈이 덮여 있겠지요. 당신은 첫시집 이후부터 지금까지 자연을 통해 세계를 인식하고, 노래하는 몸짓을 쉬지 않고 있습니다. 모두가 문명을 추구하며 인간이 건설한 도회로 삶의 자리를 옮겼지만, 당신은 강원도 산골을 포기하지 않았습니다. 그곳에서 외로운 영혼의 노래를 구가하며 우주를 호흡하고 있는 듯합니다. 그 노래가 자연을 잃어버린 우리에게 회복의 노래로 들려오기 시작한 것은 그렇게 오래되지 않은 것 같습니다.

자연을 마구잡이로 상처내고 피흘리게 하고도 그것을 모르고 있었으니까요. 인간 마음대로 이용만 하는데 혈안이 되어 있었기 때문입니다. 욕망의 노예가 되어 이성을 무기로 인간의 욕망만 실현해 온 결과죠. 자연도 상처가 깊으면 곪아터지기 마련이죠. 곪아 터져 나오는 분비물들을 감각하면서 인간은 자신들의 행위를 다시 생각하기 시작했습니다. 생태담론이 일반화되고 생태적 삶에 대한 관심이 일기 시작한 저변이 여기에 있습니다. 그런데 이성선 시인, 당신은 일찌감치 이러한 생태적 삶을 실천하고 있었으니 놀랍고도 고맙게 여겨집니다. 그래서 여기에서 당신이 시를 통해 추구하고 있는 생태적 사유를 이야기해 보려 합니다. 당신의 관심은 지금 당신이 살아가고 있는 강원도의 생태가 문제가 아니라, 그곳에서 우주를 바라보면서, 우주적 생명을 노래하고 있다는 점에서 관심거리가 됩니다. 이러한 사유는 동양적 세계관에 터하고 있는데, 이의 토대를 밝혀보는 일은 우리 생태시가 지향해야 할 생명시의 한 모습이란 점에서 그 의의가 크다고 봅니다.

2.

당신의 시에서 우선 우리가 관심해야 할 부분은 시적 자아와 자연과의 관계인 것 같습니다. 자연을 어떻게 바라보고 있느냐 혹은 인식하고 있느냐 하는 점입니다. 시적 자아를 주체로 자연을 객체로 바라보고 있느냐 아니면 자연과 시적 자아가 하나로 융합된 모습을 보이고 있느냐 하는 점입니다. 자연과 인간과의 관계인식도 중요하지만,

자연과 자연과의 관계 즉 자연 속의 개체들과의 관계 역시 중요한 점입니다. 이 점에서 이성선 시인, 당신은 인간과 자연의 경계를 넘어서 있고, 자연 속의 개체와 개체 사이의 관계도 벽을 허물어 생명이 서로 교류하고 있는 모습을 보입니다. 우선 당신이 자연과의 관계를 어떻게 인식하고 있는지를 다음 시에서 확인해 보도록 하겠습니다.

산이 나의 방에 찾아와
떨며 밤을 지샌다.
창 밖의 산을
바라보고 앉았는데
이슥도록 마주 앉아 있는데
하늘의 새가 내 안으로 날아온다
나비 한 마리가 날아온다
산에 꽃이 피어 있기 때문인가
나의 집에
짐승이 산다
물줄기도 길을 찾아
내게로 온다.
밤에 산과 마주 앉아서
이상한 소리를 듣게 된다.
내가 한 송이
꽃이 되어 앉아 있는데
내가 산이 되어 앉아 있는데
내 몸에서
이상한 소리가 난다

「이상한 소리」

당신은 창 밖의 산을 바라만 보고 있는 것이 아니라, 그 산을 당신의 방안으로 인도하고, 급기야는 방은 산으로 꽉차 버린 상태를 상상하게 만듭니다. 그것은 물론 현실적인 방이 아니라 마음의 방인 것은 사실입니다. 그 방에는 새가 날고, 나비가 날고 꽃들이 피고, 짐승들이 살고 있습니다. 마음의 방이 산으로 채워지면서 결국 당신은 한송이 꽃이 되기도 하고 산이 되기도 합니다. 산과 인간, 꽃과 인간 사이의 경계는 사라지고 있습니다. 자연과 인간이 분리된 존재로 인식되는 것이 아니라, 하나로 통합 혹은 일치되어 있는 유기적 통합체의 모습을 보게 됩니다.

여기서 우리는 당신이 지닌 자연에 대한 분명한 관점의 하나를 읽게 됩니다. 인간도 자연 속의 한 대상일 뿐이라는 입장입니다. 일반적으로 자연을 바라보는 관점은 두 가지로 나누어 보고 있습니다. 하나는 인간과 분리된 자연관이고, 다른 하나는 인간을 통합한 천지간 만물을 모두 자연으로 규정하는 관점입니다.(신덕룡, 『환경위기와 생태학적 상상력』, 실천문학사, 1999, P60-64참조) 전자는 인간을 모든 가치의 원천이자 기준이라는 견해를 취하게 함으로써 자연을 인간자신의 욕구충족을 위한 수단으로 이용하려는 경향으로 나타납니다. 이러한 인간 중심적 태도는 17C 이후 산업혁명시기의 기계적 세계관과 결합함으로써 오늘에까지 이르고 있습니다. 이는 소위 근대 과학의 자연관으로 인식의 주체와 인식대상을 분명히 구분하는 이원론적 세계관을 바탕으로 하고 있습니다. 이러한 세계관과 과학기술의 결합이 오늘날의 산업사회를 조성했고 산업사회의 필수적 결과물인 오염과 공해를 유발해 생태계의 파괴에 이르게 된 것입니다.

여기에 반해, 인간은 자연 안에 있는 한 구성원으로서의 지위를 가질 뿐입니다. 그러므로 자연은 인간이 정복해야 할 대상이 아니며, 인간이 살아가야 할 토양과 양분을 제공하는 유기체로서의 의미를 지닙니다. 이는 자연이 하나의 유기체며 상호 의존성을 지니고 있음을 말합니다. 즉 자연이 거대한 하나의 유기적 연속체라는 생각과 함께 인간과 자연의 합일이 가장 이상적인 삶임을 보여주는 것입니다. 따라서 자연은 인간의 이해관계에 따른 도구적 가치가 아닌, 그 자체로 존중되어야 할 가치를 지니게 됩니다. 그래서 모든 유기체는 생물권적 그물 속에서 존재의 사슬을 형성하고 있는 것입니다. 인간 역시 그 존재의 사슬의 한 부분을 이루고 있습니다. 이는 모든 생태계 안에서 존재하는 대상들을 종속적 관계를 넘어 수평적 관계에 놓여 있음을 말하는 것입니다.

이성선 시인, 당신은 앞선 시에서 철저하게 후자의 자연관에 토대를 두고 있습니다. 내가 산을 객체로 인식하고 있는 것이 아니라, 내 스스로가 산이 됨으로써 물아일체를 이루고 있기 때문입니다. 그래서 인간과 산 사이의 거리는 무화되고 있습니다. 인간이 산이 되기도 하고, 꽃이 되기도 하는 시적 인식이 바로 그러한 결과입니다. 이러한 인식의 내용을 앞선 시에서는 소리를 통해서도 확인할 수 있습니다. 앞선 시에서 시적 화자는 "내 몸에서 이상한 소리가 난다"고 노래하고 있습니다. 처음에는 "밤에 산과 마주 앉아서 이상한 소리를 듣게 된다"고 했다가 나중에 "내 몸에서 이상한 소리가 난다"고 감각하고 있습니다. 우선 시인 당신이 듣게 된 이 소리가 무슨 소리인가가 의문의 대상이 될 수 있습니다. 이 소리의 정체가 무엇인가는 시의 문맥을 통해 읽어 내는 것이 손쉬운 방법입니다. 산과 마주 앉아서 이 소리를 듣고 있기 때문에 우선 그 소리는 자연의 소리로 이름 지어 볼 수 있습니다. 그러나 그 자연을 좀더 구체적으로 이해하면, 앞 행에 나와 있는 물줄기 소리로 해석해 볼 수 있습니다. "물줄기도 길을 찾아 내게로 온다"라고 노래하고 있기 때문입니다. 그런데 이렇게 듣게 된 소리를 내가 한 송이 꽃이 되고, 산이 된 뒤에는 그 소리가 내게서 난다는 점에 주목해야 합니다. 듣는 소리는 내가 받아들인 소리라고 하면, 나는 소리는 내 스스로 내는 소리이기 때문입니다. 들리던 소리가 이제는 육화되어 내 스스로 내는 소리로 전환되고 있습니다. 이는 자연의 소리가 시적 자아의 몸에 육화되어 있음을 보여주는 것입니다. 즉 자연과 인간이 합일되어 있는 장면의 형상화라고 할 수 있습니다. 이것이 좀 더 구체화된 경우를 「물소리」에서 확인 할 수 있습니다.

> 장이 망가졌는지 위가 나쁜지
> 눕기만 하면 뱃속에서
> 물소리가 들려라
>
> 듣고 있던 옆의 아내는
> 당신 안에 사시는 설악산 물소리
> 그 신묘한 소리에

귀 씻고 몸 씻고 살아요
하고 빙긋 웃네

방에서 막 터지려던 방울꽃도
내몸 속의
이 이상한 산 음악에
입벙글어 같이 웃네

「물소리」

시인의 몸 속에는 설악산의 물소리가 살아 움직이고 있습니다. 몸과 하나를 이루고 있는 사람과 자연이 융합된 모습입니다. 이미 물소리와 몸이 구분되지 않은 상태임을 읽어낼 수 있습니다. 그래서 내 몸 속에서 나는 물소리를 듣고는 방울꽃도 입벙글어 같이 웃는 모습을 보이고 있습니다. 사람의 몸과 자연이 구분없이 하나의 유기적 관계합일의 관계 속에 놓여 있음을 노래하고 있습니다. 자연과 인간을 유기적 관계 속에서 노래하고 있는 이유는 당신의 자연관에 바탕하고 있기도 하지만, 또 다른 한 켠에는 우주적 세계인식이 자리하고 있기 때문입니다. 온 우주는 생명의 고리로 연결되어 있다는 것입니다. 그런데 우주적 인식으로 자연을 바라볼 때, 그 자연은 무위의 상태로 바라볼 수밖에 없습니다. 이성선 시인, 당신이 실천하는 무위는 다음 시에서 뚜렷하게 나타나고 있습니다.

3.

마당의 잡초도
그냥 둔다

잡초 위에 누운 벌레도
그냥 둔다

벌레 위헤 겹으로 누운
산 능선도 그냥 둔다

거기 잠시 머물러
무슨 말을 건네고 있는

내 눈길도 그냥 둔다
「그냥 둔다」

자연과 하나가 된 시인은 자연의 소리를 체질적으로 낼 수밖에 없습니다. 그런데 인간이 자연화 된 상태에서는 자연의 소리에 더욱 귀 귀울이는 삶의 자세를 견지할 뿐만 아니라, 곧 자연의 무위성을 깨닫게 됩니다. 그래서 자연의 또 다른 이름은 무위(無爲)가 됩니다. 일반적으로 노장사상에서는 자연의 상태를 가장 잘 보존하는 실천적인 방법으로 제시하는 것이 무위입니다. 인위를 인간의 분별적 의식에서 비롯된 행위라 한다면, 무위란 인위가 개입되지 않으면서도 주관과 객관이 융합된 행위를 뜻하는 것으로 볼 수 있습니다. 이러한 무위를 미학적으로 보면 의식을 넘어선 미감이라고 할 수도 있습니다.

자연을 미적으로 인식한다는 것입니다. 이러한 인식 자세에서는, 자연을 이해나 정복의 대상으로 보지 않고, 어떤 의도나 목적없이 사물들의 형상을 직관할 수 있습니다. 시인이 위의 시에서 잡초도 그냥 길도 그냥 두는 태도는 이러한 무위의 시적 실천이라 할 수 있습니다. 그냥 둔다는 것은 인위를 개입하지 않고, 각 대상들의 존재성을 그대로 인정한다는 것입니다. 그래서 자연을 통해 무위를 실천하게 되면 모든 존재는 각각이 하나의 우주로 인식됩니다. 「작은 풀씨」에서 시인이 큰 우주를 노래하고 있는 이유가 여기에 있습니다. 우주내의 존재들은 각각 무위로 두고 보면, 그 각각은 하나의 소우주들이기 때문입니다.

작은 풀씨 안에도
새가 난다

비 오고 번개 친다

그 안에 사람이
무지개 띄우고 이별이
아픔과 고독으로 눈물 짓는다
싸움이 있고 환몽이 놀고
명상과 해탈위에
성좌가 흐른다

개구리 뛰고 무시로
이슬이 피었다 지고

풀잎에 달이 매달린다

발에 밟히는 길가의
이 잡초씨 안에도
큰 우주가 들어 있다
「작은 풀씨」

작은 풀씨, 잡초씨 안에도 큰 우주가 들어 있다는 시인의 인식은 바로 우주적 세계 인식을 말합니다. 작은 풀씨 안에도 새가 날고, 비가 오고, 번개가 친다는 시인의 노래는 이러한 세계인식의 토대 위에서만 가능한 것입니다. 그런데 중요한 것은 자연 속에 펼쳐져 있는 각 개체들의 소우주의 확인에 그치는 것이 아니라, 무한 광대한 대우주로 시인의 인식시선이 확대되고 있다는 점입니다.

가지에 잎 떨어지고 나서
빈 산이 보인다
새가 날아가고 혼자 남은 가지가
오랜 여운에 흔들릴 때
이 흔들림에 닿은 내 몸에서도 잎이 떨어진다
무한쪽으로 내가 열리고
빈곳이 다 크게 나를 껴안는다
흔들림과 흔들리지 않음 사이
고요한 산과 나 사이가 갑자기 깊이 빛난다
내가 우주 안에 있다.
「흔들림에 닿아」

시인이 이 시에서 '내가 우주 안에 있다'고 인식한 우주는 개체적인 소유주는 아닌 것으로 보입니다. 시인이 이렇게 대 우주 안에 있다는 자기인식 나아가 우주적 세계인식에 이르기까지는 전제되는 선행적 요소가 있었다는 것을 놓쳐서는 안됩니다. 그것이 비우기입니다. 먼저 시인은 가지에 잎 다 떨어져 버린 나목을 통해 빈 산을 만납니다. 그리고 빈 산의 나목 가지에 앉았던 새조차 날아가고 빈 가지만 남았습니다. 그 빈 가지의 흔들림에 시인의 몸도 흔들리고 있습니다. 비워진 자연의 모습에 교감하고 있는 시인의 모습입니다. 그래서 자연이 모든 것을 비웠듯이 시인 역시 모든 것을 비우고 있습니다. 그것이 "내 몸에서도 잎이 떨어진다"는 언표입니다. 이는 자연과 인간이 서로 융합하여 하나가 되었을 때만 가능한 시적 감각입니다. 이렇게 시인이 자신의 몸에 붙은 잎들 다 떨구는 비움과 무욕의 실천을 통해 새로운 세계가 열리고 있습니다. 그것이 "무한쪽으로 내가 열리고" 있는 장면입니다. 이 무한쪽을 시인은 다시 '빈곳'이라고 부언하고 있는데, 이는 무변광대한 대우주를 상정하고 있다고 할 수 있습니다. 즉 나를 감싸고 있던 이들을 다 떨구어버림으로써 시인은 무한의 빈곳인 대우주로 인도되고 있는 것입니다. 나를 무화시킴으로써 대우주가 나를 껴안는 신비로운 체험을 하고 있습니다. 흔들림과 흔들리지 않음 사이 즉 동(動)과 정(靜)의 두 세계, 그리고 산과 나 사이 즉 주객의 세계 사이가 "갑자기 깊이 빛난다"는 것은 이러한 시적 인식을 드러내는 부분입니다. 동과 정, 주객으로 양립되는 두 세계가 하나로 합일되는 순간 빛남을 경험하게 되고 '내'가 대우주 안에 존재한다는 자각을 하고 있습니다. 이는 자신을 무화시키고, 소멸시키는 과정을 통해 소우주가 대우주에 합일되는 순간의 경험이기도 합니다. 그래서 이를 우주적 생명의식이라고 할 수 있습니다. 그런데 우주적 생명의식은 대우주적 세계인식의 측면도 있지만, 쉼없이 소멸, 생성하는 모습을 보이기도 합니다.

한 선사가
임종에 이르렀음을
스스로 알았다

그는 조용히
몸을 일으켜 숲 속으로 들어갔다

숲에 이른 그는
그 자리에 가만히 앉아
눈을 감았다

개미가 와서 그를
물어갔다
새가 날아와 그를
가져갔다

바람이
나무가 풀이
그를 데리고 가고
구름 그림자 지나가며 그를 지웠다

그는 마침내
자신을 전부 나누어 주었다
그가 앉았던 자리는
비었다

빈 자리 달빛오고
그분 미소인가
하얀 한송이 꽃이 피었다

「율무꽃」

위 시가 보여주고 있는, 한 선사가 죽어 율무꽃으로 피어났다는 이야기 구조는 불교의 윤회적 사상을 엿보게 하기도 합니다. 그러나 중요한 것은 한 개체가 자연생태계의 순환의 원리는 바로 우주적 생명원리를 말하고 있는 것입니다. 소멸과 생성을 쉼없이 계속하고 있는 우주적 생명원리를 인식한 시인은 자연스럽게 이 우주적 생명원리의 주재자에 대한 탐색을 조심스럽게 하고 있습니다.

저 아슬한 가지 끝에
꽃이 피어 일어난다
누가 보이지 않게
꽃나무 안에 와 머문 것이냐

산을 집인 듯 등에 지고
밖에서 자고 있는
우리집 강아지

고개 갸우뚱이며 나를 쳐다보는
그 눈동자 속에도
올려다보는 또다른 이가 숨어 있다

그가 누구일까
꽃나무 속에 계시는 이와
강아지 안에서 내다보는 이는
서로 다른 사람일까
우리 뒤에는, 그렇다
언제나 우리 뒤에 있다
오늘 아침 마당
잡초 안에 돌아와
두 팔 휘어지게 이슬을 달고
우주를 들어올리고 있는

저 사람, 아아
미묘한 눈짓으로
나에게 대화를 건넨다
내 발을 시간의 강물너머
어느 산으로 데리고 가며

「누구일까」

꽃을 피우게 하는 근원적 생명력의 주재자는 누구인가라고 시인은 묻고 있습니다. 그것은 꽃밭 뿐만 아니라, 강아지에게도 똑같이 던져지는 질문입니다. 드러나 보이는 생명현상들의 이면에 존재하는 보이지 않는 절대적 힘을 가진 누군가가 있다는 생각을 시인은 분명히 하고 있습니다. 그가 우주를 들어올리고 있으며, 잡초 안에 이슬을 달게 하는 주체가 된다고 보고 있습니다. 그 주체를 시인은 사람의 차원에서 찾고 있습니다. '저 사람'으로 말입니다. 그러나 어찌 사람의 차원에서 그 대상이 찾아질 수 있겠습니까? 이성선 시인, 당신이 펴낸 최근 시집『네 우주가 손을 얹었다』에서는 그 절대자를 찾아 인도를 헤매고 있는 모습을 보입니다. 그러나 인도를 헤매고 다닌다고 그 절대자를 당장 만날 수 있겠습니까? "神의 가슴길을 찾아" "無에 몸 씻으로"(「神의 가슴길」) 인도에 간 당신은 자신에 대한 절망만 경험하고 있으니까요. 절대자의 힘은 온 우주에 편만해 있고, 그 힘이 우주의 생명력을 발휘하고 있으니 장소성이 큰 의미를 지니는 것은 아닌 것 같습니다. 당신은 이미 이를 깨닫고 있지 않습니까? "대청봉 위에서 맑게 솟는/물을 마시니/티벳영산 물 한 모금이 줄었다"(「山上에서」)는 공간의 한계를 뛰어 넘는 우주적 인식을 하고 있으니까요. "나뭇잎 하나가/아무 기척도 없이 어깨에/툭 내려앉는"(「미시령 노을」) 감각을 통해 "내 몸에 우주가 손을 얹었다"는 세계인식을 하고 있는 당신의 우주적 생명의식이 더욱 깊어져 가길 빌 뿐입니다. 그 깊은 생명의식이 세속에 절여있는 우리의 눈과 마음을 씻어줄 수 있는 근원적 힘이 될 수 있을 테니까요.

강은교 시인의 생명정신이 빚는 생동(명)의 장면들

1.

강은교 시인은 우리에게 허무를 노래한 시인으로 우선 다가선다. 이는 그의 초기시들이 보여준 삶과 죽음 사이에 깊이 내재되어 있는 허무의 색체 때문이다. 허무의 심연에 깊이 침잠한 결과이다. 그러나 그의 허무의식은 허무 자체만의 노래는 아니었다. 허무를 초극하는 생명의식이 이면에 도사리고 있었다. 그 생명의식은 초기에는 관념적인 차원에 머무는 듯 하나, 중기에 오면 현실적인 대응력을 지니는 힘으로, 그리고 시력이 깊어지면서 구체적 일상의 삶에서 역동하는 생명의식으로 진전되는 모습을 보인다. 여기서 논의 대상이 되는 시편들은 일상의 삶에서 시인이 보여주는 생명의식의 한 편린들이다. 많은 시편은 아니지만, 최근의 시편을 통해, 강은교 시인의 생명의식을 살펴봄으로써, 시인이 근래에 가진 관심사와 지향점을 살펴보고자 한다.

2.

여성들의 일상적인 삶에 있어, 뺄 수 없는 일 중의 하나가 빨래이다. 시인의 눈에 그러한 일상의 모습이 걸려들고 있다. 「빨래너는 여자」에서 우리는 옥상에서 빨래너는 여자의 행위가 보여주는 생동하는 한 장면을 만난다.

> 햇빛이 '바리움' 처럼 쏟아지는 한 낮, 한 여자가 빨래를 널고 있다. 그 여자는 위험스레 지붕 끝을 걷고 있다, 런닝 셔츠를 탁탁 털어 허공에 쓰윽 문대기도 한다, 여기서 보니 허공과 그 여자는 무척 가까워 보인다, 그 여자의 일생이 달려와 거기 담요 옆에 펄럭인다, 그 여자가 웃는다, 그 여자의 웃음이 허공을 건너 햇빛을 건너 빨래통에 담겨 있는 우리의 살에 스며든다, 어물거리는 바람, 어물거리는 구름들,
>
> 그 여자는 이제 아기 원피스를 넌다. 무용수처럼 발끝을 곧추세워서서 허공에 탁탁 털어 빨랫줄에 건다. 아기의 울음소리가 멀리서 들려온다.
>
> 그 여자의 무용은 끝났다. 그 여자는 뛰어간다. 구름을 들고.
>
> 「빨래 너는 여자」 (1996)

빨래너는 행위는 일상적인 일 중에 그렇게 재미나는 일은 아니다. 모든 일상의 일이라는 것이 다 그렇지만 늘 반복되는 일 중의 하나이다. 그래서 무의미한 노동으로 전락되기 쉽다. 그런데 시인의 시선에 걸려든 빨래너는 여자의 행위들은 노동이 아닌 예술로 승화되어 있

다. 빨래너는 행위를 무용으로 인식하는 시인의 시선이 그것이다. 빨래너는 행위가 무용으로 인식되는 이유는 무엇인가? 빨래너는 일이 고통이나 단순한 노동이 아니라, 웃음을 짓게하는 아름다운 행위로 인식되고 있기 때문이다. 그리고 빨래너는 여자의 행위가 자연과 조화를 이루고 있어, 그것 자체가 한 폭의 그림처럼 인식되기 때문이다. 빨래너는 행위 자체의 단순한 묘사가 아니라, 행위의 의미를 객관적 거리를 가지고 주관적으로 해석해 내고 있다. 그 결과는 어물거리는 바람과 구름이 지나는 허공을 배경으로 집 옥상에서 여자가 빨래를 너는 행위는 단순한 정물화가 아니라 생동하는 영상으로 다가선다. 특히 빨래너는 여자가 아이 우는 소리에 민감하게 반응하는 모습을 보임으로써 모성애에서 비롯되는 생명감을 이 시의 주요한 생명의식으로 전경화시키고 있다. 이러한 생명감에 충일한 노동은 단순한 노동을 넘어 예술로 승화된다. 발끝을 곧추세워 빨래를 너는 행위가 무용일 수 있는 이유가 여기에 있다. 무용은 생동감의 극치이며 생명의식의 발현이다. 이러한 생명의식의 발현은 어머니와 아이의 관계 속에서만 확인되는 것이 아니라, 자연에 놓여있는 무의미한 잡초를 통해서도 확인되고 있다. 「아, 이걸 어째?」는 이러한 생명의식을 잘 드러내고 있다.

> 화분에 물을 주다가 구석에 삐죽 솟아있는 잡초를 뽑았습니다.
> 안 뽑히는 것을 억지로 비틀어 뽑았습니다.
> 순간, 아야아 - 하는 잡초의 비명이 들려왔습니다.

아, 이걸 어째?
내 손에 피가 묻었습니다

아, 이걸 어째?

「아, 이걸 어째?」(1999)

잡초는 자연 식물 중 어쩌면 가장 하찮은 존재이다. 하찮은 존재에 대한 인간의 일반적인 대응방식은 함부로 혹은 너무 쉽게 그 대상을 수단화한다는 점이다. 그래서 잡초는 무의미한 대상으로 치부된다. 시적 화자의 잡초에 대한 처음 인식은 이러한 면모를 잘 보여준다. 화분에 뿌리를 내린 잡초는 사실 화분의 주인공인 화초에 비할 때 상대적으로 존재의미가 없다. 그래서 시적 화자도 화분에 심긴 식물을 위해 아무 생각 없이 잡초의 뿌리를 뽑아낼 수 있는 것이다. 화분에 심긴 식물과 잡초는 분명히 구분되고 차별화되는 대상으로 비친다.

그런데 시적 화자는 뽑히지 않는 잡초를 비틀어 뽑는 순간 새로운 눈뜸을 경험한다. 생명이 지르는 비명 소리를 들은 것이다. 피 흘리는 생명을 인식함으로써 잡초는 새로운 존재로 부상한다. 아무것도 아닌 존재에서 인간과 같이 아파하는 생명체로 다가선다. 잡초의 비명과 피 흘림을 통해 잡초는 인간과 동등한 생명체로 인식된다. <아, 이걸 어째?>라는 반복되는 시적 화자의 당혹과 죄의식은 잡초를 다시 보게 만드는 전환의 계기를 마련한다. 생명에 대한 시인의 민감한 반응의 결과이다. 이는 잡초도 인간과 똑같은 생명을 지닌 존재라는 생태학적 사유에 토대를 둔 생명의식의 발현이다. 이러한 자연을 통한 생명의식의 발현은 「집으로 가는 길」에서 만난 은행잎 한 장을 통해서도 예민하게 드러난다.

은행잎 한 장
집으로 가는 나를 불러 세웠어

은행잎 한 장
멈칫멈칫 내게 손을 내밀었어

은행잎 한 장
내 손을 꽈악 잡았어

은행잎 한 장
내 손 안에서 파삭 부스러졌어

노오란 피, 노오란 연기
가을 바람 한 올이 바삐 지나가다가
멈추어 섰어
집으로 가는 길

「집으로 가는 길」 (1999)

잡초를 통한 자연에 대한 생태학적 사유는 은행잎 한 장을 통해서도 동일선상에서 이루어진다. 떨어져 길에 나뒹구는 은행잎 한 장은 잡초와 마찬가지로 사람의 관심 밖의 대상이다. 그래서 잡초만큼 무관심의 대상으로 전락될 수밖에 없다. 그런데 은행잎 한 장이 집으로 가는 시적 자아를 불러세웠다는 것은 은행잎 한 장에 대한 시적 화자의 관심이 예사롭지 않음을 말한다. 무관심의 대상을 관심의 대상으로 격상시켜놓고 있다. 그래서 그 은행잎 한 장은 시적 화자에게 손을 내밀고, 다음 손을 꽉 잡고, 그 다음 단계로 시적 화자의 손 안에서 부스러지고 만다.

이러한 과정을 통해 시인은 은행잎 한 장의 생명을 새롭게 확인한다. 그것이 그 은행잎 한 장이 생명을 다하는 순간을 포착한 <내 손 안에서 파삭 부스러졌어>라는 언표 이후에 나타난 시인의 세계인식이다. 생명과 같은 피의 확인이다. 잡초에서 확인한 생명의 피를 여기서도 확인하고 있다. 그 생명의 피를 확인한 이후에 세계인식은 다른 차원으로 나아간다. 그것은 <가을 바람 한 올이 바삐 지나가다가 멈추어 섰>다는 자연 현상의 포착이다. 가을 바람이 어찌 멈추어 설 수 있으랴. 그러나 시인은 그렇게 인식하고 있다. 이는 은행잎 한 장의 사라짐이 단순한 현상이 아님을 의식한 결과이다. 그 사라짐은 우주 속의 생명현상의 하나라는 것이다. 그리고 그 생명현상은 다른 생명체나 우주 속의 현상과 결코 무관하지 않음을 노래하고 있는 것이다. 시의 서두에서는 은행잎 한 장이 시적 화자를 불러세우지만, 시의 후반부에서는 가을 바람을 멈추게 하고 있다. 은행잎 한 장의 존재가 시적 화자와 가을 바람과 무관하지 않고 연관되어 있음을 통해 생명의 우주적인 성격을 드러낸다. 이는 지구생명계 전체와 태양과의 유기적 관계 전체를 생명의 최소단위로 보는, 그래서 온 우주에 존재하는 모든 것들이 하나의 생명으로 연관되어 있다는 온생명 사상과도 멀지 않다. 그런데 우주에 존재하는 생명들은 새로운 생명의 탄생을 위해 서로 갈등하며 길항하는 모습도 보인다. 이는 강은교 시인이 「섬의 끝」에서 발견한 생명 탄생의 비밀이기도 하다.

> 섬의 끝에서
> 동쪽과 서쪽이 만났습니다.
> 동쪽이 서쪽의 어깨를 만지면서 말했습니다.
> 나는 해를 뜨게 한다고.
> 서쪽이 동쪽의 어깨를 만지면서 말했습니다.
> 나는 해를 지게 한다고.
> 북쪽이 끼어 들었습니다.
> 나는 늘 지구를 얼어 있게 한다고.
>
> 동쪽과 서쪽이, 남쪽과 북쪽이
> 눈을 흘겼습니다.
> 서쪽과 동쪽이, 북쪽과 남쪽이
> 눈을 흘기며 어깨를 심하게 부딪쳤습니다.
>
> 지구가 출렁
> 흔들렸습니다.
>
> 그 바람에 주홍 산나리 셋이
> 바위 틈에 몸을 풀었습니다.
> 꽃잎으로 뿌리를 가리며
>
> 「섬의 끝」 (2002)

우리가 사는 우주 세계는 남과 북, 동과 서처럼 두 대립적인 세계가 공존한다. 그리고 그 세계는 각각의 기능과 역할이 있다. 동쪽이 해를 뜨게 하고, 서쪽이 해를 지게 한다고 말할 수 있는 것처럼. 그런데 대립적인 두 세계는 언제나 갈등 혹은 길항하도록 되어 있다. 시인이 이 시에서 제시하는 남과 북, 동과 서는 그 한 형태이다. 상극하는 두 세계의 공존 역시 우주 속에 내재해 있는 질서의 하나이다. 그런데 중요한 것은 상극하는 두 세계가 존재함으로 인해 새로운 생명이 탄생하는 토대가 마련된다는 점이다. 상극하는 두 세계가 대립하고 부딪힘으로 <지구가 출렁>하고 흔들리는 엄청난 변화가 있는 것 같지만, 그러한 부딪힘으로 생명탄생이 가능함을 시사한다. 두 세계가 부딪혀 지구가 출렁하는 흔들림이 있었기에 <주홍 산나리 셋이/ 바위 틈에서 몸을 푸는>일이 가능하기 때문이다. 산나리 셋이 바위 틈에서 몸을 푸는 행위와 지구가 출렁하고 흔들리는 행위가 별개의 현상이 아님을 보여준다. 두 극단의 세계가 부딪힘으로 생명의 생성으로 나아가는 우주세계의 생명현상을 시인은 또 다른 차원에서 풀어내고 있다. 그것이 「빗방울 셋이」에서 보여주는 동질의 셋이 하나의 더 큰 생명으로 나아가는 과정이다

> 빗방울 셋이 만나더니, 지나온 하늘 지나온 구름덩이들을 생각하며 분개하더니,
> 분개하던 빗방울 셋 서로 몸에 힘을 주더니, 스르르 깨지더니,
> 참 크고 아름다운 물방울 하나가 되었다.
>
> 「빗방울 셋이」 (2004→2005)

시인은 셋이 만나 하나를 이루는, 셋이 하나의 더 큰 세계를 이루는 자연의 생명력을 노래하고 있다. 그 대상이 물이라는 점에서 생명의 생성력은 무한에 가깝다. 물의 생명력은 무한하기 때문이다. 빗방울이 모여 더 큰 물방울 하나를 이루고, 그 물방울은 시내와 강을 이루고, 나아가 큰 하나의 바다를 형성한다. 그런데 이러한 물의 생명력이 더 큰 생명력으로 나아가는 과정 속에서 시인이 관심하는 바는 깨어지는 순간이다. 빗방울 셋이 각각 깨어지는 단계를 거쳐 더 큰 물의 세계를 만들어 간다는 점이다. 자신을 깨트림으로써 더 큰 물의 세계를 열어가는 물이 지닌 생성력의 원리를 보여준다. 이는 물만이 지닌 생명력의 특징이 아니라, 모든 생명현상에 나타나는 보편적 특징이다. 시인은 물의 생명력에 관심할 뿐만 아니라, 빛의 생명력에도 민감한 반응을 보인다. 시인의 귀가 「햇빛 소리 -향가풍으로」를 들을 수 있다는 것은 그 증거이다.

햇빛 소리가 들렸다

폐허 한 구석, 어여쁜 햇빛 한 올이
나무 등걸에 걸터앉아 있었다

게 누가 날 찾는가, 날 찾이리 없건마는
어느 누가 날 찾는가*

아야아-

고개 빼고 바라보는

보라 제비꽃 한 송이

「햇빛소리-향가풍으로」 (2002)

* 황천무가 <바리공주>에서 인용

빛은 생명력의 중요한 한 상징이다. 시인은 빛이 <폐허 한 구석 나무등걸에 앉아> 있는 것을 <보라 제비꽃 한 송이>가 바라보는 장면을 연출하고 있다. 햇빛 한 올과 보라 제비꽃 한 송이의 만남이 극화되고 있다. 한 생명이 또 다른 한 생명체에 의해 발견되는 생명현상을 만난다. 햇빛은 <누가 날 찾을가>라고 자문하지만, 분명 생명은 또 다른 생명에 의해 발견되고 있는 것이다. <보라 제비꽃 한 송이>와 햇빛 한 올의 만남이 이루어지고 있다. 그래서 생명과 생명이 만나는 순간 <아야아>라는 놀람과 경이의 탄성이 자연스럽게 흘러나온다. 생명은 이렇게 놀람과 경이를 가져다줄 뿐만 아니라, 또한 사랑의 감정으로 표현되기도 한다. 「초록거미의 사랑」에서 그러한 모습을 만난다.

초록 거미 한 마리, 지나가는, 강가의 나를 뚫어지게 쳐다보고 있었어. 예쁜, 예쁜, 초록의 배, 허공에 엎드려....... 초록거미 한 마리, 눈물 글썽이며 나를 뚫어지게 쳐다보고 있었어, 저 잠자리를 보아, 비단 흰 실로 뭉게뭉게 감긴 저 잠자리 한 마리를 보아, 잠자리를 그만 죽여버렸네,

초록 거미 한 마리, 지나가는, 강가의 나를 뚫어지게 쳐다보고 있었어. 잠자리를 그렇게도 사랑했던 초록거미 한 마리.... 예쁜 예쁜 초

록의 배 허공에 엎드려,

이제 합치리, 없는 날개로 저 거대한 하늘 가, 또는 강물 속 어디.

「초록거미의 사랑」(2004)

그렇게도 사랑했다는 잠자리를, 초록거미가 왜 죽여버렸을까? 이 시의 묘미는 이 의문을 푸는데 있다. 시인이 잠자리와 초록거미의 관계를 통해 사랑을 노래하고 있기 때문이다. 사랑하는 대상을 죽여버린다는 것은 일차원적 의미의 사랑으로는 이해할 수 없다. 일차원적 사랑의 논리로는 사랑하는 대상을 죽여버릴 수는 없기 때문이다. 생태계가 보여주는 먹이사슬에 의하면, 초록거미는 자신의 생존을 위해 잠자리를 잡아먹어야 한다. 먹힘과 먹음의 관계는 생태계의 고리를 이어가는 자연생태계의 순환원리이다. 자연의 순환원리 그대로를 시인이 묘사한다면, 초록거미와 잠자리의 관계에서 사랑을 읽어낼 수 없다. 자연 생태계의 모든 순환원리를 사랑의 눈으로 볼 때만 가능한 시선이다. 사랑하기 때문에 죽일 수 있는 사랑, 그 사랑은 죽음을 넘어선다. 그래서 그곳이 <하늘 가>이든 <강물 속>이든 다시 합쳐 하나 되고자 하는 의지를 보인다. 죽음이 떼어놓은 초록거미와 잠자리의 거리를 초극하려 한다. 죽여서 죽음을 넘어서려는 초극의 의지, 이것이 바로 이 시에서 초록거미가 보여주는 사랑이 내장한 근원적 생명력이다. 그런데 이러한 힘을 지닌 생명력의 특징 중의 하나는 자유의 구가이다. 생명력은 자유를 구속하는 모든 요소들과 간힘에 대한 저항을 보인다. 이러한 시인의 자유정신을 「숏대박물관을 나와」에서 만난다.

혼자 걷고 있었어, 사방에서 벽들이 날고 있었어.

너를 기다렸지, 너는 오지 않았어, 철컥철컥 사방에서 소리가 났지, 너의 가슴에서도 철컥 또 너의 가슴에서도 철컥 도시엔 철컥거리는 소리가 마치 우뢰소리같았다니까...... 도시는 철컥 박물관이었어. 낙엽처럼 뒹구는 자물쇠들, 구름 낀 하늘에서 떨어져 오는 자물쇠들

혼자 걷고 있었어, 사방에서 벽들이 날고 있었어, 골목길은 구불구불 허리를 구부리고 있었고
문들이 몸을 뒤틀고 있었어,

악몽의 냄새가 걸려있는 빗장들, 조선조의 빗장들..... 창백한 포스터들, 날아가고 있는 벽들, 파리한 창문들,

혼자 걷고 있었어, 추운 오후들이 몸을 비비고 있었어, 벽 사이에서 우리는 숨을 벽을 찾고 있었지, 모든 사람들이 숨었던 곳, 그 자물쇠를 찾고 있었지. 세상에서 가장 튼튼한 자물쇠를 찾고 있었지,

그런데 누가 갇힌 걸까, 숏대? 아니 우리?

「숏대박물관을 나와」(2004)

혼자 걷고 있는 시적 화자가 대면하는 상황은 온통 벽과 문들이다. 자물쇠로 잠근 듯한 공간에 서 있는 느낌이다. 오늘의 도시적 삶의 특징을 상징적으로 잘 보여주고 있다. 온통 사람의 삶을 구속하고 옥

죄는 빗장들만 산재해 있는 듯한 삶의 상황이 도시이기 때문이다. 사람이 지닌 자유정신이 충일할수록 이러한 갇힘에 대한 저항력도 비례해서 커진다. 갇힘을 의식하면 할수록 그 상태로부터 벗어나고자 하는 의욕은 생명을 가진 존재들의 자연스런 현상이다. 생명의 특징 중의 하나는 자유이다. 그 자유를 가장 생동감 있게 드러내는 존재가 시인이란 점을 이해한다면, 「쇳대박물관을 나와」 갇힘을 확인하는 시인의 시선은 자연스러운 것이다.

생명을 가진 모든 존재들은 그 존재 자체의 자기 원형성 혹은 본질을 유지해 가려고 한다. 생명을 존속시키려는 본능 때문이다. 그래서 생명의 원형이 상실되어 가는 현실을 그대로 수용하기 힘들어한다. 강은교 시인은 「오이샐러드」를 통해 이러한 생명의 특징을 보여준다.

오이의 말소리가 들려왔네

이렇게 살려고 하진 않았어.
마요네즈에 범벅이 되어 감자 조각 옆에 나뒹굴어지리라곤
눈도 입도 가면처럼 흰 칠을 하고 잘디잘디 잘려지리라곤.
아, 이렇게 살려고 하진 않았던 것이라니까.
접시 위에 보이지도 않게 나자빠져 있다가 검은 입 속으로 사라지리라곤.

오이의 말소리가 자꾸 들려왔네

아, 저기
접시 밖으로 출렁출렁 가는 시계소리

「오이샐러드」(2002)

시간의 흐름은 모든 존재들을 조금씩 허물어간다. 본 모습에서 멀어지게 하고, 원형을 상실하게 한다. 시 속에 등장하는 샐러드가 되어버린 오이는 잘디잘디 잘려지고 마는 현실을 부정하고 싶어한다.

오이는 오이로서의 자기존재성을 지키고자 희망하지만, 그렇지 못하고 존재성조차 상실되는 현실을 힘들어 한다. 이렇게 살려고 하진 않았다는 오이의 반복적인 말소리는 무엇을 뜻하는가? <이렇게 살려고 하진 않았던 것>이라는 반복적 서술은 오이가 오이로서의 전체성을 지니고 존재하려고 하는 의욕을 점층시키고 있다. 잘디잘디 잘려져 원형을 상실한 상태에서 다시 검은 입 속으로 사라지는 자신의 현실을 참지 못한다는 말이다. 이는 원래의 모습이 상실되어버린 자기 존재성을 회복하고자 하는 욕망의 발현이며, 원래의 자기 모습을 고집하는 의지력의 표현이다. 이처럼 생명력은 상실되어가는 것들의 원래성의 회복을 꿈꾼다. 원래성의 회복은 본질의 확인과 맞물려 있기 때문이다. 본질은 그 존재를 드러내는 근원이며 생명의 뿌리이다. 그러므로 그 존재의 생명성은 본질을 통해 나타난다. 본질은 각각의 존재가 지닌 정수와의 만남이다. 「간장의 노래」에서 간장 맛의 확인을 시인이 노래하는 이유가 여기에 있다.

> 어느 날 간장 한 병을 샀다. 유난히 검은 그 살빛,
> 검은 살빛의 그 에센스를 숟가락에 담는다, 미역국에 넣는다.
> 간이 맞을까?
>
> 「간장의 노래」(2002→2005)

간장의 존재의의는 간장의 맛을 내는 데 있다. 간장이 그 맛을 잃으면 간장의 생명은 끝난다. 미역국에 들어가 간을 맞게 하는 순간 간장은 그 존재성을 발휘하게 된다. 존재성을 발휘하게 된다는 것은 간장으로서의 생명력을 지니게 됨을 말한다. 이렇게 존재의 생명성은 그 존재의 본질을 유지할 때만 실현된다. 이런 점에서 「간장의 노래」가 지닌 의미가 있다.

그런데 그 존재의 본질을 유지한다면 측면에서, 생명은 일차적으로 개별적일 수밖에 없다. 생태학적 관점으로 볼 때, 생명이 지닌 특징 중의 하나는 관계성이다. 그런데 강은교 시인의 생명의식은 각 개체와 개체 사이의 관계성에도 관심하지만, 그의 시적 출발은 한 생명체에서 비롯된다는 특징이 있다. 지금까지 논의 대상이 된 시에서 보여주는 시인의 노래 대상이 대부분 하나에 집중되고 있기 때문이다. 의식적이라 할 정도로 하나를 강조하여 내세우고 있다.

「빨래너는 여자」에 등장하는 시적 주체가 한 여자이며, 「초록거미의 사랑」에 등장하는 주체 역시 초록거미 한 마리와 잠자리 한 마리다. 또한 「햇빛 소리」에서 서로의 존재를 확인하는 대상이 햇빛 한 올과 보라 제비꽃 한 송이이며, 「집으로 가는 길」에서 만난 은행잎도 한 장이다. 그리고 「간장의 노래」에서 간장 한 병이 등장하며, 「빗방울 셋이」에서도 결국 물방울 하나로 전환된다. 강은교 시인은 그의 산문 「단 하나에 대하여」에서 다음과 같이 하나의 중요성을 변호한다.

다만 <하나>만이 중요하다. 그 하나를 위하여, 그 하나의 만남, 그 하나의 그리움...을 위하여 우리는 결국 그 많은 쓸데없는 만남, 부질없는 말들을 휴지화하지 않으면 안 된다. 기어코 그렇게 할 수 있어야 한다.

「단 하나에 대하여」 중

하나의 의미가 제대로 실현되었을 때, 그 존재나 현상의 의미도 제대로 드러난다는 의미이다. 생명현상도 마찬가지다. 생명의식에 충일하려면 생명 자체에 관심하는 일도 필요하지만, 비생명적인 것들을 걷어내어야 한다. 우리는 강은교 시인의 시를 통해 생명의식의 다양한 발현 양상을 만날 수 있었다. 그 양상은 크게 두 부류로 나뉘어진다. 하나는 생명의 본질이나 생명 현상의 다양한 모습이라면, 다른 하나는 비생명적인 것으로부터의 탈주이다. 전자의 모습은 「빨래너는 여자」, 「아, 이걸 어째?」, 「집으로 가는 길」, 「빗방울 셋이」 등에서, 다양한 생명체들이 보여주는 생명의 눈짓에 민감하게 반응하는 그의 체질에서 확인할 수 있었고, 후자의 경우는 「쇳대박물관을 나와」에서와 같이 구속하는 모든 속박으로부터 벗어나고자 하는 자유정신의 구가에서 보았다. 이는 강은교 시인의 생명정신이 생명본질에로의 관심과 함께 비생명적인 요소에 대한 저항적인 몸짓을 여전히 내장하고 있음을 보여주는 장면이다. 그 생명정신이 역동적으로 발현되는 장면을 퍼포먼스로 바라볼 수 있다는 것은 몸으로 전해지는 생기를 느낄 수 있다는 점에서, 모두가 함께 생체험을 할 수 있는 또 다른 생명창조의 공간이 아닌가?

천양희 시인의 시에 나타난 생명의식

지금까지 6권의 시집을 낸 천양희 시인의 시세계를 몇 마디로 규정하기란 어렵다. 그러나 그의 시편에서 생명의식을 찾아내기란 그렇게 어렵지 않다. 천양희 시인 특유의 삶과 세계를 바라보는 시선 속에서 그만이 지닌 시정신이 생명의식으로 흘러나오는 장면들과 만날 수 있기 때문이다. 그 장면들을 하나의 통일된 선으로 읽어내기에는 무리도 따른다. 그러나 시편마다에서 보여주는 생명의식이 남다르다는 점에서 논의의 필요성이 제기된다. 그의 시집 『마음의 수수밭』과 『너무 많은 잎』 2권에 실려 있는 시편 중에서 그가 지닌 생명의식의 일단을 살필 수 있는 몇 편의 시를 논의함으로써 천양희 시인의 생명의식의 언저리를 찾아볼까 한다.

우선 그가 가장 마음에 두고 있는 시편인 「마음의 수수밭」을 함께 걸어가 보자.

마음이 또 수수밭을 지난다.

머위잎 몇 장 더 얹어 뒤란으로 간다.
저녁만큼 저문 것이 여기 또 있다
개밥바라기별이
내 눈보다 먼저 땅을 들여다본다
세상을 내려놓고는 길 한쪽도 볼 수 없다
논둑길 너머 길 끝에는 보리밭이 있고
보릿고개를 넘은 세월이 있다
바람은 자꾸 등짝을 때리고, 절골의
그림자는 암처럼 깊다. 나는
몇 번의 머리를 흔들고 산 속의 산,
산 위의 산을 본다. 산은 올려다보아야
한다는 걸 이제야 알았다. 저기 저
하늘의 자리는 싱싱하게 푸르다.
푸른 것들이 어깨를 툭 친다. 올라가라고
그래야 한다고. 나를 부추기는 솔바람 속에서
내 막막함도 올라간다. 번쩍 제 정신이 든다
정신이 들 때마다 우짖는 내 속의 목탁새들
나를 깨운다. 이 세상에 없는 길을
만들수가 없다. 산 옆구리를 끼고
절벽을 오르니, 千佛山이
몸속에 들어와 앉는다.
내 맘속 수수밭이 환해진다.

「마음의 수수밭」

시인이 처한 현실적 시·공간은 개밥바라기별이 뜨는 저녁 무렵 뒤란이다. 어둠과 함께 시인의 마음에도 또 수수밭을 지나야 하는 어둠이 깃들고 있다. 마음이 또 수수밭을 지난다는 표현은 수수밭을 지나는 경험이 과거 언젠가 있었다는 사실에 기초한다. 시인의 고백에 의하면, 이 시가 8년만에 완성되었다고 말하고 있는데, 이는 과거의 특별한 경험이 현재화되고 있음을 시사하는 것이다. 서정시가 일반적으로 토대하고 있는 기억과 회상의 원리가 적용되고 있는 시편이다. 그런데 시인은 개밥바라기별이 땅을 내려다 보듯 시적 화자도 땅을 내려다 본다고 노래한다.

그러나 어둠은 길을 지워버려 길 한 쪽도 볼 수 없다. 어둠에 묻혀버린 길은 현실적으로 볼 수 없지만, 시인의 마음 속에는 과거의 길이 재생되고 있는 것이다. 그 길은 논둑길 너머 길끝에 있는 보리밭으로 이어진다. 그 보리밭은 보릿고개를 넘은 힘든 과거의 삶의 길과 겹쳐진다. 지나온 어려운 삶의 흔적이 <바람은 자꾸 등짝을 때리고, 절골의 그림자는 암처럼 깊다.>는 은유 속에 박혀 있다. 등짝이 절골되는 인생길의 상흔이 암처럼 깊다는 은유는 삶의 길에서 만난 고통의 크기와 깊이를 확인시켜 준다.

그런데 화자는 땅을 보던 시선을 고쳐 세워 <머리를 흔들고 산 속의 산, 산 위의 산을 본다.> 산을 올려다 보아야 한다는 것을 깨닫는 순간 하늘을 만나게 되고, 하늘의 세계가 지닌 푸름을 인식하면서 시인의 시선과 행위는 새로운 전환점을 마련한다. 땅만 들여다 보지 말고 올라가라고, 어깨를 친다. 이렇게 시적화자를 정신이 들게 만드는 푸른 것들은 무엇인가? 그것은 하늘에 자리한 싱싱한 생명의 세계이다. 생명의 세계를 본 자는 현실의 어두움이 문제가 되지 않는다. 그 어두움의 길을 넘어설 수 있는 광명을 보았기 때문이다. 푸름으로 대변되는 하늘의 세계는 현실의 어둠과 고된 삶을 치유하고 극복해 줄 수 있는 생명력을 제공하는 힘의 원천으로 자리한다.

그래서 정신이 들 때마다 시적 화자는 나를 깨우면서 절벽을 오르는 수행을 감행한다. 지향해야 할 생명의 세계가 천상으로 방향지워져 있기 때문이다. 이렇게 천상을 오르는 행위의 결과로, <절벽을 오르니 천불살(千佛山)이 몸 속에 들어 앉고, 내 마음 속 수수밭이 환해지>는 놀라운 경험을 한다. 이는 발견과 깨달음의 결과이지만, 그 과정에서 생명력의 근원으로 표상된 하늘을 지향하는 오름이라는 행위가 수반되었음을 기억할 필요가 있다. 오름의 정신적 수행이 땅의 어둠을 걷어낼 수 있는 근원적인 힘이 되는 <내 마음 속 수수밭이 환해지는> 계기를 맞고 있는 것이다.

이러한 삶의 전환에 대한 경험은 그의 길 찾기와 무관하지 않다. 그는 많은 시편에서 길의 이미지를 보여주고 있는데, 「진로를 찾아서」 역시 그러한 시편 중의 하나이다.

眞露도매센터 빌딩을 몇 번 돌았다
불빛 환한 지하에서 두꺼비처럼 두리번거리며
예술의 전당 쪽 계단을 오른다
나는 잠시 머뭇거린다
眞路는 어느 쪽일까. 길눈이 어두워
進路를 찾지 못해 돌아나온다. 오후 7시
저녁 어스름이 내 빈속에 꽉 들어찬다
저 불빛 저 그림자도 길게 누일 길 있던가
생각하는 사람처럼 깊어지는 가로등들,

모르는 곳에 제 속을 허문다
찻소리에 쓸려 나무들은 한쪽으로 기울고
닳을 대로 닳은 길은
사람의 산책을 허락하지 않는다
나는 예술의 전당 무궁꽃에 기대어
한 사람의 진로에 대해 생각해보았다
먼 길은 멀어서 하루가 짧고
담벽 너머 보는 지붕들이 뾰족하다
아무도 아무것도 돌이킬 수 없어
길 같은 길 어디 있냐고 투덜대는 사람들이
자꾸만 길이 비좁다며 바람처럼 빠져나간다
모든 것은 항상 끝나는 곳에서 시작된다. 진로여
나는 너에게 줄 미래도 없는데
내 의지는 소의 눈처럼 꿈벅거린다
누가 나를 시험하러 세상을 문제로 내놓은 걸까
어딘가 길 잃은 사람 있을 듯
굽 낮은 내 구두는 아직 귀가하지 못하였다
여기서 眞路 너무 아득해 빌딩 숲 헤쳐 닿을 길 없고
이 길 한켠에서 생각나는 것은 사람마다
가지 않은 길 하나씩 품고 있는 한 줌 기대와 기대 속에 묻힌 한 그루 추억의 푸른 나무.
기대는 자주 우릴 설레게 한다
설레임 속에서 새벽이 뜬눈으로 돌아온다.
비로소 진로란
우리들 생이 그렇듯
비뚤비뚤하거나 비틀비틀한 것이라고
중얼거린다.

「진로를 찾아서」

진로(眞露) 도매센타에서 출발한 시적 화자의 길찾기는 참된 길(眞路)이 어떤 길인지를 생각하게 한다. 그 생각의 일단은 우선 나아가는 길(進路)을 찾아야 한다. 현실적인 도회길들은 닳을 대로 닳아 사람의 산책조차 허락하지 않는다. 시적 화자는 도회의 길 위에서 사람들의 길을 생각하며 참된 길(眞路)에 대한 기대를 버리지 않는다. 참된 길이 아득하지만, 그 길에 대한 기대를 한 줌씩 품고 살아간다고 생각한다. 그 기대가 삶을 설레게 하는 것이라고. 그것이 우리의 삶을 추동하는 힘이 된다. 그 힘이 삶을 이어가는 생동력으로 작용하는 것이다. 그러나 시적 화자가 결국 깨달은 진로(眞路)란, 직선의 길이 아니라 비뚤비뚤하거나 비틀비틀한 것이 우리의 생의 길이라고 노래한다. 생명은 언제나 직선의 이미지를 가지고 있지 않다. 오히려 생명의 자유로운 분출은 생명의 주체가 나아간 길들이 비뚤비뚤하고, 비틀비틀한 길의 흔적을 남길 수밖에 없음을 보여준다. 그 길이 현실의 살아있는 삶의 길이기 때문이다. 길찾기를 통해 보여주는 천양희 시인의 생명의식은 삶과 결코 무관하지 않은 자유로운 생명력이 분출되어 만들어 가는 비뚤비뚤하고, 비툴비툴한 길의 형상에서 나타난다.

「진로를 찾아서」에서 시인이 보여준 길찾기는 수평적인 길찾기를 통한 삶의 의미부여라면, 수직적인 길찾기를 통한 의미부여도 함께 이루어진다. 그 모습이 「山行」에서 엿보인다. 「山行」은 不二寺를 찾는 과정을 통해 인생길의 또 다른 깨달음을 담담히 전해주고 있다. 길의 끝에 가서야 나타나는 절을 통해 시적 화자는 지고 온 마음의 슬픔을, 짐을 내려놓는 깨달음의 길에 접어든다. <나를, 썩은 잎들> 처럼 썩게 마른 나무 밑에 내려놓는 것이다. 그리고 죄다 버리고 적요 속으로 나아가는 과정을 통해 피안의 거리를 만나게 된다. 이런 깨달음의 과정을 수평적인 길찾기가 아니라, 수직적인 산행을 통해 보여줌으로써 시인이 부단히 추구해온 자기 성찰을 통한 삶의 성숙에 이르는 과정을 보여주고 있다. 즉 깨달음을 통해 새로운 생명의 세계에 이르게 되는 과정을 엿보게 된다.

그런데 인생길에서 길찾기란 어떻게 보면 자유를 향한 끝없는 모색이기도 하다. 이러한 시인의 생각이「새에 대한 생각」에 표출되어 있다.

> 새장의 새를 보면
> 집 속의 여자가 보인다
> 날개는 퇴화되고 부리만 뾰족하다
> 사는 게 이게 아닌데
> 몰래 중얼거린다
> 도대체 하늘이 어디까지 갔기에
> 가도 가도 따라갈 수 없다 하는지
> 참을 수 없이 가볍게 날고 싶지만
> 삶이 덜컥, 새장을 열어젖히는 것 같아
> 솔직히 겁이 난다
> 시작이란 그래, 결코 쉬운 일이 아닐테지
> 새 중에서 제일 작은 벌새들도
> 이름없는 잡새들도
> 하늘 속으로 몸을 들이미는데

귀싸대기 새파란 참, 새가
아, 안된다. 바람 속에 날개를 털어야 한다
일어나 멀리 날 때 너는 너인 것이다
기어코 너 자신이 되는 것
그것이 너인 것이다.

「새에 대한 생각」

새장에 갇힌 새를 보면서, 시인은 집 속에 갇힌 여성을 떠올린다. 날 수 없는 새가 그 존재 가치를 상실하듯이, 여성 역시 날개를 펴고 열린 세상 속으로 날지 못하면 그 존재의미가 훼손된다는 시인의 의지가 이 시에 나타나 있다. 한 생명체가 갇혀있다는 것은 존재의 구속임과 동시에 생명의 활동이 제한되는 상황을 말한다. 생명의 특징은 끊임없는 생장과 자기세계의 확산에 있다. 이러한 생명 자체의 본성은 구속과 갇힘에 대한 거부를 일차적인 특성으로 한다. 그러므로 생명의 또 다른 양상의 하나는 자유의 실현이다. 시인은 이 시에서 새의 자유로운 비상이 새의 살아있음을 증명하는 기호이듯이 인간의 삶에서도 구속과 갇힘을 의식하지 않는 자유로움의 구가가 필요함을 노래하고 있다. 일어나 멀리 날 때 새의 존재 가치가 인정되듯 자유를 구가할 수 있을 때 인간다움이 확인된다는 것이다.

이러한 삶에 대한 깨달음과 사유는 일상적인 옷입기를 통해서도 나타난다. 그것이 「옷입다 생각하니」에서 보이는 옷을 통한 삶에 대한 사유이다. 옷이 낡아가듯 인생 역시 낡아가는 것이라는 사실의 인식이 이 시가 드러내고자 하는 주제이다. 그런데 옷이 낡아 남루해지면 새 옷 입고 싶어 하듯 인간의 생 역시 그러한 것이 아닌가. 옷이 낡아가듯 생명이 사그라지면 그 생명의 소진을 극복할 지향점을 의식할 수밖에 없다. 그러한 경험을 옷을 입고 벗을 때마다 시인은 새삼 느끼고 있는 것이다.

이렇게 인간 삶이 소진과 생성을 가지듯 세상의 모든 삶의 측면은 양면이 있음을 「뒤편」에서 노래한다. 삶은 언제나 양면을 지닌다. 시인은 그것을 뒤편과 앞모습으로 보여주고 있다. 생의 곡선은 이러한 생의 두 모습이 빚어낸 결과임을 말하고 있다. 그런데 시인의 관심은 앞모습의 화려함보다 뒷모습에 있다. 이는 삶에서 드러난 앞면의 화려함에 취하거나 외면적 가치의 추구가 아니라, 보이지 않는 뒤편에 주목함이다. 뒤편이 지닌 또 다른 측면은 인간의 내면과 연결되어 있기 때문이다. 그 내면의 고통을 시인은 「마음의 지진」에서 노래한다.

마음의 지진이란 마음이 근본적으로 흔들리는 상태이다. 이는 마음에서 느끼는 갈등과 아픔의 상태이기에 인생의 뒤편에서 느껴볼 수 있는 장면들이다. 그러므로 이는 삶의 고통이며 아픔이다. 시인은 이런 고통과 아픔에 삶의 본질이 놓여 있다고 생각한다. 그래서 시인이 생각하는 삶이란 직선이 아니라 곡선이다. 곡선의 삶이 힘들 수도 있지만, 그것이 생의 한 본질임을 깨닫고 있는 것이다. 직선은 속도를 필요로 하는 현대사회가 요청하는 길이며 가치이다. 그러나 시인은 이를 거부하는 몸짓을 보이고 있다. 그것은 직선보다 곡선이 더 많은 생명을 품고 가는 원형적 이미지에 가깝기 때문이다. 천양희 시인이 곡선과 함께 원형이미지에 집착하는 이유가 여기에 있다. 근원적 생명은 여기서부터 출발한다고 시인은 믿는다. 곡선과 원형이미지 속에 모든 생명이 살아 움직일 수 있는 역동적 공간이 주어지기 때문이다. 이러한 생동하는 역동적 공간에 대한 탐색은 「마들은 없다」로 이어진다.

마들상가 뒤쪽을 몇 바퀴 돌았다
빌딩숲에서 길 잃은 말처럼 돌아 나오며
나는 잠시 두리번거린다
들판은 어느 쪽일까 방향을 몰라
주택공사 앞 계단 아래, 말뚝처럼 서서
말 울음소리 들리는 듯 귀를 세운다 비 오는 저물녘
헐한 저녁이 내 허공을 꽉 채운다
저 빗소리 저 어둠도 오래 내릴 들판이 있던가
고위층처럼 뽐내는 고층 빌딩들
공중에다 몰래 제 속을 허문다
차들이 밀려 마들은 한쪽으로 기울고
말발굽소리 언제 네 가슴 들이받고 사라져버렸다
나는 말이 뛰놀던 들에 대해 생각해보았다
지나간 것은 지나가버려 아득하고
들판 너머 마을이 멀다
옛 들판 옛 바람 돌이킬 수 없어
말보다 들이 무섭다며 사람들이 마들을 빠져나간다
있다가도 없는 게 생(生)이다, 마들이여
나는 너에게 줄 야마(野馬)*도 없는데
내 생각은 말의 안장처럼 세월 위에 얹힌다
누가 나에게 사는 일 깨닫게 하려고 나쁜 일도 주는 걸까

어딘가 들판 그리운 사람 있을 듯
헐렁한 내 신발은 아직 집 밖에 있다
여기서 마들 찾을 길 없고 이 길 한쪽에서
생각나는 것은 우리의 생이 그렇듯
마들이 말의 들인 줄 모르고 모르므로
이제 마들은 없다

「마들은 없다」

* 아지랑이를 뜻함

시인은 마들 상가 뒷쪽이란 현실 공간을 거닐면서 마들의 원래 공간을 탐색하고 있다. 들을 거침없이 달리며 생명의 힘찬 약동과 그 생동감을 보여주던 마들을 떠올리고 있다. 그러나 그 마들은 지금 흔적도 찾을 수 없고 오직 빌딩 숲만 보이고 있다. 말 울음소리 들리는 듯 하나, 그 소리 들을 수 없고, 말발굽소리 역시 사라져버렸다. 옛 모습 돌이킬 수 없어, 시인은 이제 마들은 없다고 결론 내린다. 세월 따라 변해 버린 마들은 흔적조차 없고 오직 고층 빌딩만 서있는 마들의 현실에서 마들의 원형 공간을 떠올린다. 그러나 말들이 뛰놀던 들, 그 마들은 지금 존재하지 않고 이름만 남아있을 뿐이다. 시인은 그 이름에 걸맞는 마들을 만나고 싶어 한다. 그러나 지나간 것들은 돌이킬 수 없는 것, <이제 마들이 없다>는 사실만 확인할 뿐이다. 그런데 이렇게 사라지고 없는 것을 찾고 노래하는 이유는 무엇인가? 시인이 없어진 마들을 찾고 있는 것은 그 곳에서 날뛰며 생동하던 말들의 생명감을 만나고 싶어하는 근원적 욕구가 작용하고 있기 때문이 아닌가. 이는 천양희 시인이 추구하는 생명의 본질에 대한 사유와 맞물려 있다.

천양희 시인의 생명 의식은 혈육 의식과도 맞닿아 있다. 어머니에 대한 남다른 생각을 떠올리고 있는 「그믐달」은 그 한 징표이다. 희미한 그믐달을 보며, <자식 때문에 가슴이 다 닳았던 내 어머니인 것만 같은, 만월의 채 반도 못 산 그믐달이 달무리진 내 어머니인> 것만 같다고 고백한다. 왜 시인은 달을 통해 어머니를 생각하게 되었을까? 달이 가진 순환적인 생명력이 어머니에 대한 애정과 겹쳐있는 것이 아닌가? 달은 생성과 소멸을 계속하는 원형적 생명체의 하나로 표상된다. 그 생명체를 모성을 통해 확인하고 있는 것이다. 그러나 시인이 떠올린 달은 보름달이 아니고, 그믐달이란 점에서 만월의 채 반도 못 산 달무리진 어머니에 대한 애틋한 감정을 오롯이 담아내고 있다.

생명을 인식하는 또 다른 하나의 방식은 죽음이다. 시인이 「사의 찬미-윤심덕조로」를 그토록 노래하고 있는 이유가 여기에 있다.

죽고 싶다 하면서 살고 싶은 날
친구에게 전화 걸어
인생이 뭐길래 이렇게 힘드냐고 하면
그것도 모르냐며
인생이란 광막한 황야를 달리는 것이라고
「사의 찬미」 한 소절 불러젖힌다

-광막한 황야를 달리는 인생아
너는 무엇을 찾으러 왔느냐

무얼 찾으려고 찾아내려고
바닥 없는 바다에 뛰어내렸을까
자살도 요절도 못한 내가 시인이냐 하면
죽어도 같이 죽는 것이 부럽다고 하면

-이래도 한 세상 저래도 한 세상
 아니냐고 친구는 또 그런다
-돈도 명예도 사랑도 다 싫다고
 내가 한 소절 끝내면

돈도 명예도 사랑도 다 좋은 것이라고
친구는 또 그런다

죽음을 찬미하며 죽어간
윤심덕의 「사의 찬미」
내가 찬미하는 나의 십팔번
「사의 찬미 -윤심덕조로」

이 시에서 노래하고 있는 <죽고 싶다고 하면서 살고 싶은 날>의 심정은 시인이 이미 「마음의 지진」에서 보여준 마음의 상태에서 멀지 않다. 지금까지의 실존적 삶이 흔들릴 때, 우리는 자연스럽게 죽음을 떠올린다. 삶의 힘듦을 견딜 수 없는 극한 상황에 이르기 때문이다. 그런데 죽음을 찬미하며 죽어간 윤심덕의 「사의 찬미」를 나의 18번으로 삼는 시인의 심정은 무엇인가? 단순한 죽음이 아니라, 죽음에 값하는 죽음을 원하고 있는 것이 아닌가? 자살에 이르기까지의 삶에 대한 극한적인 자기확인, 근원적인 생명력을 확인하고 싶은 것이 아닌가? 이는 어쩌면 죽음의 노래를 통한 처절한 생명력의 갈구인 것이다.

이러한 천양희 시인의 생명 의식은 시에 대한 자의식으로도 이어진다. 그것을 「너무 많은 입」에서 보여주고 있다.

> 재잘나무 잎들이 촘촘하다 나무 사이로 새들이
> 재잘댄다 잎들이 많고 입들이 너무 많다
>
> 이(李)시인은
> 마흔살이 되자
> 나의 입은 문득 사라졌다
> 어쩌면 좋담, 이라 쓰고 있다
> 그런데 어쩌면 좋담
> 쉰살이 되어도 나의 입은
> 문득 사라지지 않고
> 목쉰 나팔이 되어버렸다
> 어쩌면 좋담?
>
> 다릅나무 잎들이 촘촘하다 나무 사이로 새들이
> 다른 소리를 낸다 잎들이 다르다고 입들이 너무 다르다
>
> 「너무 많은 입」

이 시는 3연으로 된 완벽한 구조를 갖고 있다. 그러나 닫힌 구조라기보다 열린 구조이다. 시를 여는 1연과 시를 닫는 3연이 서로 맞서면서 새로운 차원의 의미 변화를 보여주고 있다. 1연에서는 재잘나

무를 등장시켜 재잘대는 새의 입들이 너무 많다고 노래하고 있으나, 3연에서는 다릅나무를 내세워 입들이 너무 다르다고 말하고 있다. 많은 입에서 다른 입으로 나아가는 변화를 보임으로 1연과 3연은 단순 반복의 구조를 넘어선다. 그리고 그 많은 입의 이미지를 재잘나무에서, 다른 입의 이미지를 다릅나무에서 끌어내고 있는 시인의 언어적 발상이 흥미롭다. 이러한 같은 소리에 의한 시상의 전개는 다른 시편에서도 천 시인이 즐겨 사용하는 용법하기도 하다.

그런데 시인의 관심은 1연과 3연에서 제시된 많은 재잘나무의 입들과 다릅나무의 입들에 가 있는 것이 아니다. 2연에 제시된 이(李) 시인의 입과 시적 화자의 입이다. 나무의 입을 통해 시인의 입을 노래하려고 한 것이다. 이 시인은 마흔 살이 되자 입이 사라졌다고 노래하나, 시적 화자의 입은 사라지지 않고 목쉰 나팔이 되어 버렸다는 것이다. 이를 어찌할 바 몰라 <어쩌면 좋담?>이라고 안타까워한다. 이 시인의 입처럼 문득 사라지든지, 입 그대로 있지 못하고 목쉰 나팔이 되어버린 현실을 못내 아쉬워하고 있는 것이다. 목쉰 나팔로서는 생명력 있는 시인으로 자리할 수 없다. 시인이 1연과 3연에 제시한 재잘나무와 다릅나무의 입들을 보통의 인간들로 가정한다면, 이 시인의 입은 말 그대로 시인의 입이다. 너무나 다르고 많은 입들 속에서 시인의 입이 어떤 방향을 취해야 할 지를 자문하고 있다. 어쩌면 <입들이 너무 많다>는 것은 너무 쓸 데 없는 말들이 많다는 것이고, <입들이 너무 다르다>는 것은 한 입으로 <너무 다른 소리>를 내는 현실을 넌지시 풍자하는 것이다. 이는 바로 시인들의 시가 생명력을 잃고 있다는 것을 말한다.

그렇다면 시인이 취해야 할 입의 방향은 자연스럽게 정해진다. 한 입으로 한 소리를 내야 한다는 시인의 길이 보이는 것이다. 살아있는 시의 모습은 이렇게 한 입으로부터 나온 한 소리를 통해서 가능하다는 것이다. 시가 살아있는 시가 되기 위해서는 이를 실현해가야 한다는 점을 새롭게 인식시키고 있다. 생명력 있는 시를 위해 시인의 말에 대한 의식이 어떠해야 하는지를 노래하고 있는 것이다. 이는 오직 시만을 위해 시와 함께 평생을 살아온 천양희 시인의 시관과 무관하지 않다. 시를 언어의 사원으로 나아가는 과정으로 보았던 천양희 시인에게 있어, 시란 쓸 데 없는 많은 말들을 정제해 가는 일이기도 했으니까.

이렇게 천양희 시인은 다양한 측면에서, 그의 생명의식을 보여주고 있다. 다른 시인들이 주로 자연 생태계 속의 대상들을 통해 생명의식을 드러내고 있음에 반해, 천양희 시인은 삶의 길을 통해 깨달음에 이름으로써 새로운 생명을 의식하게 하거나, 자유를 구가함으로써 생명의 또 다른 양상을 보여주기도 하고, 생명이 약동했던 과거의 공간을 재구성함으로써 생명의 원시성을 의식하기도 하고, 모성이나 죽음을 통해서 생명의식을 드러내기도 한다. 그런데 더 중요한 것은 시인의 언어에 대한 자의식을 통해 시적 생명력을 견지하려는 남다른 시에 대한 생명의식이다. 시적 대상이 지닌 생명력을 확인하고 그것을 시로 형상화하는 생명의 노래도 필요하고 중요하지만, 시인의 존재성을 근원적으로 확인할 수 있는 시에 대한 시인 스스로의 생명력을 노래하는 것은 더더욱 중요하기 때문이다. 이런 시 자체에 대한 자의식을 천양희 시인에게서 만날 수 있다는 것이 그가 보여주는 개성적인 생명의식이라 할 수 있다.

나희덕 시인의 시에 나타난 생명성

1.

생명이란 무엇인가에 대한 논란은 많으나, 아직 명쾌한 정의는 일반화되어 있지는 않다. 생명현상 자체가 간단명료하게 정의될 수 있는 대상이 아니기 때문이다. 여러 차원의 논의들이 종합되고 정리되어야 할 과제를 여전히 안고 있는 셈이다. 그러나 생물학과 생명공학적 측면에서 이를 규명해보려는 움직임들은 계속되고 있다. 이러한 자연과학적인 생명현상에 대한 규명이 생명의 본질을 이해하는데 상당한 기여를 하고 있는 것은 사실이다. 그런데 시에 나타난 생명현상을 논의하기 위해서는 자연과학적인 생명정의가 전혀 불필요한 것은 아니지만, 인문학적 사유가 배제된 생명현상에 대한 논의는 제한성을 가질 수밖에 없다. 시란 자체가 자연과학적인 생명현상의 단순한 설명만의 차원이 아니기 때문이다.

여기에 시에 나타난 생명현상을 해명하기 위한 인문학적인 생명현상에 대한 논의들이 필요하다. 많은 인문학자들의 생명논의가 있지만, 이글에서는 파울 틸리히(Paul Tillich, 1886 - 1965)의 생명에 대한 이해를 통해 시에 나타나는 생명현상을 살피는 근거를 마련해 보고자 한다. 그의 생명사상이 종교적 측면으로 기울어져 있는 면이 없는 것은 아니지만, 인간의 생명현상을 인문학적 측면에서 해명하고 있는 논리의 일단은 일리를 지니고 있기 때문이다. 그래서 틸리히의 생명사상을 바탕으로 이러한 생명현상이 나희덕의 시에서 어떻게 나타나고 있는지를 점검해 보고자 한다.

파울 틸리히는 그의 저서 『조직신학』 제3권에서 성령과 하나님의 나라라는 두 가지 주제를 각각 생명현상 및 역사와 연관시켜 다루고 있다. 여기서 그는 첫째 생명이란 무엇인가, 둘째 생명의 차원, 셋째 생명의 세 가지 운동을 다루고 있는데, 우선 생명을 정의하기를 <생명은 무생명이나 죽음과 반대되는 것으로서의 살아 있는 것이 아니라 존재가 현실 속에 나타난 것, 곧 존재의 현실성(the actuality of being)을 가리키는 것>으로 본다. 다시 말해 그는 잠재적 존재(potential being)가 현실 속에 구체적인 것으로 나타난 것, 곧 현실적 존재(actual being)를 생명으로 이해하고 있다. 세계에 존재하는 모든 대상들이 생명의 대상이 되고 있는 것이다. 그의 생명 이해가 이러하기에 틸리히는 생명을 세 차원으로 나누고 있다. 무기적 차원(inorganic dimension), 유기적 차원(organic dimension), 그리고 역사적 차원(historical dimension)이다. 무기적 차원은 하나의 원자에서부터 바위, 산, 강과 바다 그리고 우주 전체에 이르는 모든 비유기적인 것들을 아우르는 무기물적 차원으로 일차원적 생명세계라고도 부른다. 이런 일 차원의 생명은 주로 시간과 공간, 그리고 인과율의 압도적인 지배를 받고 있는 특징을 지닌다.

여기에 비해 유기적 차원은 아메바 같은 가장 하등한 생명체로부터 모든 동물과 식물이 포함되며 육신을 가진 인간 역시 여기에 포함되는 이차원적 생명세계이다. 이 차원에 속한 생명은 자신을 단순히 원자나 분자의 집합체로서가 아니라 나름의 내적 질서와 조화를 가진 것, 하나의 통일된 전체적 생명형태로 유지·보존·지탱해 나아가는 특징을 지닌다. 따라서 이 차원의 생명은 무기물적 생명 차원의 경우보다는 시간, 공간, 인과율의 영향을 적게 받고 있다. 이러한 이차원적 생명세계를 넘어, 삼차원적인 생명세계인 역사적 생명차원에 이르면 생명은 내적 자의식과 책임성, 그리고 인격성을 소유하게 되어 객관적 사유와 인격적 공동체 형성이 가능하게 된다. 세계에 존재하는 현실적 존재 중에서 인간만이 이 차원의 생명세계에 속한다고 본다. 이 차원에서는 시간과 공간, 그리고 인과율의 영향력은 현저히 약해지고 그 대신 인격적 결단이 중요하고 결정적인 것이 된다.

틸리히에 의하면, 이 세상의 모든 현실적 존재들은 적어도 이상의 세 가지 생명의 차원들 중의 하나에 속해 있다는 것이다. 예를 들면 우리가 흔히 무생명체라고 부르는 바위나 흙은 무기물적인 일차원적인 생명차원인 무기물적 생명 차원에, 식물과 동물은 생명의 일차원과 이차원인 무기물 및 유기물 차원에, 그리고 인간은 무기물적 차원, 유기물적 차원에 속하면서 또한 역사적 차원에 속해 있다. 곧 인간은 무기물질로 환원될 수 있고 생물학적인 범주로도 설명될 수 있지만, 동시에 역사적이며 인격적인 차원에도 참여하고 있는 것이다.

그리고 틸리히는 생명들이 살아있음을 보증하는 하나의 기호로서 생명의 운동성에 대해 논하고 있다. 생명있는 것들의 세 가지 기본적인 운동을 말하고 있는데, 이는 생명현상을 이해하는데 필요한 참조할 만한 창을 제공한다. 첫째가 생명의 자기통전운동(self-integration movement of life), 둘째가 생명의 자기창조운동(self-creation movement of life), 셋째가 생명의 자기초월운동(self-transcendence movement of life)이다. 이러한 생명운동 현상의 설명은 상당히 인문학적이고, 신학적인 차원으로 치부될 수 있지만, 시에 나타나는 생명현상을 설명할 수 있는 한 항목으로 유의미하다. 생명의 자기통전운동이란, 계속되는 변화의 과정 속에서도 주변 환경과 구별되는 자기의 주체성과 중심을 유지하려는 생명의 성향을 가리키는 것이다. 그런데 생명의 이러한 성향은 중심성(centeredness)과 연관되어 있다고 본다. 곧 모든 생명은 자기중심성을 유지하려고 하므로 중심성이 없어져버릴 때, 그것은 자기됨을 상실하고 하나의 독립된 생명이 되기를 멈추어 버린다는 것이다.

예를 들어 하나의 원자인 경우, 이 원자는 주변의 다른 원자들과 서로 영향을 주고받으면서 다른 것과 구별되는 그 자체의 중심성을 유지하고 있다는 것이다. 이 점에서 원자는 하나의 생명으로서 자기통전 속에서 그 자체의 중심성을 유지하고 있다는 것이다. 이 중심성은 외적인 힘이 너무 강하면 다른 것으로 바뀌거나 손상될 수 있지만,

그것은 결코 나누어질 수는 없고 다만 파괴될 수 있을 뿐이라고 본다.

다시 말하면, 이 세상에 존재하는 모든 것은 언제나 자기중심성을 유지하고 있다는 것이다. 이러한 자기중심성은 바로 자기정체성 혹은 자기 동일성의 추구와 맥을 같이 한다. 자기 중심성을 유지하기 위해서는 자기동일성의 추구가 필수적이기 때문이다. 아메바나 모든 개체생명체가 자기동일성과 자기정체성을 지속하려고 하는 것은 이런 생명운동의 결과이다. 개체가 개체로서 일정한 형태와 내적 통일을 지속하지 않으면, 그 생명체는 거대한 존재의 바다 속에 물방울처럼 해체흡수당하고 말기 때문이다. 그러므로 살아있다는 것은 자기 정체성을 갖기 위한 몸부림이라고 할 수 있다. 그런데 틸리히에 의하면 생명의 이 자기통전운동은 존재론적 구성 요소들 중 개체화(individualization)와 참여(participation)의 양극성의 원리와 연관되어 있다고 본다. 즉 원자와 같이 가장 미소한 것에서부터 한 그루의 나무, 동물, 사람에 이르기까지 모든 생명 있는 것들(곧 잠재성이 현실화 된 것)은 개체화와 참여라는 양극성 사이에 서 있다는 것이다. 그런데 인간생명 현상에서 이 개체화와 참여의 원리가 가장 깊고 넓게 이루어지며 그만큼 생명의 통전운동도 심화된다고 본다. 개체화와 참여는 대립개념이 아니라 상호보완 개념으로서 개체화가 온전히 일어날 때만 진정한 의미에서의 참여도 이루어지며 또한 온전한 참여 속에서만 온전한 개체화도 가능하다고 본다. 그런데 생명의 첫 번째 운동인 자기통전은 인간의 생명 차원에서는 개체화와 참여 사이에 조화를 이루지 못하고 언제나 왜곡되고 분열될 소지를 안고 있다는 것이다. 즉 개인의 존엄성과 자유가 일방적으로 강조될 때(곧 개체화가 강조될 때), 그것은 전체를 생각하지 않는 개인주의, 이기주의로 나타나게 된다는 것이다. 이와 반대로 개인의 개성과 주체성을 억압할 정도로 전체의 이익이나 가치관이 강조될 때(곧 참여의 원리가 강조될 때), 그것은 집단주의, 전체주의로 나타나기 때문에 역시 문제가 된다는 것이다. 그러므로 생명의 자기통전 운동에서 중요한 것은 개체화와 참여라는 양극성 사이에서 그 관계성을 어떻게 유지할 수 있느냐는 문제로 수렴된다. 생명현상에서 개체와 개체 사이의 관계성이 늘 문제되는 것은 이러한 이유이다.

생명의 자기통전 운동이 자기정체성과 중심을 찾으려는 운동이라면, 생명의 둘째 운동인 자기창조(self-creativity)는 성장을 향해 나아가는 운동으로 본다. 전자가 중심에 닻을 내린 채 이루어지는 선회운동이라면, 후자는 앞으로 뻗어가는 수평적 운동이다. 이 운동은 생명들이 끊임없이 이전의 틀을 벗어나 자신을 확장시키고 변화시키려는 운동으로서 그 내적 목적은 새로움의 창조이다. 그런데 이러한 생명의 자기창조와 연관되는 존재론적 구성요소들을 틸리히는 역동성(dynamics)과 형태성(form)으로 보고 있다. 모든 생명들은 나름의 형태를 지니고 있으며, 이 형태 안에서 자기를 유지하려고 하고, 동시에 자신의 현재의 형태를 넘어선 다른 형태로 변화되어 가려고 하는 역동성을 지닌다는 것이다. 그래서 틸리히는 생명의 자기창조 운동에 있어서 형태성과 역동성은 상호의존적이며 보완적이라고 말한다. 그런데 이 구성요소 중 형태성만 고수하려고 하면, 그것은 자기 안에 폐쇄되어 생명의 능력을 상실하게 되고, 반면 형태성을 완전히 거부하고, 역동성만 추구하게 되면, 혼란과 무질서 속에서 자신의 정체성을 잃어버리고 만다고 본다. 그런데 틸리히는 생명의 자기창조운동이 인간의 생명 차원에서는, 특히 문화활동을 통해 분명하게 드러난다고 본다. 문화란 다름 아닌 인간생명 차원에서의 생명의 자기창조이기 때문이다. 인간의 생명현상에서 역동성과 형태성의 존재론적 양극성은 분명하게 드러나는데, 실존 속에 있는 인간 생명에서 이 둘은 상호조화되지 못하고 갈등과 균열을 일으킬 수밖에 없다고 본다.

틸리히가 말하는 생명운동의 세 번째 모습은 생명의 자기초월(the self-transcendence of life)이다. 모든 생명은 자기의 존재를 넘어서서 보다 높은 차원으로 상승하려는 지향성을 갖는데, 곧 생명은 자기를 유지하려는 운동(자기통전)과 자기를 성장, 확장 시키려는 운동(자기창조)뿐 아니라, 자기를 넘어서서 질적으로 다른 존재가 되고자 하는 운동(자기초월) 또한 갖고 있다는 것이다. 틸리히는 이와 같은 생명운동을 생명의 수직적 운동, 혹은 위를 향한 초월이라는 공간적 은유로서 표현하고 있다. 그래서 생명의 자기통전 운동이 중심성(centeredness)의 원리에 따라 이루어지고, 자기창조가 성장의 원리에 의해 이루어진다면, 자기초월은 숭고함(sublimity)의 원리에 따라 이루어진다고 본다. 그리고 틸리히는 생명의 자기초월운동에 관계되는 존재론적 요소로 자유(freedom)와 제약(destiny)을 든다. 이 두 요소는 생명의 자기창조에서 역동성과 형태성의 두 요소가 서로 갈등하듯이, 이 두 요소도 상호보완적이지만, 갈등과 충돌이 일어난다고 말한다.

이상과 같은 틸리히의 생명사상은 일반론적이고, 상식적인 차원을 넘어서지 못한다는 점에서, 그리고 신학적인 바탕 위에 세워져 있다는 점에서, 그 의미부여가 제한적일 수밖에 없다. 또한 그의 생명 사상은 생명의 차원을 3차원으로 나누고, 인간을 그 중심에 놓고 있다는 점에서도, 철저히 인간의 생명을 우위에 두고 있다는 점에서 인간중심의 생명사상이라는 혐의를 벗어나기 힘들다. 그러나 그의 생명사상이 우리 시에 나타나는 생명의식을 해명하는데 전혀 무익한 것은 아니다. 기계적인 대입보다는 그의 생명사상에서 유의미한 부분을 잇대어 나가는 선에서 구체적이 작품을 통해 논의를 계속해 보고자 한다.

2.

생명운동의 양상 중 자기중심을 세워가기 위해 자기 정체성을 추구하는 문제는 많은 시인들이 지닌 의식의 일단이다. 나희덕 시인의 「존 말코비치 되기」는 이러한 자기 정체성의 문제를 우리 앞에 던져놓고 있다.

> 7층과 8층 사이 7.5층의 어둠,
> 무의식의 다락방으로
> 다른 사람이 되기 위해 몰려드는 사람들

말코비치, 내 소리 들려요?
당신 몸으로 들어가는 입구가 어디 있지요?
추운 고속도로변에 던져져도 좋아,
단 십오 분 동안이라도
당신의 피와 침 속에 녹아들 수 있다면!
아, 나를 벗어날 수만 있다면!

웅성거리는 당신 몸 속에서
메뉴판에 가득 적힌 당신을 주문하고
당신을 우적우적 씹어 삼키거나
후룩룩 마셔버리고 싶어!
아니면 당신 입 속에 숨어서
질기디 질긴 나를 되새김질하거나
당신 눈 속에 숨어들어
나를 스르륵 지워버리고 싶어!
벗어나도 벗어나도 내 속에 갇혀 있는
나를 건져내고 싶어!

당신이라는 욕조 속에서
한 마리 파리처럼, 또는 지푸라기처럼.

「존 말코비치 되기」

*찰리 카우프만 각본, 스파이크 존즈 감독의 영화

<존 말코비치 되기>라는 영화를 근거로 한 이 시편은 "나를 벗어날 수만 있다면"하는 희망을 노래하고 있다. 사실 다른 사람이 되기 위해 "존 말코비치 되기"를 꿈꾸고 있지만, 그리고 "나를 스르륵 지

워 버리고 싶어"하지만, 시적화자의 궁극적인 바람은 "벗어나도 벗어나도 내 속에 갇혀 있는/나를 건져내고 싶어"하는 것이다. 내 속에 갇혀있는 나를 건져낸다는 것은 나의 확인임과 동시에 나를 세워가는 의식의 발현이다. 나의 정체성의 확인을 말한다. 그러므로 이 시는 나를 지워버리기 위해 "존 말코비치 되기"를 우선 바라고 있지만, 그것이 궁극적인 지점이 아니다. 나의 생명성은 "내 속에 갇혀 있는/나를 건져냄으로써" 새롭게 생성되는 나를 만나고 싶어하는 데 있다. 그 자기의 생성은 생명의 자기창조 운동의 하나라는 점에서 나희덕 시인의 생명의식을 만난다.

그런데 생명현상의 특징 중의 하나는 관계성이다. 그것은 한 개체 속에서의 관계성일 수도 있고, 개체와 개체 사이의 관계성일 수도 있다. 시에 나타나는 생명성은 시에 등장하는 시적 대상과 시적 화자 사이의 관계성에서 비롯된다. 나희덕 시인은 지금까지 그의 시에서 예민하고 감각적인 감수성을 토대로 시적 대상과 시적 화자 사이의 관계성을 새롭게 열어왔다. 시적 대상과 시적 화자가 만나 하나를 이루는 관계를 다음 「한 손에 무화과를 들고」에서 볼 수 있다.

그가 걸어왔을 때
무화과는 금방이라도 쪼개질 것처럼 보였다

초가을 저녁 이만한 향기는 드물어서
말없이 무화과를 받아들었다

실타래 모양의 속꽃들,

끝이 붉게 곤두선 혀들은 뭐라고 했던가

부르튼 입술에서 한없이 풀려나오는
사랑의 말들, 말들,

뭉클뭉클 흘러드는 그 향기를
어찌 꽃이 아니라 말할 수 있을까

내 속에서 누군가 중얼거린다
눈부신 열매들이란 좀 멀리 있는 편이 좋다고

그러나 한 손에 무화과를 들고
그가 아주 먼 곳에서 걸어왔을 때

무화과는 이미 쪼개져 있었다
오래 전부터 그 입술은 나를 향해 열려 있었다
「한 손에 무화과를 들고」

그와 시적 화자의 관계성이 무화과를 매개로 노래되고 있다. 무화과가 매개가 되고 있지만, 실제로는 무화과와 그를 동일시하더라도 크게 문제가 될 것이 없는 세계인식을 보인다. 1연에서, 그가 걸어왔을 때 금방이라도 쪼개어질 것처럼 보인 무화과가 8연 마지막에서는 이미 쪼개어져 있는 상태로 변하고 있다. 시적 화자와 그의 관계가 어떻게 진전되어가고 있는지를 읽어낼 수 있는 대목이다. 그러면 그와 시적 화자의 관계가 이렇게 진전될 수 있었던 이유는 어디에 있는가? 무화과가 지닌 향기 때문이다. 그런데 그 향기는 단순한 향기가 아니다. 향기는 사랑의 말들로 변하고 있다. 무화과를 통해 사랑의 향기를 전해 듣고, 그를 받아들이지 않을 수는 없다. 사랑은 관계성을 확립하는 가장 강력한 힘이기 때문이다. 이러한 관계성의 확인은 「그림자는 어디로 갔을까」에서도 확인된다.

아침마다 서둘러 출근을 하지만
그림자는 집에 있다
그를 두고 나오는 날이 계속되고
거리에서 나는 활짝 웃는다

그림자 없이도
웃는 법을 익힌 뒤로는
내 등 뒤에 그림자가 없다는 걸
아무도 눈치 채지 못한다

구내식당에서 점심을 먹을 때
집에서 혼자 밥 말아 먹고 있을 그림자

그림자 없이도
밥 먹는 법을 익힌 뒤로는
내가 홑젓가락을 들고 있다는 걸
마주 앉은 사람도 알지 못한다

어느 저녁 집에 돌아와보니
그림자가 없다
안방에도 서재에도 베란다에도 화장실에도 없다

겨울날에 외투도 입지 않고

어디로 갔을까
신발도 없이 어디로 갔을까

어둠 속에 우두커니 앉아
그림자를 기다린다
그가 나를 오래 기다렸던 것처럼

「그림자는 어디로 갔을까」

앞선 시 「한 손에 무화과를 들고」에서는 무화과를 매개로 시적 화자와 그와의 관계성이 노래되고 있다면, 이 시에서는 그림자를 매개로 시적화자와 그와의 관계성이 제시되고 있다. 그림자를 어떻게 해석할 것이냐에 따라 이 시에 나타나는 관계성은 조금은 달라질 수는 있다. 즉 그림자를 시적 화자의 내면에 존재하는 또 다른 나의 한 짝으로 본다면, 이는 심리적인 차원의 해석이면서, 한 개체 안에서의 관계성이 문제가 된다. 나의 또 다른 한 모습인 그림자를 찾는 즉 자기 정체성의 추구라는 논의가 가능하게 된다. 그러나 이 그림자를 내 안의 존재가 아닌 실제적인 타자인 '그'로 본다면, 현실적인 사람과 사람과의 관계성이 문제가 된다.

그림자의 존재는 언제나 시적 화자와 함께 있어야 한다. 그런데 그 그림자가 사라지게 됨으로써 그림자를 기다릴 수밖에 없는 상황을 노래하고 있다. 그런데 그 그림자를 기다리는 행위를 마지막 행에서 "그가 나를 오래 기다렸던 것처럼"이라고 표현함으로써 그림자는 '그'로 대체될 수 있는 해석의 가능성을 열어두고 있다. 그림자의 존재를 내 안에 존재하는 나의 또 다른 한 쪽으로 보든, 실제적인 타자인 그로 보든 시적 화자와의 관계성의 노래라는 점에서는 이 시가 지닌 구조적 특성은 크게 변하지 않는다. 즉 시적화자와 그라는 관계성을 통해 생명의식의 한 켠을 읽어낼 수 있다. 나희덕 시인의 생명의식은 관계성 속에서도 확인되지만, 시인의 감정을 자연적인 대상과 동일화 하는 과정 속에서 드러나기도 한다.

1) 「가을이었다」

가을이었다. 뱀이 울고 있었다. 덤불 속에서 뱀이 울고 있었다. 방울소리 같기도 하고 새소리 같기도 한 울음소리. 아닐 거야. 뱀이 어떻게 울겠어. 뒤돌아서면 등 뒤에서 뱀이 울었다. 내가 덤불 속에 있는 것인가. 뱀이 내 속에서 울고 있는 것인가. 가을이었다. 뱀이 울고 있었다. 덤불에 가려 뱀은 보이지 않았다. 덤불은 말라가며 질겨지고 있었다. 그는 어쩌자고 내게 말을 거는 것일까. 산길을 내려오는데 울음소리가 내내 나를 따라왔다. 뱀은 여전히 덤불 속에 있었다. 가을이었다. 아무하고도 말을 주고받을 수 없는 가을이었다. 다음 날에도 산에 올랐다. 뱀이 울고 있었다. 덤불 속을 들여다보면 그쳤다 뒤돌아서면 다시 들리는 울음소리. 덤불이 앙상해질 무렵 뱀은 사라졌다. 낯선 산 아래서 지낸 첫 가을이었다.

2) 「누가 우는가」

바람이 우는 건 아닐 것이다
이 폭우 속에서
미친 듯 우는 것이 바람은 아닐 것이다
번개가 창문을 때리는 순간 얼핏 드러났다가
끝내 완성되지 않는 얼굴,

이제 보니 한 뼘쯤 열려진 창틈으로
누군가 필사적으로 들어오려고 하는 것 같다
울음소리는 그 틈에서 요동치고 있다
물줄기가 격랑에서 소리를 내듯
들어올 수도 나갈 수도 없는 좁은 틈에서
누군가 울고 있다
창문을 닫으니 울음소리는 더 커진다
유리창에 들러붙는 빗방울들,
가로등 아래 나무 그림자가 일렁이고 있다
저 견딜 수 없는 울음은 빗방울들의 것,
나뭇잎들의 것,
또는 나뭇잎을 잃지 않으려고
이리저리 부딪치는 나뭇가지들의 것,
뿌리 뽑히지 않으려고, 끝내 초월하지 않으려고
제 몸을 부싯돌처럼 켜대고 있는
나무 한 그루가 창 밖에 있다
내 안의 나무 한 그루 검게 일어선다

1)과 2)는 다같이 우는 소리에 민감하게 반응하는 시적 화자의 정서적 상황이 드러나고 있다. 1)은 덤불 속 뱀의 울음소리에 대해, 2)는 비바람 속에서 누군가 울고 있는 소리를 듣고 있다. 1)에서 우선 문제가 되는 것은 낯선 산 아래서 지낸 첫가을에 들은 뱀의 울음소리의 존재이다. 즉 어디에 있는 뱀 울음소리를 들었는가 하는 점이다. 뱀이 덤불 속에 있는지, 내 속에서 울고 있는지 라고 노래한 것은 그 뱀 울음소리의 존재 자체를 일방적으로 규정하기 힘들다는 것이다.

덤불 속이냐 내 속이냐를 어느 하나로 규정하기 힘들다는 것은 일차적으로 시적화자가 내 속에 존재하는 뱀의 울음소리를 들었다는 말이다. 현실적으로 덤불 속의 뱀이 우는 소리를 지각할 수 없기 때문이다. 이는 시인의 상상력이 뱀의 울음소리를 듣고 있는 것이다. "아무하고도 말을 주고받을 수 없는 가을이었"기에 내 속에 존재하는 뱀의 울음소리를 들을 수밖에 없었던 것이다. 소통의 체계가 형성되지 못했을 때, 소통을 통한 관계의 형성이 이루어지지 못했을 때, 시적화자가 취할 수 있는 자세는 내면의 소리를 듣는 수밖에 없다. 타자와의 소통이 이루어지지 않기 때문이다. 그 대신 내면의 뱀의 울음소리를 들을 수 있는 것이다. 그래서 덤불 속에서 울고 있다는 뱀은 사실 시적화자의 내면에 잠재해 있는 소통에의 욕망이 드러난 것이다. 덤불이 앙상해질 무렵인 가을이 끝나면서 뱀도 사라진 것은 시간이 지나면서 시적화자의 소통에의 욕망이 조금씩 실현되어져 간 결과가 아닐까?

2)에서 문제가 되는 것은 시인 자신이 문제로 제기한 우는 주체의 확인이다. 폭우 속에서 누군가 울고 있다고 노래하지만, 그것이 당장 구체화되지는 않는다. 그러나 시의 후반부에 오면, 울음의 주체는 빗방울들, 나뭇잎들, 나뭇가지들로 제시되면서, 창밖의 한 그루 나무를 통해 시적화자의 마음속에도 한 그루의 나무가 일어서고 있다. 그런데 내 안에 일어서는 나무는 검게 일어선다고 규정되면서, 창밖의 나무와 동일시되고 있다. 시적 화자 바깥에 존재하는 나무를 통해 시적화자의 마음에 동일한 나무를 상정함으로써 시적화자와 시적대상과

의 동일화가 쉽게 이루어지고 있다. 이는 바로 우는 주체가 단순히 창밖의 비바람이나 나무가 아니라, 시적화자임을 내비치고 있다. 이렇게 나희덕 시인은 내면의 감정을 대상에 동일화시키는 민감하고 예민한 서정적 감수성을 보인다. 이 감수성이 살아 있는 존재들의 생명을 감각할 수 있는 촉수로 작용하고 있다.

나희덕 시인이 보여주는 생명의식의 또 다른 모습은 견고한 생명의 세계를 지향하고 있다는 점이다. 부드러운 생명체들이 사라지기 전에 그 생명을 견고한 생명의 결정체로 만들어 가는 방식을 선택하고 있다. 「풍장의 습관」이 그 하나의 전형으로 읽힌다.

> 방에 마른 열매가 늘어나고 있다는 사실을
> 깨달은 것은 오늘 아침이었다.
> 책상 위의 석류와 탱자는 돌보다 딱딱해졌다.
> 향기가 사라지니 이제야 안심이 된다.
> 그들은 향기를 잃는 대신 영생을 얻었을지
> 모른다고, 단단한 껍질을 어루만지며 중얼거려본다.
> 지난 가을 내 머리에 후두둑 떨어져 내리던
> 도토리들도 종지에 가지런히 담겨 있다.
> 흔들어보니 희미한 종소리가 난다.
> 마른 찔레 열매는 아직 붉다.
> 싱싱한 꽃이나 열매를 보며
> 스스로의 습기에 부패되기 전에
> 그들을 장사지내 주어야 한다는 생각이
> 때 이른 풍장의 습관으로 나를 이끌곤 했다.
> 바람이 잘 드는 양지볕에

향기로운 육신을 거꾸로 매달아
피와 살을 증발시키지 않고는 안심할 수 없던,
또는 고통의 설탕에 절인 과육을
불 위에 올려놓고 나무주걱으로 휘휘 저으며
달아나지 않고는 견딜 수 없던 나는
건조증에라도 걸린 것일까.
누군가 내게 꽃을 잘 말린다고 말했지만 그건
유목의 피를 잠재우는 일일 뿐이라고,
오늘 아침 방에 들어서는 순간
후욱 끼치던 마른 꽃냄새, 그 겹겹의 입술들이,
한 번도 젖은 허벅지를 더듬어본 적 없는 입술들이
일제히 나를 향해 외치는 소리를 들었다,
나비처럼 가벼워진 꽃들 속에서

「풍장의 습관」

시적 화자가 "싱싱한 꽃이나 열매를 보며/스스로의 습기에 부패되기 전에/그들을 장사지내 주어야 한다는 생각"을 가지게 된 이유가 무엇인가? 즉 왜 때 이른 풍장을 시키려는가? 이 문제를 해결하면, 이 시의 주제는 밝히 드러난다. 풍장을 지내주면 싱싱한 향기는 잃지만, 대신 영생을 얻을 수 있으리라고 생각하기 때문이다. 나희덕 시인은 이러한 생각의 일단을 다음과 같이 토로한다.

존재가 시드는 방식에는 두 가지가 있다. 썩는 것과 마르는 것, 아름다움이 절정을 다한 뒤에도 물기가 남아 있으면 썩기 시작한다. 그것이 꽃이든, 음식이든, 영혼이든. 그러나 썩기 전에 스스로 물기를 줄여나가면 적어도 아름다움의 기억은 보존할 수 있다. 이처럼 건조의 방식은 죽음이 미구에 닥치기 전에 스스로 죽음을 선취함으로써 영속성을 얻으려는 욕구에서 비롯된 것이다.

풍장은 단순한 죽음에로의 진행이 아니라, 영원한 생명을 얻기 위한 방책이었음이 드러난다. 그러므로 시적화자는 마른 꽃에서 살아있는 꽃냄새를 감각하고 있으며, 돌보다 딱딱해진 열매에서 영생을 지각하고 있는 것이다. 또한 나희덕 시인은 자기초월을 통한 성스러움을 구현함으로써 생명의 자기초월을 보여주기도 한다.

속이 검게 타버린 고목이지만
창녕 덕산리 느티나무는 올봄도 잎을 내었다

잔가지 끝으로 하늘을 밀어올리며 그는
한 그루 榕樹처럼
제 아궁이에서 자꾸만 잎사귀를 꺼낸다
번개가 가슴을 쪼개고 지나간 흔적을 안고도
저렇게 눈부신 잎을 피워내다니,
시커먼 아궁이 하나 들여놓고
그는 오래오래 제 살을 달여 내놓는다
낮의 새와 밤의 새가 다녀가고
다람쥐 일가가 세들어 사는,
구름 몇 점 별 몇 개 뛰어들기도 하는,
바람도 가만히 숨을 모으는 그 검은 아궁이에는
모든 빛이 모여 불타고 모든 빛이 나온다
까마귀 깃들었다 날아간 자리에

검은 울음 몇 가지 뻗어 있기도 한다

발이 묶인 채 날아오르는 새처럼
덕산리 느티나무는 푸른 날개를 마악 펴들고 있다

「聖 느티나무」

수령이 다 되어가는 느티나무에서 시인은 성스러움을 발견하고 있다. 자신의 몸둥아리를 타자(낮의 새, 밤의 새, 다람쥐 등)를 위해 다 내어놓고도 아직 봄마다 눈부신 잎을 피워내는 그 생명력과 <잔가지 끝으로 하늘을 밀어올리는> 용수같은 모습에서 느티나무는 성자의 모습을 닮아 있다. 성장하는 나무의 모습을 통해 자기중심의 생명력을 보이는 나무가 아니라, 자기를 초월하는 생명력을 보이고 있는 나무를 통해 생명의 자기초월적 운동을 확인할 수 있다.

이와 같이 나희덕 시인은 그의 초기시에서 만날 수 있었던 모성지향적인 생명의식으로만 정향되어 있는 것이 아니라, 다양한 생명의식을 보여주고 있다. 즉 자기정체성을 유지하기 위한 의식적 몸부림, 주체와 타자와의 관계성, 생동하는 것들에 대해 민감한 감수성, 견고성의 추구를 통한 영원한 생명성의 획득, 초월성을 통한 성스러운 생명 등 시인은 여러 양상의 생명의식을 드러내고 있다.

기독교 시에 나타나는 생명 현상
- 고진하 시인을 중심으로

비평가(A) : 90년대 시단에 나타나고 있는 중요한 주제의 하나가 생명시 현상입니다. 생명시란 명명이 적절한가 하는 근본적인 물음이 제기되기는 하지만, 반생명적인 것들이 우리의 삶을 옥죄고 있는 오늘의 현실에 대응하는 시적 발상이란 점에서는 의미 있는 자리매김이란 생각이 듭니다. 그러나 생명시가 단순한 현상이 아니고, 90년대 시에서 하나의 장르적 차원으로 논의가 되려면 좀더 본질적인 현상들에 대한 논의가 필요하다고 봅니다.

비평가(B) : 저도 그런 입장에서 논의의 필요성을 인정합니다. 그러나 장르론적인 접근 이전에 시에서 보여지는 생명의 현상들을 우선 구체적으로 해명해볼 필요가 있다고 봅니다. 그 구체적 논의의 한 방편으로 기독교 생명사상을 통해 생명시의 한 양상을 살펴보았으면 합니다. 생명시의 토대는 생명사상에서 비롯되기 때문에 생명사상의 논의가 필요한 것입니다. 생명사상에 대한 논의는 다양하게 이루어지고 있기는 하나 각 논의들마다 한계가 있기에 그 근본에 접근하는 논의가 필요하다는 말이죠. 기독교 생명사상을 풀어가기 위해서는 어떤 논의들이 필요할까요?

비평가(A) : 기독교 생명사상을 해명하기 위해서는 우선 인간의 창조와 타락, 그리고 구속이라는 기독교의 기본 사상을 이해해야 하겠죠. 그리고 인간 외의 생명에 대한 기독교적 생명관 역시 이해할 필요가 있겠죠. 그러나 이러한 사상을 교리나 신학적으로 설명하고 논하기보다는 구체적인 시작품을 통해 확인하는 것이 중요하죠. 그래서 저는 기독교 생명사상을 이론적으로만 따지는 논의보다는 시작품과 함께 이야기를 풀어갔으면 합니다.

비평가(B) : 그러면 기독교 생명사상을 논할 수 있는 시인으로 누구를 지목해야 할까요?

비평가(A) : 저는 기독교 생명사상을 논할 수 있는 시인으로 고진하 시인을 들고 싶습니다. 그는 신학을 마치고 목회를 하고 있는 시인일 뿐만 아니라, 그의 시가 추구하는 바가 단순한 종교시를 넘어 기독교 사상의 문학적 형상화라는 기독교 문학의 명제를 어느 정도는 성공적으로 실현하고 있다고 보기 때문입니다. 그의 「지금 남은 자들의 골짜기엔」, 「프란체스코의 새들」, 「우주배꼽」 등의 시집은 이를 확인해 주는 시편들이죠.

비평가(B) : 고진하 시인 한 사람으로 기독교 생명사상을 전부 다 설명할 수 있을까요?

비평가(A) : 그것은 아니죠. 소위 기독교시를 논할 수 있는 시인들이 각자 개성에 따라 생명사상을 다양하게 표출할 수 있기 때문에 한 시인의 시편을 통해 모든 것을 다 해명할 수는 없겠죠. 그러나 중요한 내용은 확인할 수 있으리라 봅니다.

비평가(B) : 그럼 우선 기독교에서 말하는 인간 창조, 타락, 구속 과정을 통해 생명의 본질을 논의해 보았으면 합니다.

비평가(A) : 기독교에서의 생명의 문제를 풀어가려면, 우선 생명의 창조가 어떻게 이루어 졌느냐를 살펴 보아야 합니다. 창세기에 나타나는 인간 창조 과정은 극적인 장면으로 묘사되고 있죠.

> 여호와 하나님이 흙으로 사람을 지으시고 생기를 그 코에 불어 넣으시니 사람이 생령이 된 지라.(창 2 : 7)

창조 과정에서부터 인간 생명은 흙이라는 육체성과 생기라는 영성으로 결합되고 있음을 봅니다. 인간 생명의 창조가 이러한 양면성에 의해 이루어졌기에 이후 인간론을 논하는 자리에서 언제나 인간을 영과 육으로 나누어 보는 이원론적 관점이 제기될 수밖에 없었다고 봅니다. 그러나 인간의 생명을 논하면서 영혼과 육체를 분리해서 생각할 수는 없죠. 인간 생명에 대한 이원론적 관점은 그 논의의 역사가 그렇게 단순한 것은 아니죠. 오랜 동안 시비거리가 되어 왔으니까요. 문제는 기독교의 생명사상은 인간 창조 자체에서 끝나는 것이 아니라는 점입니다. 흙과 생기로 생령이 된 인간이 생명의 창조자인 창조주와의 관계가 허물어짐으로써 타락하게 되었다는 점입니다. 타락함으로써 인간의 본래의 생명을 상실했다는 것입니다. 그러므로 본래의 모습으로 생명이 회복되어야 하며, 그 회복의 절대적 매개로서 예수 그리스도가 있다는 점입니다. 인간의 타락을 회복시키기 위해 존재하는 예수 그리스도를 통하지 않고는 새로운 생명체로 탄생할 수 없다는 것이 기독교에서의 중요한 생명사상입니다. 예수 그리스도 안에서 거듭나지 않고는 진정한 생명을 소유할 수 없다는 것이 기독교 생명사상의 요체라는 말입니다. 그러므로 이 거듭남은 인간이 창조주로부터 창조되던 상태로의 회복이며, 생명의 근원인 창조주와의 관계 회복임을 의미하는 것이기도 합니다.

비평가(B) : 그렇다면 기독교에서 말하는 생명은 두 번의 탄생이 있다는 것입니까?

비평가(A) : 그렇죠. 생명의 근원은 창조주였지만, 인간이 타락하여 새로운 생명을 부여할 또 다른 구속자가 필요했다는 거죠. 그 구속자가 구체적인 육체성을 지니고 나타난 것이 예수 그리스도라는 거죠. 그래서 요한은 그리스도를 중심으로 해서 하나님, 말씀, 생명의 관계를 잘 설명하고 있습니다.

> 태초에 말씀이 계시니 이 말씀이 하나님과 함께 계셨으니 이 말씀은 곧 하나님이시니라, 그가 태초에 하나님과 함께 계셨고 만물이 그로 말미암아 지은 바 되었으니, 지은 것이 하나도 그가 없이는 된 것이 없느니라. 그 안에 생명이 있었으니 이 생명은 사람들의 빛이라. 빛이 어두움에 비치되 어두움이 깨닫지 못하더라.(요1:1-5)

> 태초부터 있는 생명의 말씀에 관하여는 우리가 들은 바요, 눈으로 본 바요, 주목하고 우리 손으로 만진 바라. 이 생명이 나타내신 바 된

지라. 이 영원한 생명을 우리가 보았고, 증거하여 너희에게 전하노니 이는 아버지와 함께 계시다가 우리에게 나타내신 바 된 지니라.(요한일서 1:1-2)

요한의 예수 그리스도에 대한 이해는 그가 생명의 창조자인 하나님과 하나이며, 말씀으로 존재한 그가 육신으로 이 땅에 나타났다는 점을 분명히 하고 있습니다. 이것을 우리는 성육신이라 부르죠. 타락한 인간을 구속하기 위해 창조주인 말씀이 육신이 되어 나타났다는 것입니다. 그러므로 성육신한 그리스도와의 관계를 통해 인간은 창조주와의 관계를 회복할 수 있으며, 그 회복이 바로 생명의 회복이란 것입니다. 그리스도가 자신을 두고 나는 길이요, 진리요, 생명이라고 말한 것은 바로 이러한 그리스도의 매개자의 자리를 드러내고 있는 것입니다. 그리고 성육신의 사건은 인간 생명을 단순히 영혼과 육신으로 분리해서 생각하는 관습들을 허물어 주기도 합니다. 말씀이 육신이 됨으로써 이원론적 관점을 넘어섰기 때문입니다. 문제는 생명의 근원인 그리스도 안에 거하기 위해서는 거듭남을 경험해야 기독교적 생명세계에 이를 수 있다는 것입니다. 고진하의 다음 시는 이러한 거듭남이 필요함을 노래하고 있습니다.

어두운 시간의 강물 위로
큰 별의 추억이 부풀어 흐르지만
그대가 별이 되어 솟구치지 않는다면,

푸른 잎새 푸른 가지마다 매단

기쁨의 꽃 등을 노래하지만
그대 내면의 혼불을 밝히지 못한다면

꼬까 버선, 털장갑 벗어
성탄목에 걸고 가는 천진도 있지만
그대가 새 아기로 태어나지 못한다면,

성처녀의 순결이 흩날리듯
흰 눈의 어울림이 분분하지만,
그대 혼을 빨래하는 방망이질이 없다면,

「그대 혼의 깨어남이 없다면-성탄절에」 중에서

예수 그리스도의 탄생을 맞으면서, 시인은 성탄의 진정한 의미를 어디서 찾아야 하는지를 노래하고 있습니다. 그 진정한 의미 찾기에서 주목되고 있는 것은 <그대가 새 아기로 태어나지 못한다면> 부분입니다. 이는 바로 성탄을 맞는 자들이 그리스도 안에서 새롭게 태어나지 않으면 예수 그리스도의 탄생이 아무 의미가 없기 때문입니다. 즉 그리스도의 탄생은 인간을 새로 태어나게 함에 궁극적인 목적이 있다는 것입니다.

비평가(B) : 새롭게 태어나야 한다는 기독교의 생명사상도 중요하지만, 새롭게 태어난 이후의 삶의 자세 역시 중요하다고 생각해요. 생명은 생명 자체로 존재하는 것이 아니라, 살아 움직이는 역동성을 지니며, 생명현상을 보여주기 때문이죠. 기독교 생명사상은 어떠한 모습으로 드러나게 되는지요?

비평가(A) : 기독교 생명사상은 결국 기독교가 내세우는 사랑, 믿음, 소망 등의 덕목으로 옷 입게 되지만, 특별히 십자가 사상으로 현현되는 경우가 많죠. 십자가 사상이란 죽음을 통해 새로운 생명이 탄생한다는 것입니다. 자아가 죽어야 새로운 자아가 탄생할 수 있으며, 죽음은 그 자체로 끝나는 것이 아니라, 부활이 약속되어 있다는 것입니다. 그러므로 기독교의 생명사상의 또다른 주요한 한 항목은 부활 사상이죠. 즉 일차적으로는 그리스도의 생명 안에서 거듭나야 하겠지만, 그리스도 안에서 생명을 가지고 살아가는 자들이 죽음 후에도 다시 살아난다는 부활 사상은 기독교 생명사상의 중심이란 말입니다. 이 부활사상은 단순히 죽음을 넘어서는 부활 자체로만 받아들여지는 것이 아니라, 이 땅의 삶에서 인간이 겪는 모든 부정적인 것들을 긍정적으로 전환시키는 근원적인 힘으로 작용하고 있다는 점입니다.

비평가(B) : 그렇다면 기독교의 생명사상은 부활 사상에 모든 것이 수렴되고 있다고도 볼 수 있겠습니다.

비평가(A) : 그런 셈이죠. 인간의 삶에서 가장 힘든 과제가 죽음이라면, 이 죽음을 넘어설 수 있는 힘이 부활 사상에 있으니, 이 사상 이상 강력한 생명 의식은 없는 것이죠. 그런데 흥미로운 것은 고진하 시인은 예수의 부활이 있기 전, 죽임을 당한 <골고다>를 <우주배꼽>으로 형상화하면서 생명사상을 드러내고 있다는 점입니다.

> 폐허의 담벽 아래,
> 성스런 신의 병사들이

지구의 왼쪽 관자놀이를 찢는 총성이 울리고
그 피와 살을 받아 핥는
시퍼런 잡초와 갈가마귀의 혀가 비릿하다

골고다,
(우주배꼽?)
거기,
여전히 신생아들의 울음소리도
들린다지?

안 보았어도 좋을, 흥건히 피에 뜬 조간을 보며
질긴 탯줄을 씹듯 간신히 조반을 삼켰다.
장마가 쉬 그칠 것 같지 않다.

「장마」

평생을 쇠갈퀴 같은 손으로 흙
만 파며 살아가신 할머니의
열 손가락엔 지문이 없다
반질반질하게 닳은
호밋자루
낫자루처럼 그렇게
닳아서 없어진 것일까.
사람의 손가락에 새겨진
나선형의 지문을
영혼이 들어오고 나간 흔적이라고
누가 말했던가
하지만 난

지문없는 손을 잡고는
할머니의 영혼의 숨결을
뜨겁게 느끼곤 한다.
그 쇠갈퀴 같은 할머니의 손에
가끔씩 붙들리고 싶지만
벌써 쭈글쭈글한
우주배꼽으로
돌아가신지 오래다
오늘도 난 볼록 튀어나온
내 배꼽을 만지며
그리움을 달랜다

「영혼의 흔적」

전자의 시에서 시적 화자는 전쟁 속에서 죽음을 보고 있습니다. 그런데 묘하게도 전쟁으로 인해 빚어지는 죽음과 함께 예수의 죽음의 장소인 골고다를 떠올리고 있다는 점입니다. 즉 예수가 십자가에 달려 죽은 골고다를 말입니다. 골고다는 죽음의 상징이죠. 그런데 그곳을 우주배꼽으로 명명하고 있죠. 죽음의 장소인 그곳에서 생명이 탄생하는 신생아들의 울음소리를 듣고 있다는 점에 유의할 필요가 있습니다. 죽음이 있는 곳에 생명의 탄생이 함께 있다는 것을 시인은 바라보고 있습니다. 즉 죽음을 생명으로 전환시킨 역사적 공간이 골고다라는 인식이 그것입니다. 예수가 골고다에서 죽음으로써 죽음을 넘어서는 십자가 사건을 역사 속에 남겨 놓았기 때문입니다. 그러므로 그리스도 안에서 모든 생명들이 새롭게 탄생하는 원형적 공간으로 우주배꼽을 제시하고 있다는 거죠. 생명 탄생의 상징물로 남은 배꼽이 단순히 개인적 상징물로 남아 있는 것이 아니라, 인류 모두의 생명 탄생의 상징 공간으로 자리하고 있는 모습을 보게 되죠. 후자의 시에서 시인이 그리워하고 있는 할머니의 존재를 <우주배꼽>으로 돌아갔다고 하는 표현 역시 같은 선상에서 볼 수 있죠.

비평가(B) : 우주배꼽의 의미를 그렇게도 해석해낼 수 있지만, 좀 더 나아간다면, 오세영이 「옴팔로스의 진정한 소재」에서 말한 것처럼, 이 시는 우주배꼽(옴팔로스)이 이스라엘에 있다는 것을 물음표(?)로 회의하고 있다고도 볼 수 있죠. 이스라엘과 팔레스타인의 민족 분규에서 연유된 피의 전쟁 소식을 접하면서, 민족 우월주의 혹은 민족 갈등이 일상화된 오늘의 이스라엘에 인류 보편의 옴팔로스가 있을 수 없다는 생각을 시인은 하고 있다는 거죠. 따라서 이 시에 묘사된 <신생아들의 울음소리>란 신화적 의미의 탄생이나 새로운 역사의 창조라는 뜻이기보다는 일상사의 되풀이 혹은 옴팔로스의 보호를 받을 수 없는 인류 불행의 되풀이라는 뜻으로 이해해야 한다는 것입니다. 그래서 후자의 시 「영혼의 흔적」에 나타나는 자연과 더불어 노동하다 돌아가신 우리들의 할머니에게서 우주배꼽을 발견하는 것은 이스라엘의 옴팔로스를 한국에서 발견하고 있는 것으로 해석하고 있죠.

비평가(A) : 「장마」란 시가 지닌 전체적 문맥을 따져 보면, 그러한 해석은 충분히 일리가 있습니다. 그러나 이 시를 골고다가 지닌 죽음의 이미지와 관련시키고 배꼽이 지닌 탄생의 의미를 감안한다면, 우주배꼽은 우주의 중심이란 의미를 넘어서 생명의 탄생과 죽음이 자리한 원형적 공간이란 해석도 가능하다는 것입니다.

비평가(B) : 이렇게 생명의 근원을 <우주배꼽>으로 명명하고 있는데, 고진하의 시에서는 기독교의 생명사상이 또 달리 어떻게 현현되고 있느냐 하는 것이 저의 관심거리입니다. 생명을 또 다른 상징으로 드러내는 형태가 있는가요?

비평가(A) : 그것의 하나가 빛의 이미지로 나타나고 있습니다. 생명이 빛의 이미지로 드러나고 있다는 것입니다. 빛으로의 지향 의지는 생명의식과 맞닿아 있는 것입니다. 시인의 다음 시는 이런 의식의 한 편린이죠.

> 태고의 신비를 간직한 삼척 환선굴에는
> 장님굴 새우가 산단다.
>
> 툭, 불거진 까만 두 눈은
> 아무짝에도 쓸모없어
> 길쭉한 뿔더듬이로 칠흑의 석회암동굴 속을
> 더듬더듬 더듬는……
>
> 생각해 보면,
> 질퍽거리는 물욕의 어둠에 빠져 허우적이며
> 신의 빛을 더듬어 찾는다는 당신도
> 장님굴 새우보다 나을 게 없지!
>
> 「장님굴 새우」

장님굴 새우의 뿔더듬이의 생태를 통해 물욕의 어둠에 빠져 허우적거리는 인간의 삶을 떠올리고 있습니다. 그런데 허우적거리며 찾는 대상이 신의 빛으로 나타나고 있습니다. 신의 빛으로의 지향은 바로 근원적 어둠을 밀쳐내는 힘이란 점에서 생명의식과 관련되어 있다는 것이죠. 신의 빛은 어둠을 밝히는 근원일 뿐만 아니라, 그 빛은 생명의 원천이기도 하기 때문입니다. 그러므로 기독교에서의 빛은 어둠의 이미지와 대척적인 자리에 놓이면서 모든 불의와 죄악, 죽음으로 상징되는 어둠을 밀치는 근원적 생명력으로 이해되고 있는 것이죠. 천지창조의 역사 과정을 보면, 태초에 땅이 혼돈하고 공허하며 흑암이 깊음 위에 있는 상태에서 제일 먼저 창조된 것이 빛이란 점에서, 빛이 지닌 상징성을 기독교는 생명과 동일시하는 경향이 많죠.

비평가(B) : 지금까지 논의된 <우주배꼽>이나 <빛>을 통한 기독교의 생명사상 탐구도 중요하지만, 더 실질적인 것은 우리 일상의 삶의 조건 가까이 놓여 있는 인간 외의 생명체들에 대해 기독교는 어떠한 생명관을 지니고 있는지를 살펴보는 것이 더욱 현실감 나는 논의가 아닐까 생각합니다. 생명관은 인간이 인간을 바라보는 생명의식에서도 나타나지만, 인간이 다른 생명체들에 대해 어떠한 시각을 지니고 있는지에 따라 드러나기도 하기 때문입니다. 생명시 논의가 시작된 것은 인간 자체의 생명이 위협받는 상황의 인식이 계기가 되기도 했지만, 생태환경의 파괴가 직접적인 원인이죠. 그런데 생태환경의 파괴는 인간이 인간 외의 다른 생물들의 생명의 연쇄고리를 끊어놓았고, 이는 인간이 인간 외의 생명체들에 대한 잘못된 인식에서 비롯되었기 때문입니다.

비평가(A) : 사실 이 부분에 대해서는 많은 논란이 있을 수 있는 부분이죠. 우리가 환경 생태시를 논하면서 환경오염이나 생태계 파괴의 주요한 사고 체계인 근대성의 발판을 서구 기독교가 제공한다고 보고 있기 때문입니다. 창조주가 인간을 창조하고 난 뒤, 이들을 향해 <생육하고 반성하여 땅에 충만하라. 땅을 정복하라. 바다의 고기와 공중의 새와 땅에 움직이는 모든 생물을 다스리라>(창 1:28)고 한 문화적 명령을 철저히 인간 중심에서 실현함으로써 자연은 도구화되고, 이로 인해 생태환경이 파괴되어 생물들이 제대로 살아가기도 힘든 오늘의 현실을 맞게 되었다는 것입니다. 자연과 생물을 대하는 기독교의 관점이 이러한 창조주의 명령에 상당히 기대고 있기에 기독교의 자연관이 비판의 대상이 되고 있는 것이죠. 그런데 자연이나 생물에 대한 이러한 일방적인 인간중심의 사유는 잘못된 것입니다. 창조주가 이 세계의 모든 생물을 창조할 때는 각각의 존재로 그 자리를 만들어 놓았기에 그 자리는 인정할 수 있어야 하기 때문입니다. 예수의 산상설교에서 창조주가 생물들을 어떻게 바라보고 있는지를 해석할 수 있는 부분이 나타나는데, 이를 참조해 볼 수 있죠.

> 공중의 새를 보라 심지도 않고 거두지도 않고 창고에 모아들이지도 아니하되 너희 천부께서 기르시나니 너희는 이것들보다 귀하지 아니하냐.(마 6 : 26)

> 오늘 있다가 내일 아궁이에 던지우는 들풀도 하나님이 이렇게 입

히시거든 하물며 너희일까 보냐, 믿음이 적은 자들아.(마 6 : 30)

사실 이 구절들을 표면상으로 보면 인간이 귀중하기에 무엇을 먹을까 입을까 염려하지 말라는 메시지입니다. 그런데 인간의 귀중함에 비해 상대적으로 새나 들풀들이 격하되고 있기는 하나, 근본적으로 창조주가 이들 역시 각각의 생명체들도 기르고 입힌다는 인식을 통해 그 존재성을 인정하고 있다는 점입니다. 그러므로 그 각각의 존재나 생명성이 훼손되어서는 안된다는 것입니다. 고진하 시인이 「애기똥풀」에 관심을 보이는 것은 이러한 기독교적 생명의식에 바탕을 두고 있는 것입니다.

싸리나무처럼 빼빼 마른 종아리를 부딪치며
뜀박질하는
산골 분교 아이들의 즐거운 운동회날
시원한 느티나무 그늘 아래
학부형입네 모여 든
홍당무가 되도록 취한 젊은 건달패의 싸움질에
운동장 한 구석
파란 모가지를 짓밟힌 애기똥풀들이
끽 소리도 못 지르고
노란 눈물방울만 떨구고 있었다
「애기똥풀」

인간에 의해 짓밟히고 있는 애기똥풀을 의인화하고 있는 시인의 시선은 애기똥풀을 인간의 차원으로 끌어올려 그 존재성을 인정하고 있는 장면입니다. 특히 운동장 한 구석이란 소외된 장소에 위치해 있는 생명체에 관심을 둠으로써 기독교 생명사상의 중요한 한 부분을 담지하고 있습니다. 어떠한 생명체도 창조주 앞에서는 소외될 수 없는 존재들이기 때문입니다. 이러한 시인의 생명체에 대한 인식은「어떤 訪問」에서도 그대로 이어지고 있습니다.

> 아무도 안 계신가요?
>
> 아무 대답도 없다. 옆구리에 끼고 간 번쩍이는
> 金箔 聖經이 무색하다
>
> 휘휘한 마당을 돌아 나오려는데
> 흙 묻은 사람 발자국이 찍힌
> 툇마루 밑에서 야아옹―
> 새끼 고양이 한 마리가 걸어나와 반긴다
>
> 아무도 없는 게 아니었구나!
>
> 식구들과 함께 들일을 나갔는지
> 텅빈 외양간 옆
> 싸리나무로 엮어 만든 닭장 속에는
> 웬 인기척에 긴 목을 꼿꼿이 세운
> 닭들이 고개를 갸웃둥거리며 멀뚱하니 쳐다보고 있다
> 질퍽거리는 닭장 한 구석엔
> 까만 털이 북실북실한 강아지 두 마리가
> 목덜미와 꼬리를 서로 물고 물리며

천진스레 장난질을 치고 있다.
하, 궁색한 살림이지만
의좋은 일가를 이루었구나!

잠시 나는 툇마루에 올라 앉아
이 어여쁜 畜生들을 위해 간절히 복을 빌고—

「어떤 訪問」

농촌 어느 한 집을 심방했던 경우를 이야기시로 풀어내고 있는 시편이죠. 그 집에 사람이 없어 돌아가려다가 고양이, 닭, 강아지를 발견하고는 이들을 위해 복을 빌었다는 내용입니다. 사람은 아니지만 시적 화자는 이 짐승들을 축복의 대상으로 삼고 있다는 점에서 창조주가 창조한 생명들에 대한 각각의 자리를 인정하고 있죠. 애기똥풀을 감각하고 있는 자세나 같은 차원에서 생명체를 의식하고 있는 모습을 확인할 수 있습니다.

비평가(B) : 식물이나 동물에 대한 이 정도의 관심과 자리매김은 일반적인 다른 시에서도 찾아볼 수 있는 것 같은데요. 생명에 대한 기독교만의 특별한 관점으로 볼 수 있을까요?

비평가(A) : 일반 다른 시에서는 식물이나 동물이 시적 대상으로 상정될 때, 단순히 객관적 대상으로 전락하거나 범신론적 대상으로 격상되는 경우가 많죠. 그러나 기독교적 관점에서는 이 대상들이 창조주의 한 피조물로서 자기의 자리가 주어진다는 점입니다. 그러므로 다른 피조물들과의 관계 속에서 살아 있는 유기적 관계로 활성화

된다는 점이 다르죠. 그리고 기독교적 생명의식은 지금 현재 지구가 당하고 있는 생태환경파괴에 대해 자연의 생명력을 회복시키고자 하는 실천적 행위로 나타납니다. 다음 시는 그러한 모습을 보여줍니다.

> 비탈진 관동 양묘원, 이글거리는 뙤약볕 아래 검게 그을은 늙은 아낙네들이 두더지처럼 납죽 엎디어 있다. 겨우 10㎝쯤 될까말까 한 어린 자작나무 묘목을 촘촘히 심고 있는 저 갈퀴손들은, 말하자면, 지금 뻥 구멍 뚫린 지구를 꿰매고 있는 것이다. 흰 머릿수건을 벗어 쏟아지는 구슬땀을 훔치며 바늘 대신 쪽 삽으로, 한 땀 한 땀 지구의 뚫린 구멍을 푸르게 푸르게 누비고 있는!
>
> 「성스런 바느질」

지구가 구멍이 뚫렸다는 의식, 이는 지구의 한 부분에 문제가 생겼다는 인식이며 다양한 생명체들로 유기적 관계를 형성하고 있어야 할 지구의 생태계가 허물어지고 있음을 말합니다. 그런데 묘목을 심는 작업을 이러한 지구를 꿰매는 행위로 상상하는 시인의 의식은 자연을 통한 생명의식의 발현이죠.

비평가(B) : 자연에 대한 생명의식도 중요하지만 기독교 생명사상은 기독교가 추구하는 삶의 자세로 볼 때, 성스러움의 추구와 뗄 수 없는 관계가 있는 것 같은데요. 앞선 시에서 묘목을 심는 행위를 「성스런 바느질」로 노래하기도 했지만, 「어머니의 聖所」, 「즈므마을 2」에서 시인은 성소를 설정함으로써 기독교 생명사상의 한 켠인 성화를 추구하고 있는 모습을 보이는데요.

비평가(A) : 맞습니다. 다음 시를 읽어보면 그러한 모습이 확실히 나타나고 있습니다.

어제 말갛게 닦아놓은 항아리들을
어머니는 오늘도
닦고 또 닦으신다
지상의 어느 성소인들
저보다 깨끗할까
맑은 물이 뚝뚝 흐르는 행주를 쥔
주름투성이 손을 항아리에 얹고
세례를 베풀 듯, 어머니는
어머니의 성소를 닦고 또 닦으신다

「어머니의 聖所」 중에서

즈므마을, 이미 지상에서 사라진 성소를 세우고 싶은 곳, 나는 마을 입구에 들어서며 발에서 신을 벗는다 「즈므마을 1」 중에서 장독대의 항아리와 즈므마을이 성소로 인식되고 있습니다. 현실적인 생활공간인 장독대와 마을이 성소로 인식되는 것은 무엇을 의미하는 것일까요? 그 의미가 드러날 때 성소를 세우고자 하는 성화의식이 어떻게 기독교 생명의식과 만나게 되는지를 이해할 수 있게 됩니다. 기독교 생명의식의 출발은 거듭남에 있습니다. 그런데 기독교 생명사상은 이 한번의 거듭남으로 모든 것이 완성되는 것이 아닙니다. 거듭남 이후에 끊임없이 그 생명사상을 키워가야 합니다. 이것이 성화의 과정입니다. 그런데 성화는 성스러운 시공간의 체험을 통해서만 가능합니다. 성과 속의 단순한 이분법적 인식을 통한 성의 경험이 아니라, 속을 성으로 전환시키는 역동적인 힘이 발휘되는 성화의 경험이 있어야 합니다. 성화가 기독교의 생명사상과 뗄 수 없는 관계 속에 놓이는 이유는 바로 여기에 있습니다. 거듭난 생명이 성숙해가는 과정이 성화의 단계요, 그 생명이 추구하는 궁극이 성화이기 때문입니다. 그러므로 기독교에서의 성화는 그리스도 안의 생명들이 자신을 지키기 위해 필연적으로 거쳐가야 하는 과정인 것입니다. 이는 달리 말하면, 기독교 생명 안에 든 한 주체에게 기독교의 생명사상이 내재해 있는한 성화에의 의욕 역시 필수적인 요소라는 말입니다.

비평가(B) : 그 동안의 대화를 통해 기독교의 생명사상의 상당 부분은 이해할 수 있었던 것 같습니다. 그러나 아직 궁금한 상태로 남아있는 영역도 많습니다. 또 다른 기회에 이 부분을 풀어갈 수 있었으면 합니다.

고진하 시인의 생명의식
-고요와 느림을 통한 천상지향

고진하 시인의 시집 『수탉』에 오면, 그의 시는 고요와 느림을 지향하는 모습을 보인다. 그리고 그의 시선은 부단히 하늘을 향하면서, 자신을 단련하는 모습을 보인다. 이는 시인이 영성을 추구하는 과정을 보여주는 장면이다. 왜 고요를 통해 영성을 추구하고 있는가? 고요는 신이 지닌 본성 중의 하나이기 때문이다. 우선 그가 왜 고요와 느림을 지향하고 있는지를 살펴보자.

> 묵언 사흘째
> 성상(聖像) 따위도 방안에 없지만
> 잠잠히 엎드려 있으려 했으나
> 멍머구리 들끓듯 안의 소음은 가라앉지 않았다
>
> 「흙염소의 만트라」 중

묵언을 통해 고요를 추구하는 과정에서, 늘 문제가 되는 것은 밖으로부터 들려오는 소음이 아니라, 안으로부터 들끓는 소음이다. 내면으로부터 비롯되는 들끓는 소음을 잠재우지 않고는 진정한 고요를 획득하기 힘들다. 묵언의 궁극적 목적이 진정한 고요를 실현함에 있다면, 안으로부터 시작되는 소음을 잠재워야 한다. 이를 위해 시적화자는 기도와 묵상으로 나아간다. 기도와 묵상은 종교적 의식의 하나이긴 하나, 이 의식을 통해 실현하고자 하는 바는 다른 데 있다.

혹한의 추위를 견디는 것도 기도요,
백야(白夜)를 하얗게 밝히는 것도 묵상이지만
무엇보다 큰 즐거움은
눈 조각을 하며 묵상에 잠기는 것이지요
-중략
불멸의 고뇌도 없다는 듯
빙설 위의 눈 조각이 녹아내리는 것을 바라보는 일
얼어붙은 침묵의 눈길로 바라보는 일
이보다 좋은 묵상은 다시없지요

「얼음수도원 3」 중

단순한 묵언에서 기도와 묵상으로 나아가는 행위는 고요를 실현하는 또 하나의 과정이다. 그 하나의 매개가 빙설 위의 눈 조각이 되고 있다. 눈 조각을 하거나 눈 조각이 녹아내리는 것을 바라보는 일이 묵상이 되고 있다. 눈은 지상에 존재하는 대상 중 가장 순수한 매개의 하나이다. 존재했다가 녹아 사라지는 이 순수한 대상을 통해 소멸의 이미지를 쉽게 떠올리게 되며, 소멸은 내면의 소음까지 사라지게 만드는 매개로 작용한다.

왜 묵상을 추구하고 있는가? 들리지 않는 소리를 들을 수 있기 때문이다. 그 소리는 지상의 물리적 현상의 소리가 아니라, 천상의 소리이거나, 내면의 소리이다. 이 소리를 듣기 위해서는 경청이 필요하며, 묵상이 필요한 것이다. 소음 속에서는 들을 수 없는 소리를 고요함 속에서 들을 수 있기 때문이다. 그러므로 이 소리는 지상의 소리라기보다는 천상의 소리에 가깝다.

> 너의 바탕도
> 노래, 고요의 어미의 아들이라고
> 너와 나는 한통속이라고 속삭이는 가시덤불
> 은밀한 자아 쓱쓱 지워버리고
> 생음악을 연주할 수 있겠느냐고 묻는 가시덤불
> 오 부드러운 소리의 둥지, 하지만
> 가까이 다가서면 침묵의 가시로 무장한 가시덤불
> 오직, 경청(傾聽)만 허용하는 가시덤불!
>
> 「노래하는 가시덤불」 중

묵언, 묵상을 통해 고요함을 추구한 시적 화자가 결국 듣고자 하는 바는 소음이 아니라, 오직 경청해야 하는 소리이다. 이 소리는 생음악과 같은 이미지를 가진 오염되지 않은 순수한 소리이다. 이 소리를 위해 침묵을 지향하는 시인은 고요함과 함께 느림을 지향하는 모습을 보인다.

빈 마당하고 친하게 지내는 날들이다
어제 아침에는 밤새 내린 싸락눈을 쓸고
오늘 오후에는 엿가락 같은 흰 고드름들
떨어져 부스러진 고드름들 조각들을 쓸어 담벼락에 붙이고
옆집 대추나무 그림자가
빈 마당에 와 해시계처럼 이동하는
느릿느릿한 움직임을 오래 서서 지켜보다가

「빈 마당에 꿈 일기를 적다」

하루 하루의 삶의 기록이 남겨지고 있는 시편이다. 어제는 밤새 내린 싸락눈을 쓸고, 오늘은 흰 고드름들을 쓸었다. 그런데 시인은 마당을 쓸고 있는 행위 자체에 관심하기보다는 해그림자가 내보이는 시간에 대한 인식에 더 관심이 가 있다. 대추나무 그림자가 해시계처럼 이동하는 느릿느릿한 움직임에 주목하고 있다. 조급한 인위적 시간에 좇기거나 시달리는 형국이 아니라, 자연적인 시간에 몸을 맡기고 있는 모습이다. 이런 느린 시간인식은 자연 속에서 살아가는 달팽이의 삶에서도 확인된다.

푸른 미나리 순에 붙어 꼼지락대는
아기 손톱보다 작은 달팽이를
모셔 들고
숲을 향해 걷기 시작했다
붐비는 차도에는
차량들이 쌩쌩 달리고 있었지만,
나는 달팽이를 나르는

생명의 수레.
길을 걷다가 내 손에 들린 달팽이를 보니
뿔더듬이를 허공에 쳐들고
느릿느릿 춤을 추고 있었다.
(원, 세상에, 이렇게 느린 춤이 있다니!)
숲길로 접어들며 나는
보랏빛 향 그윽한 오동나무 숲 그늘에
가만히 달팽이를 놓아주었다.
달팽이는 여전히 춤을 추며
깊고 푸른 숲 그늘로
느릿느릿 기어 들어갔다.

「춤추는 달팽이」 중

살아 있는 생명체 중, 아기 손톱보다 작은 달팽이에 주목한다. 어쩌면 미나리만 취하고 버려질 존재이기도 하지만, 시인은 그 생명체를 오동나무 숲 그늘에 다시 놓아줌으로써 깊고 푸른 숲 그늘로 기어들어갈 수 있도록 인도하고 있다. 가장 작고 보잘 것 없는 살아 있는 생명체를 생명으로 인식하고, 그 생명체가 생명의 공간인 깊고 푸른 숲 그늘로 들어갈 수 있도록 배려하는 시인의 생명의식은 구체적이고 실질적이다. 그런데 더 중요한 인식은 그 생명체가 내보이고 있는 느릿느릿한 행동이다. 생명을 가진 모든 존재들의 행위가 느림으로 일관하고 있는 것은 아니다. 그러나 시인의 관심이 달팽이의 느린 행동에 가 있다는 것은 느림을 통해 인식하는 생명의 한 양상이 존재한다는 사실이다. 이는 바로 현대인이 잃어버리고 있는 느림의 존재의미를 새롭게 각성시키고 있음이다. 빠름에 익숙해져 있는 현대인들에게 있어, 느림의 미학은 현실적 미덕은 되지 못한다. 그러나 느림이 생명의 자연스런 모습의 하나라는 사실을 새롭게 인식시키고 있다.

고진하 시인의 생명의식은 고요함 속에서 들리는 천상의 소리를 듣거나 느림의 행보를 통해 살아있는 것들의 움직임에 관심할 뿐만 아니라, 천상지향의 의지를 통해 영성을 추구하고 있다. 시인의 천상을 지향하는 영성추구는 지상에서의 삶을 부정하는 천상만의 지향이 아니라, 현실에 뿌리를 박고 있으면서 천상을 지향하고 있는 모습을 보인다는 점이다. 즉 지상에 존재하는 것들의 행위 속에서 천상지향의 의미를 찾고 있다. 이는 고진하 시인이 지향하는 내면적이고도 영적인 존재성에서 비롯되는 것이다.

> 삼십 년 만에 만난 배불뚝이 동창생 녀석이
> 눈을 똥그랗게 뜨고 말했다.
>
> "예나 이제나 고향 우시장(牛市場)에 박힌
> 말뚝처럼 비쩍 마른 건 여전하구나!"
>
> 평생 내 삶을 괴어온
> 내 안에 살아 계신 이가 불쑥 나서며
> 이렇게 날 변호하는 것이었다.
>
> "비쩍 마른 말뚝임엔 틀림없으나
> 하늘과 땅을 잇는 말뚝이라네!"
>
> 「말뚝」

타자의 눈에 비친 시적 화자의 존재성은 우시장(牛市場)에 박힌 비쩍 마른 말뚝같은 존재 이상의 의미를 넘어서지 못한다. 이는 철저히 지상 중심의 인식 결과이다. 그러나 시적 화자가 내적으로 인식하는 자신의 존재성은 비쩍 마른 말뚝을 넘어서서 '하늘과 땅을 잇는 말뚝'으로 전환된다. 시적 화자의 존재성이 하늘과 땅을 잇는 말뚝이기에 시인은 지상에 존재하는 모든 것들을 통해 늘 하늘을 지향하는 의식을 내보인다. 이 하늘 지향의 의식은 지상의 속된 현실을 넘어설 수 있는 영성을 갈구하는 삶의 자세와 맞닿아 있다. 땅에 발붙이고 살고 있는 인간이 생명의 창조자인 하나님과의 관계를 늘 갖지 않으면 인간 생명의 본질인 영성을 유지할 수 없다는 것이다. 그래서 천상 지향성을 가장 잘 보여주는 대상으로 고진하 시인은 나무를 사유의 대상으로 삼는다. 그에게 있어 나무는 하늘과 땅을 연결해주는, 위로 올라가는 영성의 길을 나타내는 적절한 표상이 되고 있다. 그는 『나무명상』(도서출판 kmc, 2007)에서 <나무는 내 마음의 의자, 내 마음의 촛불, 내 마음의 정거장, 내 마음의 성소> 라고 노래하고 있다. 뿐만 아니라 병든 나무에서조차 천상지향을 내보이는 생명력에 관심한다.

> 나무는 병색이 완연하다
> 설악콘도 입구, 네 개의 지주(支柱)에 의지한
> 나무는 응급실에 막 실려온 위독 환자처럼
> 흰 붕대에 감긴 채 허리에 링거 바늘을 꼽고 있다
> 아직 여름인데, 잎새마다

병반(病斑)들이 울긋불긋하다
나무는 오전에 내가 다녀온 울산바위 쪽을 향해
우듬지 끝이 휘어 있다 생의 욕망은
저토록 모질다 사다리 타듯 헐떡거리며 살아온 이가
끝내 놓아야 할 것은 목숨만은 아니다
변색된 잎새들을 땅에 내려놓고도
나무는 하늘로 집중된 시선을 떼지 않고 있다

「파장」 중

시인의 관심은 설악콘도 입구에 심겨진 병색이 완연한 나무에 있다. 응급실에 실려온 위독 환자 같은 모습을 하고 있는 나무에 시선을 주면서, 그 나무의 형상에서 천상지향적인 모습을 읽어내고 있다. <하늘로 집중된 시선을 떼지 않고 있다>는 시적 언표는 이러한 시인의 생명의식의 발현이다. 나무뿐만 아니라, 딱따구리의 모습을 통해서도 천상지향성은 계속 추구되고 있다.

이른 아침부터
산호수나무 위에는
딱따구리 한 마리 날아와 앉아
딱딱거린다.

망치도
망치를 쥘 손도 없는
딱따구리는
제 머리를 망치 삼아

송곳 같은 뾰족한 부리로
한 끼 식사를 위해
죽은 나뭇가지에 구멍을 뚫고 있다.

수녀님들도 지금
성당
딱딱한 마룻바닥에 엎드려
한 끼 영혼의 식사를 위해
하늘에
구멍을 뚫고 계신다.

헛참!
벌레 한 마리 잡기 위해
천지가 진동을 하는데,
밥상을 차리기는 차릴 수 있을까.

없는 하늘에 구멍을 뚫느라
고생스럽기는
수녀님들도

딱따구리 신세와 다를 바가 없구나!

「수도원의 딱따구리」

한 끼의 식사를 위해 죽은 나뭇가지에 구멍을 뚫고 있는 딱따구리와 한 끼 영혼의 식사를 위해 하늘에 구멍을 뚫고 있는 수녀님들의 행위를 병렬시킴으로써, 지상에서의 행위가 어떻게 천상지향적인 모습으로 전환될 수 있는지를 엿보게 한다. 현실적인 딱따구리의 양식과 수녀님들의 영혼의 양식을 이원화하기는 하지만, 딱따구리의 지상의 양식을 수직적 이미지로 끌어올려 영혼의 양식으로 상승시킴으로써 영성을 추구하는 수녀님들의 삶을 보여주고 있다.

그런데 시인이 추구하는 신의 모습은 하늘을 지향하는 영성을 보이지만, 그 영성은 지상의 현실과는 무관한 영성이나 사색이 아니라는 점에서 특이하다. 즉 영성의 추구가 단순히 하늘을 지향하는 일방향적인 선에서만 이루어지는 것이 아니라, 속(俗)된 지상의 현실 속에서 추구되고 있다는 점이다. 속(俗)과 성(聖)이 관계없는 상황 속에서의 성의 추구가 아니라, 속(俗) 가운데서 성이 추구되고 있는 인식태도를 보인다는 것이다.

미리네 성지 부군
실버타운 유무상통 마을에 가면,

성당입구에
미륵반가사유상처럼
오른쪽 다리 들어 왼쪽 무릎에 올려놓고
두 발과 두 손에 박힌 못 빼어 한쪽 손에 꼭 움켜쥐고
다른 쪽 손으로 턱 괴고 앉아
가시면류관 헐렁하게 쓰고 앉아
눈웃음 짓고 있는 목조예수상이 모셔져 있지요.

그 상(像) 옆으로 춤추는 소녀 자태의

꽃핀 양란 몇 분이
춤 멈추고 고개 뚝 떨구고 있는데,

한 몸뚱이에 환희와 괴로움이 깃들 듯
한 몸뚱이에 붓다와 예수가 동거하는 저 상(像)에서
백발의 노인들은 뭘 읽으며 살아갈까요.

「합장」 중

고진하 시인의 영성의 추구는 그가 체득한 종교를 바탕으로 구체화되고 있는데, 그의 종교적 영성추구는 기성의 기독교가 내보이고 있는 모습과는 상당한 거리를 가지고 있다. 인용된 시편에서 보이듯이 시인의 사유는 새롭게 조각된 기독교의 예수상에서 또 다른 종교적 의미를 모색해내고 있다. 붓다와 예수의 공존을 미륵반가사유상처럼 앉아있는 목조예수상을 통해 노래함으로써 불교와 기독교의 만남을 떠올리기 때문이다. 나아가서는 종교의 궁극적 목적이 하나로 합일되는 지점이 어디에 있는지를 묵상하고 있는 모습도 읽게 된다. 우리는 지금까지 기독교 복음의 토착화란 이름하에 아시아 종교들을 기독교적으로 해석해왔다. 이 시에 등장하는 백발의 노인들에게 기독교의 이해란, 그들의 전통적인 종교적 사유를 바탕으로 한 기독교 이해를 크게 넘어서기가 힘들다. 그러므로 기독교를 불교적으로 이해하는 것이 토착화의 본질에 근접하는 길이기도 하다.

전통적으로 기독교는 신은 신이고 인간은 인간일 뿐이라고 말하고, 불교는 인간과 부처의 동일성을 말하고 있기에 서로 분명히 갈라선다. 그러나 신플라톤주의를 토대로 부정신학을 전개한 에카르트의 신비주의 속에서 기독교와 불교는 서로 만날 수 있는 지점을 모색하고 있는 새로운 신학의 기류를 엿보게 되는데, 여기에 고진하 시인 역시 관심을 보이고 있음이 이 시편에 드러나고 있다.

에카르트는 세계만물이 신성의 깊이(一者)로부터 출원하고 그곳으로 환원하는 창조론과 신과 인간의 근원적 일치를 주장한다. 이것은 신플라톤주의 영향 하에 형성된 대안적 신관이다. 인간 영혼의 근저에서 일어나는 신과 인간의 합일, 이것은 분명 이데아론은 물론 존재유비의 사상과도 다르다. 오히려 이것은 동아시아 불교 철학의 핵심을 반영한다는 것이다. 자신이 부처임을 깨치는 돈오(頓悟)는 모든 것을 비우고 초탈하며- 하나님마저 놓아버린 채- 영혼의 근저로 돌파함으로써 자신 속에서 하나님의 아들을 탄생시키는 것과 다르지 않다는 것이다. 영혼 안에서의 하나님의 탄생이란 은폐되어 있던 하나님의 형상이 드러남으로써 가능하다. 여기서 에카르트는 자력/타력, 수행과 은총의 관계를 '마음을 비우는 초탈이 극에 이를 때 하나님이 자신을 우리에게 쏟아 넣는다' 라는 말로 표현한다. 하나님 아들의 탄생에 있어 인간의 능동성과 전적 수동성을 동시적 사건으로 보는 것이다. 한마디로 사즉생(死卽生)이다. 초탈의 노력 안에 이미 은총이 작용하고 있다는 사실이다. 이들이 결코 둘이 아니며 선후로 나뉠 수 없기에 또한 지행합일(知行合一)이 된다. 초탈한 존재 역시 세계 내적인 존재임은 두말할 필요가 없다.

에카르트는 만물이 하나님 안에 존재한다는 신관을 피력한다. 세계 없이 홀로 존재하는 신은 생각할 수 없는 것이다. 일자(一者)로부터 존재를 부여받아 생성되었기에 그것들 모두는 의당 하나님을 향해 움직인다. 만물 속에서도 인간의 경우처럼 존재론적 갈망이 있다는 것이다. 여기서 일자이신 하나님은 하나마저 초월하는 일자로서 무차별성을 지시한다. 차별성이 없기에 신은 일자인 것이다. 이것은 이사무애(理事無礙)는 물론 사사무애(事事無碍)의 세계와 다르지 않다고 본다. 이런 측면에서 기독교와 불교가 함께 논의될 수 있는 새로운 신학적 패러다임이 가능하게 된다[94]. 즉 믿음의 종교와 수행(깨침)의 종교 간의 접점이 찾아질 수 있다는 것이다.

그래서 시인은 범신론자로 오해받기도 한다. 그의 사유는 다양한 종교적 사유와 소통하고 있기 때문이다.

범신론자가 아니냐구요?

범신론이든
유신론이든
유일신론이든
무신론이든 …

내가 믿는 하느님은
그런 … 論의 그물에 걸릴 분이 아니라니까요.
그분이 뭐 쏘가리나 참새라도 되나요.

94) 이정배, 「기독교 믿음과 동양적 수행, 그 하나의 접점을 찾아서」, 『동서 종교의 만남과 그 미래』, 도서출판 모시는 사람들, 2007, pp.98-101 참조

그물에 걸리게 …

「어떤 인터뷰」

이러한 종교적 소통의 지향은 여러 시편에서 만날 수 가 있다. 이를 종교다원주의적 사유라고 말 할 수 있지만, 그가 추구하는 하나님의 모습이 이 땅에서 어떠한 형상으로 토착화될지는 조금 더 두고 보아야 할 일이다.

서덕출 동요에 나타난 생명성

1. 여는 말

동요의 기원은 원시시대 미분화된 예술인 발라드 댄스까지 소급할 수 있으며, 민요라는 큰 줄기 속에 자리 잡은 구전동요를 최초의 형태로 보는 것이 일반적이다. 그래서 동요는 글자가 없었던 선사시대부터 있었던 입말에 의한 생활 속의 노래였던 것으로 추정하기도 한다. 이러한 동요의 발생학적 특징 때문에 동요는 그 어떤 시가보다 일상생활 속에 살아 숨쉬는 현실적 생동감을 언제나 지니고 있다. 동요가 지닌 이런 생동감은 생명감을 표출하는 데는 그 어느 장르보다 직접적이고, 유리한 요소를 지니고 있다. 어린이들을 주 독자 대상으로 겨냥하고 있다는 점도 이러한 생명감의 표출과 무관하지는 않다. 자라나는 어린이들에게 일차적으로 필요한 것은 정신적 성숙을 추동하는 생명감의 체득을 통한 성장이기 때문이다. 그래서 한 시인의 동요세계를 논하는 방식은 여러 갈래가 있지만, 그 시인의 동요에서 내비치고 있는 생명이 어떠한 모습을 보이고 있느냐에 초점을 맞추어 논의해 볼 수도 있다. 어떤 생명적 대상을 어떻게 다루고 있느냐에 따라, 그 동요가 시대를 넘어서는 생명성을 지닐 수 있느냐 하는 문제와도 연관되기 때문이다. 본고에서는 이제 본격적인 연구가 시작되는 서덕출 동요시인의 작품에 나타나는 생명성을 논의해 보고자 한다.

서덕출 동요시인의 작품에 대한 논의는 아직까지 영성한 편이다. 김종경의 「서덕출 선생의 가계」(『울산문학』7집, 1982)와 「봄편지의 서덕출」(『울산문학』13집, 1988), 김지은의 「서덕출의 삶과 동시」(『지역문학연구』 제3호, 1998), 안성길의 「서덕출 동요연구」(『울산작가』, 2006) 등이 주요논의의 전부이기 때문이다. 김지은과 안성길의 연구는 그 동안 묻혀있는 작품들을 새롭게 발굴하여 서덕출 동요시인의 작품을 본격적으로 논의할 수 있는 토대를 마련했다고 할 수 있다. 그러나 본격적인 서덕출 동요연구는 아직 남겨진 부분들이 많다. 그래서 본고에서는 그 동안의 발굴자료[95)]와 연구결과를 토대로 서덕출 동요에 나타난 생명성의 특성을 밝혀보고자 한다.

---

95) 서덕출 시인의 발굴자료는 김지은과 안성길의 자료가 있는데, 안성길의 자료가 김지은의 자료를 토대로 새롭게 구성되어 있기에 여기에서 사용하는 텍스트는 안성길의 자료를 주된 텍스트로 사용한다.

2. 자연을 통한 생명의 노래

동요는 노래이다. 노래는 자연스런 감정의 발로이다. 이 자연스런 감정의 발로는 생명현상의 하나이다. 그런데 자연은 이러한 자연스러운 생명현상을 드러내는 표상의 하나라는 점에서 동요가 다루는 세계가 주로 자연임과 무관하지 않다. 동요시인이 지향하는 세계가 자연이 지닌 생명의 세계를 지향하는 결과이다. 서덕출 동요의 세계도 일차적으로 자연이 그 시적 대상이 되고 있다. 자연 중에서도 계절에 대한 감각은 동시가 가장 즐겨 활용하는 대상이다. 서덕출의 동시에서는 「눈 뜨는 가을」, 「단풍」, 「가을밤」 「가을 잎」, 「노랑 노랑 단풍잎」 등 가을이 대상이 된 시와 「눈꽃 송이」 「눈은 눈은」 「눈 오는 날의 생각」 등과 같이 겨울철의 눈을 노래하고 있는 시와 「여름」 「녀름비」 「여름비」등 여름이 대상이 된 시와 「들로 나가자」, 「버들피리」, 「새봄」 「봄맞이」, 「새봄」, 「봄편지」, 「去春」, 「봄바람」, 「종달새야 노래하자」, 「나비춤」 등 봄이 대상이 된 시들로 나타난다. 그런데 봄이 소재가 된 시들이 그 비중이 많다는 점에 유의해볼 필요가 있다. 다른 계절에 비해 봄에 더 민감하게 반응했던 결과로 보인다. 이는 시인의 의식 역시 봄이 주는 계절에 더 집중했음을 알아차릴 수 있다. 왜 그가 봄에 더 많은 감각적 의식을 보였을까? 이는 봄이 그만큼 생명의 역동을 보여주기 때문이다.

산 넘고 물 건너

새 봄이 온다
잠 자는 나무에
새 싹을 달아
웃음을 웃기며
새 봄이 온다

강남에 제비들
꽃 들고 오고
강 건너 저 나라
꾀고리 아씨
봄 노래 한 곡조
부르며 온다

「새봄」

오는 봄을 노래하고 있는 이 동요는 봄이 오는 모습을 감각적으로 형용하고 있다. 1연에는 <나무에 새 싹을 달아/웃음을 웃기며/새봄이> 오고 있다고 노래하고, 2연에서는 <강남의 제비들/꽃 들고/ 봄 노래 한 곡조 부르며> 온다고 노래한다. 시각과 청각을 통해 봄이 오고 있음을 감각하고 있다. 새로운 생명이 피어나고, 그 생명을 표현하는 노래로 새봄이 오고 있음을 보여주고 있다. 그러므로 이 동요는 오는 생명의 봄을 객관적으로 노래하고 있다고 볼 수 있다. 즉 생명의 봄이 오고 있는 현상을 시인의 시선으로 건져올리고 있다. 동요 속에 어린이 화자를 등장시키지 않았기 때문이다. 그런데 동요 속에 어린이 화자를 등장시켰을 때, 봄을 맞는 생동감과 생명력은 훨씬 강하게 전달되어 온다. 다음 동요를 살펴보면, 그 차이를 확실히 확인할 수 있다.

동리 동리 우리 동리
살구꽃 동리
파릇파릇 아기풀잎
새로 돋고요
종달새들 자라나서
훨훨 난다니
우리우리 동무들아
봄 맞이 가자
동리 동리 복숭아꽃
곱게도 피어
범나비의 예쁜 춤을
기다린다니
우리들도 나비 같이
예쁜 춤 추며
울긋불긋 푸른 봄을
맞이러 가자

「봄 맞이」

봄이 지닌 생명력이 이 동요에서는 역동적인 동작으로 표현되고 있다. 풀잎이 새로 돋고, 종달새가 훨훨 날고, 범나비가 예쁜 춤을 추는 동작들의 모습이 그것이다. 이런 생동하는 봄을 맞으러 <우리우리 동무들아> 가자고 권유함으로써 이 동요에는 어린이 시적 화자가 직접 등장한다. 그 결과 앞 동요에서 느낄 수 없는 역동성이 살아난다. 「새봄」에서는 서술동사가 <온다>로 봄이 오는 현상을 그저 감각적으로 보여주고 있다면, 「봄맞이」는 <가자>라는 서술동사를 통해 시적 화자의 능동적이고 적극적인 행위를 드러낸다. 이 때문에 「봄맞이」가 더 역동적으로 다가오는 측면도 있지만, 어린이 시적 화자의 표면적 등장도 한 몫을 하고 있다. 시적 화자가 직접 동요 속에 등장함으로써 봄이 가져다준 생명의 생동감을 보여주는 또 다른 시가 「나비 춤」이다.

동무야 동무야
모여 오너라
봄 햇볕 잔디로
모여 오너라
손에 손을 붙잡고
나비춤 추세

꽃동산 울 넘어서
날아 다니며
춤 추는 나비와
우리도 같이
꽃동산 마루에서
나비춤 추세

동무야 동무야
모여 오너라

진달래꽃 흩어지는
꽃잎 속에서
우리도 나푼나푼
나비춤 추세

「나비 춤」

춤은 생명감을 보여주는 전형적인 몸짓이다. 그 어떤 몸짓보다 생명감을 자연스럽게 드러낸다는 점에서 춤이 지닌 생명성의 특징이 있다. 그런데 그 춤을 봄이 피워낸 꽃동산에서 보여주고 있는 나비처럼 <우리도 나푼나푼 나비춤>을 추자고 요청한다. 그리고 그 춤은 혼자 추는 춤이 아니라, 함께 모여 추는 군무임을 내비친다. 그만큼 춤을 통한 역동성이 점층되고 있다. 뿐만 아니라, 춤을 추는 공간도, 1연에서는 봄 햇볕 잔디 위, 2연에서는 꽃동산 마루, 3연에서는 진달래꽃 흩어지는 꽃잎 속으로 변화고 있어, 춤의 역동성은 더욱 강렬해지고 있다. 잔디 위에서, 마루로, 마루에서 꽃잎 속으로 춤이 펼쳐지는 공간이 좁혀지면서, 꽃잎 속에서 춤추는 나비에 더욱 가까워지는 나비춤을 추고자 한다. 나비춤은 나비의 생존을 보여주면서, 나비의 생동하는 생명의 한 부분을 보여준다는데 의미가 있다. 그런데 봄의 생명력은 생동감만 보여주는 것이 아니라, 세계를 변화시키는 힘이 있음을 「봄 편지」에서 읽어낼 수 있다.

연못 가에 새로 핀
버들 잎을 따서요

우표 한 장 붙여서
강남으로 보내면
작년에 간 제비가
푸른 편지 보고요
대한 봄이 그리워
다시 찾아 옵니다

「봄 편지」

봄이 와서, 새로 피어난 버들 잎을 따서 강남으로 보내면, 작년에 간 제비가 다시 찾아온다는 사실을 아름답게 노래한 동요이다. 봄이 강남 간 제비를 다시 불러올 수 있는 힘을 지니고 있다는 점에 초점을 맞추면 봄의 생명력을 쉽게 상상할 수 있다. 이것은 봄이 지닌 생명의 힘이다. 봄이 오면서 세계를 변화시키는 힘이라고 할 수 있다.

생명은 언제나 역동적이다. 그 생명의 역동성을 서덕출 시인은 봄이란 계절이 지닌 생명력을 동요를 통해 보여주고 있는 것이다.

3. 애기를 통한 생명의 노래

자연 속에서는 봄의 계절을 통해 생명을 확인할 수 있다면, 사람을 통해서는 어떻게 생명이 노래되고 있는가? 사람의 성장단계로 보아 우리는 일반적으로 애기의 상태에서 생명을 감각적으로 제일 많이 인식한다. 서덕출 시인의 경우, 애기에 대한 관심을 통해 생명의식의 한 양상을 보여준다.

> 딸랑딸랑 은방울 우리 애기 은방울
> 어제 말고 그저께 우리 애기 첫돌날
> 선물 받은 은방울 소리 곱게 잘 난다
>
> 딸랑딸랑 은방울 우리 애기 은방울
> 예쁜 소리 그 소리 애기 듣기 좋아서
> 울던 울음 그치고 방실방실 웃는다
>
> 「우리 애기 은방울」

은방울 소리에 울던 울음을 그치고 방실방실 웃는 애기를 노래하고 있다. 은방울 소리는 애기의 감각을 깨우는 중요한 매개가 된다. 애기들의 생명활동의 특징은 울고, 웃고, 자는 것이다. 애기에게 있어서는 우는 시간이 웃는 시간보다 많다. 그러므로 우는 행위에서 웃는 행위로 전환되는 상황은 살아있는 애기들의 존재를 증명하는 생명현상이다. 우는 것, 웃는 것이 성장하는 애기의 생명활동 속에서 일어나는 자연스런 생명현상이란 것이다. 애기들에게 나타나는 생명현상의 특성은 깨어있는 시간보다 자는 시간이 훨씬 많다는 사실이다. 자는 것이 애기들에게 있어서는 중요한 생명현상이기 때문이다. 그래서 애기들에게 있어, 자장가는 언제나 필수적인 요소이다. 그 자장가에 서덕출 시인도 관심함으로써 애기들을 통해 생명을 노래하고 있다.

애기야 우리 애기 착한 애기야
포근포근 품에 안겨 잠 잘자거라
평화로운 너의 꿈이 머리맡에서
자장자장 노래하며 기다린단다

애기야 우리 애기 착한 애기야
포근포근 품에 안겨 잠 잘자거라
새 움 트는 봄 바람이 머리맡에서
자장자장 손짓하며 나부낀단다

「잠 잘 자거라 -자장 노래」

우리애기 엿븐애기 벼개애기야
단젓먹고 잠잘자라 자장애기야

오냐오냐 우리애기 벼개애기야
응애응애 우름우니 젓을 또줄가

우지마라 우리애기 벼개애기야

「벼개애기」

두 편의 동요는 애기를 재우기 위한 노래인 소위 자장가이다. 자장가는 애기들의 잠을 자게 도우는 노래이다. 잠은 생명의 활동을 상당 부분 정지시키는 역할을 하기에, 자장가가 생명의 노래가 될 수 있을까 하는 의문을 가질 수 있다. 그런데 아이들에게 잠은 성장을 위한 과정이기에 잠을 재우는 노래인 자장가는 생명을 위한 노래가 된다. 자장가가 단순히 잠을 청하는 노래만은 아니라는 것이다. 두 편 동요에서 공통적으로 나타나는 주제는 <잠 잘 자라>는 것인데, 애기에게 잠은 쉼을 주는 그냥 잠이 아니라, 성장을 위한 잠이기에 잠 자체가 애기들에게는 성장을 위한 생명활동이 된다는 것이다.

4. 아이들의 건강한 삶에 표상된 관계를 통한 생명의 노래

생명현상은 다양하게 나타난다. 한 생명을 가진 생명체 안에서 일어나는 생명현상도 있지만, 개체와 개체 사이의 관계성을 통해서도 생명현상은 나타난다. 서덕출 시인은 애기가 지닌 한 개체로서의 생명을 노래하기도 했지만, 개체와 개체 사이의 관계를 노래함으로써 생명을 노래하기도 했다.

애기들아 싸움 말고
잘잘 놀아라
한 이웃에 동무들은
안 싸운단다

애기들아 의좋게
잘잘 놀아라
한 이웃에 동무들은
형제 같단다

「이웃 동무」

한 개체 생명이 살아가면서 또 다른 개체와 만나서 공동체를 이루며 살아가는 것이 인간 사회이다. 아이들의 세계도 마찬가지다. 그런데 개체와 개체가 각각의 생명체로 만나면, 그 관계성이 조화를 이룰 때도 있지만, 불화함으로써 갈등을 빚을 때도 많다. 그러므로 모든 생명체들이 유기적 관계를 가지고 살아가는 사회 속에서 어떠한 관계를 맺느냐 하는 점은 중요하다. 그 관계가 불화나 갈등의 관계로 형성될 때, 개체의 생명성은 활성화되기 힘들다. 그 관계가 조화와 상생의 관계를 형성할 때만 각 생명체는 생명의 자유로운 확산이 가능하다. 그러므로 생명현상을 해명하는 데 있어서, 어떠한 관계를 지니고 있는지에 대한 관계성의 문제는 아주 중요하다. 「이웃 동무」에서 <싸움 말고 의좋게 잘 놀아라>고 권유하고 있는 시인의 의식 속에는 함께 좋은 관계를 이루고 살아갈 때, 각 개체 생명이 제대로 성장해 갈 수 있다는 믿음이 전제되어 있는 것이다. 아이들의 온당한 관계성의 추구가 이 동요에서는 <싸움 말고 잘잘 놀아라>는 부정적인 인식에서 긍정적인 권유로 나아갔지만, 다음 동요에서는 긍정적 관계성만을 보여주고 있다.

골목 골목 동무들과
맹세하였네
씩씩하고 참된 사람
되어 가자고
옷끈 끝에 매듭 매고
맹세하였네

골목 골목 동무들과
맹세하였네
언제든지 서로 도와
자라 가자고
옷끈 끝에 매듭 매고
맹세하였네

「맹세」

맹세는 사람과 사람 사이에 맺는 관계 중에서 특별한 것이다. 관계를 맺는다는 점에서 맹세는 보통의 관계를 넘어 서 있다는 것이다. 동무들과 맹세한 내용은 두 가지로 나타난다. <씩씩하고 참된 사람>이 되는 것과 <언제든지 서로도와 자라>는 것이다. 이러한 맹세를 노래하고 있다는 것은 생명체들간의 건강한 관계성의 추구라는 점에서, 시인의 의식 속에 잠재한 건강한 관계성을 통한 생명의식을 읽어낼 수 있다.

5. 비의 부정성을 넘어서는 생명의 노래

서덕출 시인의 동요에는 비를 소재로 한 시가 많다. 「비」, 「궂은 비」, 「여름 비」, 「비」, 「녀름비」, 「細雨의 不忘」 등이 그 시편들이다. 그런데 이 비는 긍정적인 이미지보다는 슬픔 혹은 비애의 감정을 실어내고 있다는 점에서 부정적이다. 다음 시가 그러한 모습을 전형적으로 잘 보여준다.

비가와요 비가와요
하늘에서 비가와요
아침비는 해님눈물
저녁비는 달님눈물
해님달님 왜우시오
시절좋은 이녀름에
무슨슬픔 그리있어
자꾸자꾸 우십니까

「비」

아침에 오는 비를 해님의 눈물로, 저녁에 오는 비를 달님의 눈물로 해석하고 있는 시인의 시선은 비가 바로 눈물로 인식되고 있음을 말한다. 그래서 시인은 <무슨 슬픔이 그리있어 자꾸자꾸 우십니까>라고 반문하고 있다. 비의 이미지가 바로 슬픔이라는 비애의 감정으로 이어지고 있음을 볼 수 있다. 이런 연유로 시인에게 비는 부정해야 할 대상이 되고 있다.

비야 비야 궂은 비야
갈미봉에 오는 비야
제발덕분 오지 마라
먼길 가는 우리 누님
붉은 치마 얼룩지면
어머니께 꾸중 듣고

눈물 지어 울어 싸면
나의 마음 슬퍼진다
「궂은 비」

시인에게 비는 단순한 비가 아니고, 궂은 비로 인식되고 있기에 오지 말아야 할 대상으로 노래되고 있다. 누님의 치마를 적시고, 나의 마음을 슬프게 만들기 때문이다. 그런데 이렇게 부정적으로만 인식되었던 비가 부정적인 비애의 감정을 넘어서 객관적으로 노래되기도 한다.

비가오네 비가오네
은실자리 비가오네
한울에서 오는비는
잔잔하니 오것마는
추녀 끝에 오는비는
굵고 굵은 외줄기비
힘차게도 나려오고
나뭇잎에 오는비는
은구슬을 깨친듯이
이리저리 흐트지네
「비」

앞의 시에서 확인한 비의 이미지들은 모두 부정적인 슬픔과 비애의 감정이 투영되어 있는 모습이었으나, 이 시에서는 그러한 부정적인 이미지와는 거리가 있는 모습을 보인다. 잔잔하게 하늘에서 오는 비를 은실로, 추녀 끝에서 떨어지는 비를 외줄기비로, 나뭇잎에 오는 비를 은구슬 깨친듯한 비로 각각 비유함으로써 비가 지닌 부정적 이미지는 사라지고 없다. 이러한 비에 대한 객관적인 인식을 바탕으로, 부분적이기는 하지만 비를 긍정적인 대상으로 인식하는 선으로 나아가고 있다.

> 녀름 비오는 날이
> 깨끗지 않어도
> 들 가운데 많고 많은
> 나락 밧헤는
> 인공으로 할 수 없는
> 거름이란다.
>
> 그러나 그러나
> 녀름비란 많이 오면
> 무서운 물결이
> 논과 밧을 덮어서
> 농부의 가슴을
> 울리인단다
>
> 「녀름비」

여름비가 많이 오면 문제가 되지만, 나락에는 거름이 된다고 노래함으로써, 비가 지닌 일방적인 부정적인 이미지를 넘어서고 있다. 부정적인 비의 이미지가 이제는 긍정적인 대상으로도 노래되고 있는 것이다. 그리고 급기야는 초목들을 살리게 위해 이 땅에 비가 내리기를 대망하는 상태로 나아간다.

물이 만어야 할 너즌 봄날
어제도 아래도 비는 안와
나나리 强해가는 太陽의 불빗헤
모든 草木이 목말나 헐덕어리는 것을
나는 내 마음이 타도록 보았노라

엇지타 하날인들
그다지도 無心하랴
보아라 하날에 저 구름을
太陽을 가리고 모혀더는
검붉은 구름을-

그러나 세우는 불망이오
온 千草萬花로 代表하야
나는 말하엿노라

아니 細雨는 不望이오니
국다란 비줄기로 때맞처
이땅에 내려 던져 주소서

그리하야 목마른 草木들을 살게 하고
셋맑은 白羊을 길급게해주게 · · · · .

「細雨의 不望」

가무름에 목말라 하는 초목들에게 지금 당장 비가 필요하기에, 이 땅에 비를 내려줄 것을 갈망하고 있는 노래이다. 오는 비를 오지 말라고 노래하던 상황이 완전히 바뀐 것이다. 이제는 비가 슬픔을 반영하는 이미지가 아니라, 죽어가는 초목들을 살리는 생명의 원동력으로서 구가되고 있다. 이는 시인의 의식이 부정적인 비의 이미지에 함몰되어 있지 않고, 긍정적인 세계로 나아오고 있음을 보여주는 장면이기도하다. 그래서 서덕출의 동요에는 태양(「태양을 보고」, 「해가 해가 빠졌네」), 달빛(「달」, 「보름달」, 「누나생각」), 별빛(「칠석 밤」, 「빛난 별이요」) 등의 밝음의 세계를 노래하는 이미지들이 많이 나타나고 있고, 건강한 노동을 노래하는 시편(「들로 나가자」, 「씨를 뿌리자」)들도 산재해 있다. 이는 부정적 비의 이미지를 극복할 수 있는 내면적 생명의식의 발현으로 볼 수 있다.

이러한 생명의식의 발현은 일제강점기의 시대적 아픔과 자신의 불우에도 불구하고 그것을 극복하려는 의지를 가졌기 때문에 가능한 것이라고 할 수 있다. 1920년대의 우리 동시가 대체적으로 처량하고 애상적인 모습을 보여준다[96]는 점에서 볼 때, 서덕출 동요가 지닌 건강함이 보이는 변별점은 그의 개성적인 시 세계로 평가되어야 할 것이다. 왜냐하면 이러한 성향의 그의 동요가 보이는 극복의지는 애상을 뛰어넘는 동시에, 자연과 인간에 대한 깊은 애정으로 진전되고 있다[97]고 보기 때문이다.

---

96) 김제곤, 「우리 동시가 걸어온 길」, 『아동문학의 현실과 꿈』, 창작과 비평, 2003, p.18.

97) 김지은, 「서덕출의 삶과 동시」, 『지역문학연구』 제3호, 1998, p.37.

6. 동요의 율격에 나타나는 생명성

안성길은 서덕출 시인의 동요 42편을 율격으로 분석한 적이 있다[98]. 음보 차원에서 분석한 그 결과는 3음보가 29편(69%), 4음보가 12편(29%), 3 · 4 음보의 혼합이 1편(2%)으로 나타난 것으로 통계 처리하고 있다. 여기에서 확인할 수 있는 사항은 서덕출 시인이 활용하고 있는 주된 율격이 3음보와 4음보라는 점이다. 이는 우리 시의 전통적인 율격으로 서덕출 동요 역시 우리 시의 전통적인 율격에 토대를 두고 있다는 것을 말한다. 그런데 서덕출 시인의 동요에는 3음보가 훨씬 우세하다는 점에 유의할 필요가 있다. 왜냐하면 3음보와 4음보 율격이 지니는 차이가 있기 때문이다.

3음보는 균등한 길이로 다시 나눌 수 없는 율격인 반면, 4음보는 2음보로 다시 나눌 수 있는 율격이다. 그래서 다시 나눌 수 없는 3음보격은 변화를 위주로 한 무용의 율격이라 하고, 2음보로 다시 나눌 수 있는 4음보격은 안정을 기조로 한 보행의 율격으로 명명하기도 한다[99]. 3음보가 변화를 추구하는 율격이라면, 4음보는 안정을 추구하는 율격이라는 것이다. 서덕출 시인이 정형시인 동요를 창작하면서도 3음보 율격을 주로 지향하고 있다는 점은 무엇을 의미하는가? 정형이란 틀 안에서도 변화를 추구하고 있다는 점이다. 이 변화는 틀 안에서도 자유로움을 지향하는 모습을 보이고 있음이다. 정형시가

98) 안성길, 「서덕출 동요 연구」, 『울산작가』5, 2006, p.81.

99) 조동일, 「현대시에 나타난, 전통적 율격의 계승」, 김대행 편, 『韻律』, 문학과 지성사, 1984, p.120.

지닌 틀 안에 그대로 안주하는 안정의 추구가 4음보격 율격이라면, 틀 안에서도 틀을 깨려는 의도적 리듬의식이 3음보의 율격을 내보이고 있다고 본다. 그러므로 틀 안에서 틀을 깨어보려는 운율의식은 틀을 새롭게 창출해보려는 생명의식과 맥을 같이 한다고 본다. 생명의식은 어떠한 하나의 틀 속에 가둘 수도 없으며, 갇혀지지도 않는다. 그것은 하나의 틀 속에 가두어 둘 수 없는 분출하는 힘이기 때문이다.

이러한 자유로운 율격의 지향은 3음보내에서도 다양한 가변적인 음절수의 구성으로 나타난다. 원래 한국시는 행을 이루는 음보수는 고정적이면서 행을 이루는 음절수는 가변적인 것이 특징이다. 서덕출 동요에 나타난 3음보율격의 시를 음절 단위로 구분해보면, 6・5조(17%), 7・5조(31%), 8・5조(17%), 혼합(35%)로 나타난다[100]. 혼합형태의 음절 구성이 제일 많다는 것은 그만큼 음절 구성에서도 다양한 변화를 추구했다는 것을 의미한다. 이는 3음보율격이 지닌 변화 속에서도 또 다른 변화를 추구하는, 자유로움을 지향하는 생명의식의 발현으로 볼 수 있다.

그런데 서덕출 시인의 동요에서 보이는 율격에서, 좀더 논의가 필요한 부분은 3음보에 나타나는 7・5조 율격이다. 그의 3음보 율격에서는 상당한 비중을 차지하고 있는 소위 7・5조를 전통적인 우리 율격으로 볼 것이냐, 그렇지 않으면 달리 보아야 할 것이냐 하는 점이다. 이 7・5조 율격은 일본 시가의 오랜 율격인데, 이를 최남선이 수용하여 시도함으로써 하나의 율격으로 자리잡게 되는 결과를 낳았

100) 안성길, 앞의 책, 같은 면.

다. 그런데 우리의 시가에서 음절수가 3 · 3 · 5 또는 4 · 3 · 5 나 3 · 4 · 5로 된 것이 있어, 이는 약간만 손질하면 7 · 5조가 될 수 있는 가능성을 지니고 있었기에 7 · 5조의 정착을 용이하게 했다고 본다. 그러므로 다음 동요인 경우, 7 · 5조의 율격으로 읽어야 할지, 아니면 4 · 3 · 5음절의 3음보로 율독해야 할지는 고민해볼 과제이다.

일곱 일곱 두 일곱
칠월 칠석밤
견우 직녀 두 별님

건너 간다오
까막 까치 돌다리
은하수 위로
별이 총총 잠 들면
건너 간다오

「칠석 밤」

이 시를 3음보로 율독한다면, 다음과 같은 행 가름이 가능할 것이다.

일곱 일곱/ 두 일곱/ 칠월 칠석밤
견우 직녀/ 두 별님/ 건너 간다오
까막 까치/ 돌다리/ 은하수 위로
별이 총총/ 잠 들면/ 건너 간다오

「칠석 밤」

이렇게 율독이 가능하다면, 이 동요를 굳이 7・5조의 3음보 율격으로 읽을 필요가 있는가 하는 문제제기가 가능하다. 4・3・5음절의 3음보율격인 우리 전통의 율격으로 읽을 수가 있지 않을까 하는 점이다. 행을 이루는 음절수가 고정되어 있는 일본시가의 율격은 깔끔하게 다듬어진 것을 존중하는 일본적 미의식의 산물이고, 행을 이루는 음절수가 가변적인 우리 시가의 율격은 자연스런 변화의 멋을 존중하는 한국의 미의식의 소산이기 때문이다[101]. 즉 3음보율격을 통해 안정보다는 변화를 추구한 서덕출 시인의 운율의식을 생각해 볼 때는 다듬어진 틀을 추구하는 일본의 7・5조 율격은 그의 체질과는 거리가 생겨나기 때문이다.

율독의 측면에서, 이러한 문제제기가 가능하다면, 정작 서덕출 시인의 운율 의식은 어디서부터 출발했을까 하는 점과 함께 이 문제는 앞으로 풀어가야 할 과제가 된다.

7. 남는 말

서덕출 시인의 개인사를 살펴볼 때, 그의 생애는 그렇게 순탄하지 못했다. 그러나 그의 동요가 보여주는 세계는 어둠의 이미지보다는 밝음의 이미지가 주를 이룬다고 할 수 있다. 그 밝음의 이미지의 근원을 본고에서는 생명의식으로 살펴보았다. 자연 속에서는 봄을 노

101) 조동일, 앞의 글, p.124.

래함으로써, 사람인 경우는 애기를 노래함으로써, 사람과의 건강한 관계성을 노래함으로써, 정형의 틀 속에서도 자유롭고 다양한 운율을 시도함으로써 생명의식을 보여주고 있다. 이러한 생명의식은 서덕출 시인의 건강한 시 정신을 보여주는 것으로 볼 수 있다.

금정산 마을에서 부르는 생명의 노래

안유환 목사가 금정산으로 입주한 지도 몇 년이 지났다. 금정마을에 사람들의 발길이 잦아지고, 금정마을이 부산 사람들이 가장 자주 찾는 쉼터로 변모해가면서, 금정산의 생태가 많이 파괴되어가고 있다. 그래서 금정산을 살리기 위한 여러 묘안들이 환경·시민단체들에 의해 제기되기도 한다. 금정산을 살아 숨쉬는 생태공간으로 보존해 가려면 금정산에 발을 들여놓는 모두가 금정산을 살아 있는 생명체로 인식하는 생명에 대한 새로운 각성이 시급하다. 그러나 다행스럽게도 금정산은 아직도 자연생태 마을의 한 모습은 지니고 있다. 금정산이 사람들의 살기(殺氣)에 시달리기는 하지만, 자연의 생기(生氣)가 아직은 살아 숨쉬고 있기 때문이다. 자연과 가장 가까이 그리고 함께 살아가면서 시인은 그 동안 무엇을 느끼고 생각했을까? 그는 이번 시집에서 「춘분」, 「봄을 부르는 소리」, 「눈내린 산마을」, 「겨울새벽」, 「물봉선」, 「자운영을 찾아」 등 계절과 식물을 대상으로 한 시편들을 많이 보여주고 있는데, 이런 시편들의 모습은 시인의 삶의 공간적 체험과 깊이 관련되어 있다는 점에서, 시인의 생태학적 사유를 생각하지 않을 수 없다.

그런데 안유환 시인의 이번 시집에 실린 생태학적 사유의 특징은 단순히 생명을 가진 것들에 대한 시인의 감각적 대응만이 아니라, 생명의 또 다른 한 측면을 생각하게 한다는 점에서 의미가 있다.

일반적으로 생명이 지닌 본질적 특성을 이론 생물학자 로위G.W. Rowe는 세 가지로 설명한다. 첫째는 대사 metabolism로서, 하나의 생명체는 주변으로부터 자유에너지를 흡입하여 이를 자체 유지를 위해 사용할 수 있어야 한다는 것이며, 둘째는 생식 reproduction으로서, 개체의 유한성을 극복하기 위해 자기 자신에 대한 복제능력을 가져야 한다는 것이고, 셋째는 진화 evolution로서, 변화하는 환경에 적응하기 위해 세대를 거쳐가며 변이와 선택에 의한 적응력의 증가가 이루어져야 한다는 것이다.

그러나 생명현상은 이러한 특징만을 가지는 것이 아니다. 오히려 살아있는 개체들간의 관계에 있어 협동의 체계가 형성된다는 점을 더욱 중요하게 생각한다. 실제로 많은 개체들이 개체들간의 협동이 없이는 생존이 불가능하며, 이러한 경우 여타 개체들이 한 개체의 생존을 위한 보작용자의 역할을 수행한다는 것이다. 이러한 몇 가지 특성이 생물학적, 생태학적인 측면에서 논의될 수 있는 생명의 특징이라고 한다면, 파울 틸리히는 이러한 생물학적인 생명의 특징의 토대 위에서 '자기초월'이라는 생명운동의 한 특성을 제시한다.

즉 모든 생명은 자기 존재를 넘어서서 보다 높은 차원으로 상승하려는 지향성을 갖는데, 곧 생명은 자기를 유지하려는 운동과 자기를 성장, 확장시키려는 운동뿐 아니라, 자기를 넘어서서 질적으로 다른 존재가 되고자 하는 자기초월의 운동을 한다는 것이다. 틸리히는 이와 같은 생명운동을 생명의 수직적 운동, 혹은 '위를 향한 초월'이라는 공간적 은유로서 표현하고 있다. 틸리히에 의하면, 이러한 생명의 자기초월 운동은 종교적 실존 속에서 구체화 된다고 본다. 종교를 통해 지극히 거룩하고 숭고한 것을 찾아 헌신하고자 하며, 종교 안에서 거룩하고 초월적인 신적인 실재를 만남으로써 삶의 의미를 찾으며, 정화와 거룩의 길을 걸어가는 체험을 통해 자기초월이 이루어진다는 것이다.

그런데 이러한 생명의 자기초월은 단독적으로 이루어지는 것이 아니라, 다른 생명체들과의 관계성 속에서 이루어져야 한다. 지상에 생명의 뿌리를 두고 있는 개체들간의 협동의 관계성이 토대가 된 이후에 생명의 초월성이 이루어져야 그 생명성이 현실성을 갖는다는 말이다. 지상의 생명체들에 대한 철저한 생명의식의 확인없이 단순히 추구되는 초월적 생명운동은 공허해지기 쉽기 때문이다. 이러한 생명의식들이 이 시집에서 어떻게 전개되고 있는지를 살펴본다.

> 큰 나무 아래
> 작은 나무들이 무수히 고개를 내밀고
> 작은 나무 아래 도란도란 엎드린 산초(山草)들
> 햇빛이 찾아오는 길목 내다보며
> 쏴- 쓰적쓰적, 몸의 흥얼거림이 일이다

넓거나 좁은 간격* 유지하면서도
함께 어우러져 그윽한 향을 만들어내며
허공마저 키를 따라 나누어 살아가는
땅주인을 아는 그들에겐
언제나 희년의 축제가 있을 뿐
높은 집들이 뿜어내는 악취는 없다
바람이 쉬어 가는 가지마다
멧새들의 노래를 주렁주렁 매달고
사는 날 동안 집안을
철따라 푸르게 울긋불긋 가꾸며
산토끼 다람쥐를 보살피다
오랜 기다림 속에 생을 마치면
시신을 기증하듯 산 자의 양식이 된다
버혀진 몸은 멀어져간 사람들의
정을 이어주는 다리(橋)가 되고
마지막 한 조각까지 불태워 길손의
언 마음 녹여 주기도 하고

「나무들 마을」

*안도현의 『간격』에서 인용

「나무들 마을」은 나무들이 이룬 마을에 다른 동식물들이 함께 생명을 이어가는 모습을 섬세하게 묘사함으로써, 나무를 중심으로 한 생명들간의 관계를 보여준다. 큰 나무들과 작은 나무들이 함께 살아가고 있지만, 그들은 넓거나 좁은 간격을 유지하면서 함께 어우러져 생명을 이어가고 있다는 점을 시인은 강조한다. 나무 한 그루 한 그루는 나무가 지닌 개체로서의 생명을 유지하기 위해서 성장을 계속해 갈 수밖에 없다. 이러한 성장은 같은 공간에서 자신의 생명을 유지하기 위해 성장하는 다른 나무들에게 장애가 될 수도 있다. 그러나 시인이 바라보는 나무의 모습은 갈등보다는 서로 함께 어우러져 살아가는 개체간의 협동체계를 엿보게 한다. 이러한 모습은 나무들 뿐만 아니라, 작은 나무 아래 자라는 풀들과도 마찬가지다. 큰 나무와 작은 나무 그리고 한 공간에서 생명을 유지하고 있는 풀들이 서로 함께 생장하는 아름다운 모습에 시인의 시선이 가 있다.

이러한 나무의 생명성이 보이는 특징 때문에 언제나 이들에게는 희년의 축제만 있을 뿐이라고 노래한다. 함께 더불어 살아가는 생명들간의 관계성을 나무가 잘 보여주고 있다는 것이다. 그래서 나무는 인간 사회가 내뿜는 악취 대신 향기를 서로 나누며 생존을 계속하고 있다고 노래한다. 이 노래는 여기에서 끝나지 않는다. 나무는 사는 날 동안 멧새들의 노래를 가지에 주렁주렁 매달기도 하고, 숲 속에 사는 다람쥐나 산토끼들을 보살펴 주기도 하고, 생이 다하면, 산 자들의 양식이 되는 자기희생을 실천한다. 나무의 일생은 자신을 둘러싸고 있는 다른 생명체들과의 관계에 있어서, 서로의 생명이 함께 유지될 수 있는 상황을 연출하고 있음과 동시에, 궁극적으로는 모든 것을 타자를 위해 베푸는 삶임을 보여준다. 자신의 소멸이 결국은 다른 생명체를 살리는 길임을 실천하고 있는 것이다.

감꽃이 떨어진
고향집 마당처럼

때죽나무 하얀 꽃무늬로
곱디곱게 수놓은 길
우듬지엔 애기 가을이 열리고
이른 아침
성급한 자벌레 한 마리
하늘 높이를 재고 있다

머루 다람쥐
눈 비비며 두리번거리다
장끼 노래 연습에 놀라
종다리처럼 날아오르고
개울물 소리에 귀 기울이는
떡갈나무 잎새 아래로
실새풀 일렁일렁
미풍에 산책하는 길
쑥부쟁이 함께 가을을 노래할
물봉선은 어디쯤
떠내려 오고 있을까

「북문 가는 길(2)」

「북문 가는 길(2)」은 앞선 시에서와 마찬가지로 자연생태 속에서 생명을 이어가고 있는 생명체들의 살아 있는 모습을 좀더 폭넓게 조망하고 있다. 이는 앞의 시가 <나무들 마을>이라는 한 좁은 공간에 시선이 제한되어 있음에 비해, 이 시는 <북문 가는 길>에서 나타나듯 공간적 이동이 이루어지고 있기 때문이다. 그러므로 시인의 시야에 걸려드는 시적 대상들도 그만큼 다양하다. 우선 때죽나무 꽃들이 떨어져 수놓은 지상의 길과 함께 때죽나무가 등장하고, 그 공간을 자벌레가 날고 있다. 그리고 다람쥐와 함께 장끼도 날아든다. 이어 시인의 시선은 시각에서 청각으로 옮겨간다. <개울물 소리에 귀 기울이는 떡갈나무>에 대한 관심이다. 그러나 시인의 시선은 떡갈나무에 그치지 않고, <떡갈나무 잎새 사이의 실새풀>로 옮겨간다. 실새풀에 대한 인식은 미풍을 감각하는 체감이라는 점에서, 생명체에 대한 다양한 감각적 인식을 보인다. 북문을 향해 가면서 시인의 다양한 감각에 의해 걸려드는 생명체들이 연속적으로 하나의 생명의 고리를 형성해 가고 있다.

그리고 중요한 것은 이러한 개별적인 생명체들의 감각을 통해 하나의 계절을 예감하고 있다는 점이다. <쑥부쟁이 함께 가을을 노래할 물봉선은 어디쯤 떠내려 오고 있을까> 라는 예기(豫期)가 이러한 계절 감각이다. 북문을 향하면서 만난 모든 생명체들이 각각의 살아있는 생명체의 모습을 보이고 있지만, 이 모든 생명체들도 계절의 변화라고 하는 우주운행의 생명 원리를 거스릴 수가 없다. 그래서 시간의 흐름에 따라 변화해 갈 수밖에 없는 생명의 생성과 소멸이라는 변화의 원리를 예감하고 있는 것이다. 물봉선화는 한 여름에 꽃을 피우고 간다. 이 꽃이 지면 연달아 쑥부쟁이가 꽃을 피우며, 가을을 연다. 그러므로 시인이 <물봉선은 어디쯤 떠내려 오고 있을까> 라고 자문한 것은 물봉선화가 떨어져 가고, 이제 가을이 오고 있다는 사실을 간접화 한 것이다. 계절적인 시간의식을 통해 살아있는 생명체들의 모습을 확인하고 있는 시인은 하루가 시작되는 새벽에서 동트는 시간 사이에서도 동일한 생명의 움직임을 만나고 있다.

소금처럼 첫눈이 뿌려진 새벽
기도원 뒷산 잿길을 오른다

산짐승 발자국 따라
내가 오르고
나의 발자국 따라
산짐승은 뒷걸음질로 내려온다

해님이 하루치 일감 나눠주면
사람들은 이 길을 오르겠지
남기고 싶은 발자국을 뭉개며

산비둘기 울음하나
선잠깬 다람쥐 둘
바위 셋
풀잎 넷
동녘은 점점 밝아온다

「남기고 싶은 발자국」

눈 내린 새벽 산길을 걸으며, 시인은 산짐승의 발자국과 만난다. 산짐승이 낸 발자국을 따라 시인이 길을 오르고, 시인의 발자국 따라 산짐승이 뒷걸음질로 내려온다는 것은 길을 매개로 인간과 산짐승이 하나로 만나고 있음을 상징한다. 산 속에 난 길은 인간만의 길이 아니라, 살아있는 생명체들이 공유할 수 있는 공간임을 보여준다. 산 속에 주어진 공간들은 산에서 생명을 유지하고 있는 생명체들의 자기보존과 성장을 위해 함께 나누어야 할 생명권이다. 이러한 공간에 생명에너지원인 태양이 비쳐들기 시작하면서, 생명체들은 새로운 하루를 시작하고 있다. 이 시에 나타난 태양은 생명의 유지와 활동에 있어 절대적인 역할을 감당하고 있다는 점에서 중요한 의미를 지닌다. 에너지는 태양에서 비롯되기에 태양은 예로부터 불의 상징이었고, 삶의 바탕인 대지를 생성하는 '화생토(火生土)'의 본거지이며, 모든 생명체를 유지시키는 에너지 공급원이다. 태양의 에너지를 받아 정지상태에서 운동상태로 나아가는 것이 생명의 본성 중의 하나이다.

장회익의 온생명 개념에 의하면, 이 지구상에는 태양과 지구 사이에 형성되는 지속적인 자유에너지의 흐름을 바탕으로 대략 35억년 전에 하나의 생명이 형성되었으며, 이것이 지속적인 성장 과정을 거쳐 오늘에 이르게 되었다고 말한다. 이러한 과학적 추정에 대한 시비보다는 중요한 것은 태양으로부터 비롯되는 자유에너지이다. 태양에너지가 지구의 생명체들이 생성, 성장, 진화해 가는데 있어 절대적인 토대가 된다는 점이다. 그러므로 해의 존재가 드러나는 새벽 이후 동녘이 밝아오는 시간은 태양의 생명에너지가 지구에 작용하기 시작하는 시간이란 점에서, 또 다른 생명의 발현이다. 이 시간 태양의 생명활동은 해님이 사람들에게 하루치 일감을 나누어 주는 것으로, 그리고 산비둘기, 다람쥐, 바위, 풀잎들이 자기 모습을 드러낼 수 있는 빛에너지를 제공하는 것으로 나타난다.

지상에 존재하는 생명체들이 더불어 생명의 고리를 형성하여 생명을 유지하고 있을 뿐만 아니라, 이 생명체들의 생명유지 보존에 태양의 존재가 얼마나 중요한지를 확인하는 일은 근본적으로 하나님의 녹색은총에 대한 인식이다. 자연 속에서 함께 생존하고 있는 생명체들의 소리를 감각할 수 있기 위해서는 녹색은총을 제대로 향유할 수 있어야 한다. 그러나 녹색은총의 향유만으로 인간은 온전한 생명을 향유할 수 없다. 인간이 하나님의 녹색은총으로 인해 내적 평정을 얻고 일시적으로 생명에 감응하는 시간을 향유할 수 있다. 그러나 생명의 고리가 허물어진 이 시대에 우리가 들을 수 있는 소리는 비명이며 고통뿐이라는데 문제가 있다. 여기에 하늘로부터 비롯되는 십자가의 은총인 적색은총이 필요하게 된다. 이 적색은총의 향유는 초월적인 생명의식을 통해 가능하다. 시인이 <하늘날기>를 계속하는 이유가 여기에 있다.

동녘 햇살이 서산을 내려올 때면
내 마음은 하늘 날기 연습에 빠진다
강을 건너 들판 가로질러
구름 속 희미한 그 산꼭대기까지

아무에게도 들키지 않으려는 듯
이 골짜기로 숨어들었지만
날개를 펴면 곧 닿을 것 같은
구름 속 꼭짓점은 네가 오른 자리

오래전 모세의 산을 오를 때

하늘 윤곽만 보이는 깜깜한 비탈길을
낙타 등에 실려 가면서
어릴 적 잃어버린 영롱한 별들을 찾아
감색 멍석에 널어놓고
너를 생각하던 일을 그리며

내 마지막 체온이 뿌려질 그 산꼭대기까지
외로운 성주인 내게 하늘 길이 열릴 때까지
저녁노을 그림자가 동산을 오를 때도
나는 하늘 날기 연습에 빠진다

「하늘 날기」

새벽 시간에는 산 속의 생명체들을 확인하고, 태양에 의해 생명들이 새로운 기지개를 켜는 순간을 확인한 시인은 저녁 시간에는 그의 사유가 하늘로 향하고 있다. 시인은 <하늘날기> 연습을 통해 우선 산 꼭대기로 향하고, 다음 단계로 구름 속 꼭지점으로 나아간다. 그러나 시인의 <하늘날기> 연습은 여기에 머물지 않는다. 어릴 적 영롱한 별을 찾던 기억을 통해 하늘로 하늘로 향하고 있다. 그래서 하늘 길이 열릴 때까지 <하늘날기> 연습을 쉬지 않는다. 왜 시인은 이렇게 하늘 길 열기를 열망하고 있는가? 땅에 발을 딛고 있는 인간은 그 육체는 흙으로부터 빚어졌지만, 생명체의 완성인 생령이 된 것은 하늘의 생기에 의해서다. 그러므로 인간이 온전한 생명체로서 살아가기 위해서는 늘 하늘로 가는 길이 열려져 있어야 한다. 이 길을 내는 것은 하늘의 은총 없이는 불가능하다. 그 은총이 십자가의 은총인

적색은총이다. 적색은총은 인간에게 지워진 죽음의 문제를 해결함으로써 인간의 생명을 새롭게 거듭나게 하는 힘을 가지고 있다. 죽음을 통해 죽음을 이긴 그리스도의 생명의 원리가 여기에 있다. 이 생명원리의 향유를 위해 시인은 <하늘날기>를 계속하고 있는 것이다. 이것이 이 시에서 초월적 생명의식으로 나타나고 있는 것이다.

그런데 한국교회는 적색은총만을 너무 강조함으로써 자연 속에, 피조세계 속에 내재한 녹색은총에 무관심하거나. 은총을 무시하는 결과를 가져왔다. 지상에 사는 인간이 온전한 영적 생명체로서 살아가기 위해서는 녹색은총과 적색은총을 함께 경험해야 한다. 하늘 길찾기에 열중하면서도 다시 지상의 길찾기를 위해 지상으로 내려서야 한다. 시인이 초월적 생명의식에 의해 하늘길을 열기 위해 노력함과 동시에 지상의 또 다른 길내기를 시도하고 있는 이유가 의미있게 다가서는 이유가 여기에 있다.

> 아름다운 섬이 눈을 비빌 때
> 새벽유보(遊步)는 낯선 새 길을
> 찾아가고 있었네
>
> 하나의 길이 태어난 자리엔
> 아름드리 소나무들이
> 벌겋게 나뒹굴어
>
> 등성이위로 동이 트면
> 들뜨는 마음 다독이고

밝히며 삶의 의미를 다하는 길

등마루 넘어서자
갯바람이 피어오르는 곳
새 땅으로 떠나는
포구가 있었네
「어떤 길」

저녁시간에 하늘 길을 열기 위해 초월적 생명의식에 충만해 있던 시인은 이제 다시 새벽 시간과 함께 낯선 지상의 길찾기에 골몰한다. 삶이란, 생명의 활동이란 어쩌면 늘 새로운 길찾기의 연속이라 할 수 있다. 그러나 길찾기란 그렇게 쉬운 일이 아니다. <하나의 길이 태어난 자리엔/아름드리 소나무들이/벌겋게 나뒹굴어>짐 같이 새로운 길내기에는 또 다른 생명의 희생이 주어져야 하기 때문이다. 자기 길을 찾아가는 자들에게 자기희생과 땀이라는 생명활동 없이 어찌 새로운 길이 열려질 수가 있는가. 이는 바로 길내기, 즉 삶이란 생명활동의 가장 치열한 장면임을 보여준다. 그러나 살아있음 혹은 생명의 증거는 한 곳에 머물러 있는 정착의 이미지보다는 새로운 땅을 향해 끝없이 유목하는 삶임을 노래하고 있다. 새 땅으로 떠나는 포구를 확인하고 있는 시인의 시선도 그러한 의지의 표명이 아닐까?

안 시인이 부른 금정산의 생명의 노래는 아직 끝나지 않았다. 이 시집에서 보여준 생명활동의 모습도 아직은 개척해야 할 여지를 많이 남겨놓고 있다. 시인의 생태학적 사유가 더욱 깊어져 녹색은총과 적색은총의 두 계곡물이 하나로 합쳐져 금정산의 폭포수로 쏟아져 내릴 날을 기대해 본다. 그 폭포수는 낡아가는 생명들을 늘 새롭게 생동할 수 있는 생명수일 수 있으리라 믿기 때문이다.